21世纪国家级经济管理实验教学示范中心规划教材

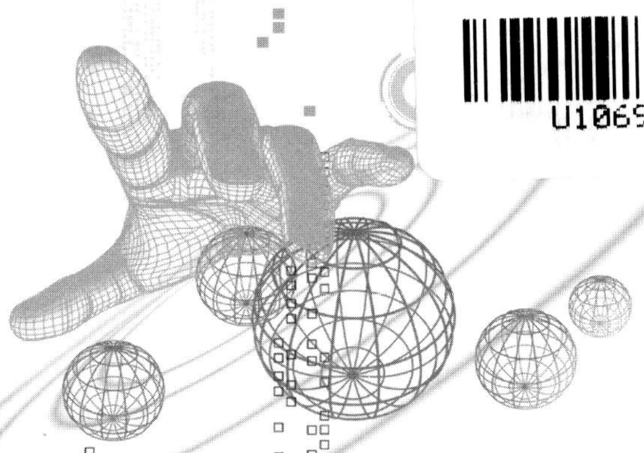

企业经营仿真模拟实验系列教材

管理职能模拟实验教程

（修订版）

主　编　董　原

副主编　康　军　谢　强

兰州大学出版社

图书在版编目(CIP)数据

管理职能模拟实验教程/董原主编. —兰州:兰州大学出版社,2011.8

(企业经营仿真模拟实验)

ISBN 978-7-311-03723-9

Ⅰ.①管… Ⅱ.①董… Ⅲ.①企业管理—模拟实验—高等学校—教材 Ⅳ.①F270.7

中国版本图书馆 CIP 数据核字(2011)第 166156 号

策划编辑 陈红升
责任编辑 郝可伟 陈红升
封面设计 刘 杰

书 名 管理职能模拟实验教程
作 者 董 原 主编
康 军 谢 强 副主编
出版发行 兰州大学出版社 (地址:兰州市天水南路 222 号 730000)
电 话 0931-8912613(总编办公室) 0931-8617156(营销中心)
0931-8914298(读者服务部)
网 址 http://www.onbook.com.cn
电子信箱 press@lzu.edu.cn
印 刷 兰州德辉印刷有限责任公司
开 本 710 mm×1020 mm 1/16
印 张 14.5(插页 2)
字 数 276 千
版 次 2011 年 8 月第 1 版
印 次 2015 年 3 月第 4 次印刷
书 号 ISBN 978-7-311-03723-9
定 价 33.00 元

(图书若有破损、缺页、掉页可随时与本社联系)

前 言

从上大学到做教师已过去三十余载，当学生时学过这管理、那管理，看过各种各样的管理学书籍，总有诸多的疑问和感想；当老师时，教过这管理、那管理，也斗胆编写过几本管理类教科书，但总感觉有诸多的不足和遗憾；近几年来也以教授甚或以专家之名为政府部门、企业做过讲座，提供过咨询，但总感觉有些迷茫，甚至不知所措。常言道："没有教不好的学生，只有不会教的老师。"这句至理名言是或不是也。现今社会，不缺乏追求真理、探寻知识精髓的老师，更不缺乏渴望知识、勤奋求学的青年学子。那缺什么？两三年前几位同仁在探讨大学生就业问题时，谈及现今的高等教育教学模式，促使我们开始深入地探究，发现现在已经到了教育教学模式非改不可的时候了，如今大学生求职就业的关键在于其职业能力，社会要求高校必须加强学生职业能力的培养，使学生获得在合适的职业岗位上工作所需要的各种能力。而这一要求正是目前应用型高校在教学模式上所缺少的，因此急需改革教育教学模式，并出版一批与之配套的教科书，这些教科书必须摒弃传统的模式，取而代之的是能激发学生兴趣、引导学生思考、帮助学生探研、促使学生动手动脑的模式。

管理是什么？管什么？怎样管？管理的目的是什么？……这一连串的问题有答案抑或无准确答案。但提起管理，每个人都会大讲其计划、组织、领导和控制四大基本职能，这是无可厚非的理论，而计划什么、怎么组织、如何协调、怎样控制等也有诸多条文。但理论来源于实践，实践需要理论指导，故几位同仁在深入思考，经过课堂尝试，并借鉴了大量国内外专家学者的研究成果之后，编写了《管理职能模拟实验教程》，其主要特点是学生分小组虚拟企业，在教师的引导下，进行虚拟环境分析，模拟企业实际经营状况，以达到仿真经营的效果。本教程围绕管理学的四大基本职能，通过理论重温、案例导入、仿真实验三个模块，引导学生由浅入深，理论联系实际，融入实训演练，模拟演绎管理各职能以提高学生的实践感知能力和适应社会能力。该教程的具体内容包括管理职能模拟实验概述、企业社会责任、战略决策、计划工作、组织设计、组织文化、领导方式、激励方法、控制手段和危机管理等。运用该教程的主要步骤是:重温核心理论,案例导入分析,学生动手操作,教师把握方向和原则,进行全面归纳总结。其宗旨就是依据理论来分析案例,又通过案例引出相关理论。

本书为“21世纪国家级经济管理实验教学示范中心”《企业经营仿真模拟实验》丛书系列教材之一。本书共十一章。其中,第一章、第二章由董原教授编写;第五章、第六章、第七章、第八章由康军编写;第三章、第四章由谢强执笔编写;第十章、第十一章由于洋执笔编写;第九章由杜雨秋编写。本书由董原教授进行统纲及总纂。本书部分章节的实验与案例资料由杜伟、刘治宏提供。

进入新世纪以来,我国的经济需要转型,发展方式需要转变,制度与管理需要创新,社会需要大量的高素质应用型人才,作为承担培养高素质应用型人才的高校面临诸多的挑战,怎样培养人、培养什么样的人是我们这一代教育工作者长期思考并关注的焦点,本书的问世,或许对上述问题的解决有所帮助,也希望能引起同行们的关注与共鸣。

本书是管理学实验教学的一种新尝试,很多方面处于摸索和探讨阶段,加之作者水平局限,能力有限,书中不足与错误在所难免,恳请各位专家学者以及读者批评指正。

编　者

2015年2月10日

目 录

第一章 管理职能模拟实验概述

第二章 企业社会责任

第三章　战略决策

第四章　计划工作

第五章 组织设计

第六章 组织文化

第七章　领导方式

第八章　激励方法

第九章 管理沟通

第十章 控制手段

第十一章 危机管理

第一章　管理职能模拟实验概述

一、概　述

(一)管理职能模拟实验介绍

众所周知,管理学的主要特征表现为历史性、多科性、实践性和艺术性。在我国,很长时间以来,管理学的教学主要是课堂理论教学与案例分析相结合的模式,在教学实践活动中也确实起到了较好的作用, 在一定程度上弥补了理论与实践结合不足的问题。但是,随着时代的发展,社会对应用型人才的需求不断提升,传统的理论加案例分析模式已经无法满足现实社会的需要。当今时代,既能熟练掌握管理学的基本理论与规律,又能充分了解和掌握现实企业的实践特征及其管理艺术,同时又能将二者紧密结合,具有较强的管理应用能力的人才,已经成为企业的第一需求。为此,各个财经类院校都不同程度地做了很多摸索和探讨,形成了各种不同的管理学实践教学新模式。我们在总结上述各项新的研究成果的基础上,结合我们的教学实践体会和经验,推出了管理职能模拟实验新体系。

本管理职能模拟实验教程的主要特点在于通过学生小组组成的虚拟企业,进行虚拟环境分析,模拟企业的实际经营状况,以达到仿真经营的效果,来提升学生的实际工作能力。

(二)管理职能模拟实验的主要作用

1.学生亲自组成虚拟企业,扮演各种职能角色,并推演运营,具有很强的实践特色。

2.通过“理论重温”模块,强化学生的理论功底,增加理论联系实际的广度和深度。

3.通过“职能模块”的分解,辅导学生按照不同的职能,从管理的不同角度思考管理问题, 提升学生对企业各管理职能的本质特性以及各管理职能内在联系的把握能力。

4.通过“案例导入”和“仿真实验”模块,引导学生了解现实企业的运行模式,增强学生对现实企业的感性认识,拉近学生和职场的距离,提升学生的实践能力。

(三)实验过程及步骤

管理职能模拟实验过程及步骤如下:

1.组建虚拟企业,确立虚拟企业的经营方向、经营范围、经营使命及愿景,确定经营目标。

2.根据当今时代的国际政治、经济及其他背景,对虚拟企业经营的宏观环境和微观环境进行科学、系统的分析。

3.依据四大管理职能的体系,分别对虚拟企业的决策、组织、领导、控制等子系统进行科学的设定和演绎,来提升学生分析问题和解决问题的能力。

本实验过程的案例导入主要以百事公司、苹果公司、吉利控股集团、苏宁云商等四大国内外知名公司为典型,主要是考虑到百事公司和苹果公司在世界范围内具有较大的影响力,同时管理体系较为规范,有一定的示范效应;吉利控股集团和苏宁云商是中国典型的民营企业代表,在管理规范和企业运营中具有比较独特的特征,对中国企业来说具有较强的示范效应。

二、案例导入

(一)百事公司

百事公司简介

1893年,在美国北卡罗来纳州伯恩市,年轻的药剂师科尔贝·布莱德汉姆(Caleb Bradham)试验时发现了一种新口味,深受苏打柜台顾客的喜爱。他由此意外地发明了一种由可乐果和珍贵精油混合而成的碳酸饮料,取名为“布莱德(Brad)饮料”。1898年8月28日,布莱德汉姆将其易名为“百事可乐(Pepsi-Cola)”,这种饮料能够发挥类似胃蛋白酶的功能,有助消化。1902年,布莱德汉姆创建了百事可乐公司。起初,布莱德汉姆自己将浆液混合配制,通过苏打柜台出售。后来他意识到一个巨大的商机的存在——将百事可乐灌装起来,这样各地的人们就都可以享用到。

大约60年后,百事可乐公司(于1965年)与休闲食品巨头菲多利(Frito-lay)合并,正式更名为百事公司。从1977年开始,百事公司进军快餐业,先后将必胜客(Pizza Hut)、塔可钟(Taco Bell)和肯德基(KFC)收归麾下,进入多元化经营的高峰。

为了将市场经营重点重新回归饮料和休闲食品,百事公司于1997年10月做出重大战略调整,将拥有必胜客、塔可钟和肯德基的餐厅业务从公司分离出去,使之成为一家独立的上市公司,即百胜全球公司(现名为Yum!)。

多年来,百事公司在保证良好财务绩效的同时,不断发扬创新精神以满足市场的需求。1998年,百事公司收购了世界著名的Tropicana果汁饮料公司,大大丰富了产品线。2001年,百事公司收购了世界著名的食品公司Quaker公司,并通过此次收购,将一流运动饮料品牌佳得乐(Gatorade)收归百事旗下。1992年,百事公司与Thomas J. Lipton结成战略伙伴关系,在北美市场创建了即饮茶饮料品牌——立顿茶(Lipton Teas),并于2003年将这一北美市场最大、最成功的即饮茶的合作关系推向了全球。

1998年6月,公司又推出了仅含1卡路里热量的新型饮料Pepsi One 并耗资1亿美元请Cuba Gooding Jr 做产品代言人。另外,Frito-Lay努力使其新一代薯片达到满意程度,该系列中还有低脂肪及开胃的新产品。

最近百事公司成功地取代可口可乐公司成为迪士尼旗下Dixon International Field of Anaheim 所经销的品牌饮料的合作伙伴,开辟了百事公司与迪士尼同行业务关系。在以前,迪士尼经销的全是可口可乐。另外,百事公司又向前跨了一大步,主要是因为它将注意力移到了矿泉水生产上,这类产品比罐装饮料的利润高得多。除此之外,百事公司已成为影片《The Phantom Menace》的饮料赞助商。

2010年,百事公司还收购了两家最大的灌瓶厂——百事装瓶集团(PBG)和百事美洲公司(PA),这项收购很大程度上增强了百事公司在北美和欧洲的饮料业务实力。

2010年12月,百事公司以38亿美元的代价收购了俄罗斯食品饮料领先品牌维姆·比尔·丹公司66%的股权。这项收购使得百事公司成为俄罗斯最大的食品和饮料生产商,并成为该国快速发展的乳制品市场的领导者,同时将使百事公司在东欧及中亚的重要市场上有所建树。此次收购也使百事营养及功能性食品饮料的全球年收入提升至约130亿美元,并有助于使其进一步实现营养食品饮料业务规模到2020年前达到300亿美元的战略目标。

百事公司(PepsiCo.,Inc.)是世界上最成功的消费品公司之一,在全球 200多个国家和地区拥有14万雇员,2004年销售收入达293亿美元,为全球第四大食品和饮料公司。2012年净收入逾650亿美元,旗下品牌系列中有22个品牌的年零售额都在10亿美元以上,这些品牌包括:百事可乐(Pepsi-Cola)、激浪(Mountain Dew)、佳得乐(Gatorade)、乐事(Lay's)、百事轻怡(Pepsi Light)、百事极度(Pepsi Max)、纯果乐(Tropicana)、多力多滋(Doritos)、立顿茶(Lipton Teas)、桂格麦片(Quaker Oats)、奇多(Cheetos)、七喜 (7-UP)、美年达(Mirinda)等。

2003年8月《商业周刊》评选的"全球最有价值品牌"的排名中,百事公司旗下的百事可乐品牌排名为第23位。在2004年公布的《财富》杂志全球500强排名中,百事公司位列第166位,并连续两年(2009年、2010年)被评为《财富》"全球最受赞赏的饮料公司"第一名。在2004年《福布斯》杂志"全美最有价值公司品牌"中百事公司位列前十名。2012年,百事公司被《福布斯》杂志评为2012年度美国10大最佳声誉公司之一,并且再次荣登美国《企业责任》杂志公布的年度"最佳企业公民"前列,该榜单被认为是美国三个最重要的商业排名年度评选之一。2013 年,百事公司在由《财富》杂志评选出的“世界最受赞赏的公司榜”上排名第37,在2013年财富500强排行榜中排名第137。同时,百事公司还在瑞士Covalence公司的“最具商业道德企业榜”上名列前茅,在18 个行业的581 个公司中以优异的商业道德名誉排名第三,位列食品和饮料类别第一。

百事公司的产品满足了各种各样的需要和偏爱——从娱乐性的品类到有助于健康生活方式的产品一应俱全。

百事可乐的标识诠释

百事可乐的标识从推出百事品牌就一直受到可口可乐(CocaCola)的影响,一直维持了半个世纪之久,直到1991年,新标识才完全摆脱了可口可乐的影响。而后百事可乐对品牌进行了“定位中再定位”。

百事可乐标识越变越青春化,这与百事可乐坚持走年轻化的路线是分不开的,百事一直坚持其产品的消费对象为年轻人,所以其标识随时代的变化而变化。

以雄健的“pepsi”字体为视觉中心,以抽象的几何形为载体,映衬出品牌文字,并形成一个整体。1996年,百事公司又对标识进行了更独特的改进,抛弃以往百事可乐的红、蓝、白三色,改用清一色的百事蓝,作为公司的新形象,掀起了一股“蓝色风暴”,并以红色为辅助色,形成了独有的风格。标识红蓝对比强烈,曲线形成律动感,具有柔美、轻快、自命不凡的气质。

2008年10月,百事公司宣布将重新设计其品牌标识,并对其旗下的众多产品进行品牌重塑。

自2009年1月起,百事公司旗下的百事可乐、轻怡可乐和百事极启用其全新标识——百事笑脸,而且每个笑脸还各不相同。同时“百事”英文字母的字体也从大写变成小写。

百事大中华区全线产品

百事公司在中国经营的主要品牌包括:百事可乐、美年达、七喜、佳得乐、果缤纷(纯果乐)果汁、草本乐、乐事薯片、都乐果汁、立体脆、奇多、冰纯水、桂格麦片等等。

(二)苹果公司

苹果公司简介

苹果公司原称苹果计算机公司(Apple Computer, Inc.),总部位于美国加利福尼亚的库比提诺——硅谷的中心地带,核心业务是电子科技产品,截至2014年6月,苹果公司已经连续三年成为全球市值最大公司。苹果公司的AppleⅡ于20世纪70年代推动了个人计算机革命,其后的Macintosh接力于20世纪80年代持续发展。该公司的硬件产品主要是Mac电脑系列、iPod媒体播放器、iPhone智能手机和iPad平板电脑；在线服务包括iCloud、iTunes Store和App Store；消费软件包括OS X和iOS操作系统、iTunes多媒体浏览器、Safari网络浏览器，还有iLife和iWork创意和生产力套件。苹果公司在高科技企业中以创新而闻名。2007年1月9日，苹果计算机公司更名为苹果公司（Apple Inc.，简称Apple）（以下简称“苹果”）。

苹果公司由斯蒂夫·乔布斯和斯蒂夫·沃兹尼亚克（简称沃兹）在1976年4月1日创立。1975年春天，Apple Ⅰ由沃兹设计，并被Byte的计算机商店购买了50台，当时的售价为666.66美元。1976年，沃兹完成了Apple Ⅱ的设计。

1977年苹果正式注册成为公司，并启用了沿用至今的新苹果标志。同时，苹果公司也获得了第一笔投资——Mike Markkula的92000美元。

1978年，苹果公司准备上市，施乐公司预购了苹果100万美元的股票，并允许苹果公司的工程师们研究早已被施乐视为垃圾的PARC操作系统的图形界面。但苹果公司的工程师们化腐朽为神奇，并将图形界面带进了一个崭新的时空。

苹果公司专门从事开发、制造、销售个人计算机、服务器、外围设备、计算机软件、联机服务及个人数字式辅助设备。苹果公司是1995年度全球第三大个人计算机供应商，位居当年“世界百大信息技术公司”排行榜第11位，“世界软件厂商最大50家”第25位。1994、1995年度在全球多媒体市场占有率高居榜首。

Apple Ⅱ有着微机历史上许多第一：

* 第一次有塑料外壳；
* 第一次自带电源装置而无需风扇；
* 第一次装有英特尔动态RAM；
* 第一次在主板上带有48 kB 容量；
* 第一次可玩彩色游戏；
* 第一次设内置扬声器接口；
* 第一次装上游戏控制键；
* 第一次具有高分辨率图形功能；
* 第一次实现CPU 和主板共享RAM；

……

其后推出的Apple Ⅱ+及Apple Ⅲ以及Lisa 均难以重现Apple Ⅱ的辉煌。1979年，沃兹获得霍普奖。该奖是专门为有杰出贡献的青年计算机科学家而设的，以著名的女计算机科学家、世界上最早的程序员之一格蕾丝·M.霍普（1906—1992）的名字命名，从1971年起一般每年仅奖励一人。

苹果公司这样描述公司的业绩：苹果公司通过 Apple Ⅱ在20世纪70年代引发了个人计算机革命，Macintosh的推出在20世纪80年代又彻底改造了个人计算机。通过其创意性的硬件、软件和 Internet技术及设备，苹果公司致力于将最佳的计算机使用体验带给全世界的学生、教育工作者、创意专家及普通消费者。

1993年苹果公司北京办事处成立，标志着全球最大的计算机企业之一的苹果公司正式进入中国市场，目前苹果公司的中国总代理共有6家，近200家代理商和70多家专卖店遍布中国各大城市。

苹果公司发展历史

1980年12月12日，股票在华尔街上市。

1983年，乔布斯着力研究新个人计算机。

1984年，第一台Mac机面市。

1985年，乔布斯创办NeXT。

1986年，乔布斯收购Pixar。

1989年，NeXT公司失败。

1993年，乔布斯关闭NeXT的硬件部分。

1995年，《玩具总动员》播放，一举成名。

1996年，苹果公司收购NeXT，乔布斯担任顾问。

1997年，乔布斯再次成为苹果公司CEO。

1998年，iMac成为美国最畅销的个人计算机。

1999年，苹果推出iBook、G4和iMacDV。

2000年，苹果公司再次出现季度亏损，份额下降，股价大跌。

2001年，平面式的iMac推出，取代已问世三年的iMac。

2002年，推出第二代iPod播放器，使用了称为“Touch Wheel”的触摸式感应操控方式。

2003年，推出第一台64位元个人计算机Apple Power Mac G5。

2003年，推出第三代iPod音乐播放器，可同时支持Mac和Windows，并取消Firewire连接埠的设计。

2004年，斯蒂夫·乔布斯被诊断出胰腺癌，苹果公司股价重挫。

2004年，推出第四代iPod数码音乐播放器，沿用了原本在iPod mini上的“Click Wheel”操控设计。此后还推出搭载彩色显示屏的iPod Video。

2004年，推出迷你版iPod mini数码音乐播放器，其金属外壳与其他机种差异性极大。

2005年，斯蒂夫·乔布斯宣布下一年度的计算机将采用英特尔处理器。

2005年，推出第五代iPod播放器。

2005年，推出第二代iPod mini 迷你数码音乐播放器与iPod shuffle，其无显示屏设计引起部分使用者不满。

2005年9月，推出iPod nano 超薄数码音乐播放器，采用彩色显示器。

2006年，斯蒂夫·乔布斯推出了第一部使用英特尔处理器的台式计算机和笔记本计算机，分别为iMac和MacBook Pro。

2006年，推出第六代iPod数码音乐播放器，称为“iPod classic”。

2006年，推出第二代iPod nano 数码音乐播放器，采用和iPod mini相同之铝壳设计。

2006年，推出第二代iPod shuffle数码音乐播放器，其外形变为类似一个夹子，体积更加小巧。

2007年，推出第三代iPod nano超薄数码音乐播放器，外形由细长转为宽扁。2007年，斯蒂夫·乔布斯在Mac World上发布了iPhone与iPod touch。

2008年，斯蒂夫·乔布斯在Mac World上发布了MacBook Air，这是当时最薄的笔记本计算机。

2008年，斯蒂夫·乔布斯在Mac World上发布了iPod nano 第四代和iPod touch第二代。

2008年，斯蒂夫·乔布斯在Mac World上发布了新设计的MacBook和MacBook Pro，以及全新的24英寸Apple LED Cinema Display。

2009年，苹果负责全球营销的高级副总裁菲利普·席勒在Mac World 2009大会上发布了重新设计的17英寸屏幕的MacBook Pro笔记本计算机。

2009年3月3日，推出升级版的iMac，但外形并未改变，其使用了NVIDIA公司新款显卡，并小幅度降低了iMac的价格，同时升级更新的包括Mac mini和Mac Pro。

2009年3月11日，推出新款iPod shuffle，这是第一款可以语音发音的数码音乐播放器，体积更加小巧，几乎是上代的一半大小，由于部分操作键转至耳机线缆上，所以暂时不支持第三方耳机，而且必须配合8.1版本或更新版本的iTunes使用。

2009年6月23日，乔布斯重新回归苹果总部工作。

2010年1月27日，苹果公司平板计算机iPad正式发布。

2010年4月6日，苹果iPad正式在美国发售。

2010年5月26日，在与比尔·盖茨(Bill Gates)竞跑了30多年之后，史蒂夫·乔布斯(Steve Jobs)这位苹果公司创始人终于将他的公司送上了纳斯达克(Nasdaq)的巅峰位置。苹果公司的市值在当日纽约股市收市时达到2220亿美元，仅次于埃克森·美孚(Exxon Mobil)，成为美国第二大上市公司，微软当日市值为2190亿美元。

2010年6月8日，北京时间凌晨1点，苹果公司年度盛会WWDC2010(Apple Worldwide Developers Conference 2010)正式开幕，在本次大会上，乔布斯正式发布了近来一直引人瞩目的苹果第四代手机iPhone 4。其显示屏像素也将由原来的480×320升级为960×640。

2011年3月3日，苹果公司正式发布了旗下第二款平板电脑iPad2。

2011年8月25日，苹果公司宣布史蒂夫·乔布斯(Steve Jobs)辞职，由蒂姆·库克(Tim Cook)接任。同时苹果公司任命史蒂夫·乔布斯为公司董事长，蒂姆·库克将担任董事。

2011年10月5日，史蒂夫·乔布斯(Steve Jobs)辞世。

2012年4月,苹果公司以超过5200亿美元的市值稳坐世界第一的位置。6月12日凌晨1时(北京时间),苹果公司在旧金山举办的全球开发者大会(WWDC)上正式发布了新一代移动操作系统iOS 6,并推出了全新MacBook Pro笔记本电脑等新产品,以及自主研发的3D地图应用。9月12日,苹果公司发布了新一代iPhone 5以及iPod touch 5。官网停售iPhone 3 GS并宣布停产iPhone 3 GS。9月20日(北京时间),苹果公司新系统iOS 6正式上线更新。

2013年6月10日,苹果公司召开2013年WWDC,小幅升级了MacBook Air的续航能力,并发布了新的Mac Pro、iOS 7、OSX 10.9。9月11日,苹果公司发布了iPhone 5c和iPhone 5s,正式停售iPhone 5和iPhone 4(除中国以及巴西)并宣布停产。2013年,美国调查公司FactSet公布的最新数据显示,苹果公司重回全球公司市值榜首。

2014年9月10日,苹果公司在美国库伯提诺市弗林特剧院(Flint Center)举行发布会,传闻已久的iPhone 6、iPhone 6 Plus以及苹果公司首款可穿戴智能设备Apple Watch亮相。10月17日,苹果公司在美国加州库比蒂诺总部Infinite Loop园区的Town Hall大会堂如期召开了主题为"久违了(It's been away too long)"的新品发布会。这也是继iPhone 6、iPhone 6 Plus正式发布后,苹果公司在秋季举办的第二场大型发布会。在此次发布会上,苹果公司正式发布了iPad Air 2、iPad mini 3、视网膜屏iMac、新款Mac mini以及iOS 8.1和Yosemite系统。本次新品发布和新产的所有机子都可以使用指纹识别功能。11月4日,苹果公司计划在中国开办苹果大学,以寻求巩固其在中国长期的业务地位。苹果公司副总裁兼苹果大学校长Joel Podolny正在面试中国区校长候选人。11月4日,苹果公司首次发行欧元债券,分8年期和12年期,两批总计28亿欧元,其中8年期债券收益率为1.082%,12年期债券收益率为1.671%,收益率低于此前发行的所有期限相同的欧元计价公司债券。

汽车房里诞生的"苹果"

在20世纪70年代中期微型计算机在美国大行其道之前,计算机是由政府、大公司以及其他一些大机构所拥有和使用的。这些大型计算机(又叫主机,因为它们很大,所以必须安装在一个固定的机架上)主要用于资料批量处理,如会计核算、记录储存、研究工作、数据分析、金融业务及民航售票等等。后来英特尔公司(Intel)的特德·霍夫在1971年发明了微处理机,以它生产的小型计算机,售价仅几千美元或还要便宜些,这种价钱使数以百万计的美国人可以拥有自己的计算机。由于这种小型计算机是以一台微处理机为核心的,因此人们称之为"微型计算机"。它开创了一场计算机小型化的革命。

不过,在1975年的时候,这些微型计算机也还只是业余爱好者的玩意儿。之所以后来家用计算机市场兴旺起来,还要特别归功于苹果计算机公司(Apple Computer),该公司认识到,如果软件的供应上去了,那么几千台——甚至几百万台微型计算机都能卖出去。有趣的是,首先推出个人用计算机的既不是那些生产大型主体计算机的公司，如国际商用机器公司、控制仪器公司以及巴勒斯公司，也不是数字设备公司或通用资料公司这两家小型计算机生产公司。实际上，苹果计算机公司作为家用计算机的开拓者，开张的时候并没有多大的财力。

苹果计算机公司是在加利福尼亚州洛斯阿尔托斯镇斯蒂夫·乔布斯家的汽车房开张的，并且生产苹果计算机的主要原因是乔布斯及其合伙人斯蒂夫·沃兹尼亚克需要一台阿尔泰计算机，却又没有钱买。

乔布斯和沃兹(沃兹尼亚克的简称)真正是硅谷的孩子。乔布斯和沃兹20年前在小学读书的时候就认识了，第一次见面是在一个朋友家的汽车房。正如后来人们所看到的，汽车房在他们的生活中起了一种重要的作用。那次见面时，沃兹给乔布斯留下了深刻的印象，因为沃兹制作的一台计算机刚刚在旧金山海湾地区科学展览会上得了头奖。沃兹童年时，他父亲(一位在森尼维尔的洛克希德导弹与宇航公司工作的电子工程师)帮他设计了一些逻辑线路，从那时起，他就对计算机产生了兴趣。沃兹在森尼维尔上小学时期，做事极其专心致志，以至于往往有人跟他讲话他都没有反应。他母亲为了引起他的注意，不得不重重敲他的头。从各个方面看沃兹都是早熟的，他很早就显露出搞技术的天分。在圣克拉拉读中学的时候，他是最聪明的学生，大学入学考试的数学成绩是满分(800 分)。据他的一些同学回忆，沃兹寡言少语，不爱抛头露面，但才气过人。简而言之，他是个计算机天才——或像人们常说的“计算机迷”——的样板。

沃兹毕业后考入科罗拉多大学，后来转到柯帕蒂诺的迪恩斯学院，最后就读于伯克利的加利福尼亚大学。他在这些学校读书时都不如意，所以，1972 年他从加利福尼亚大学退学，到惠普(Hewlett-Packacd)公司供职。

而在这同时，乔布斯考进了俄勒冈州波特兰的里德学院，但第一学期还没读完他就退学了，跑到印度找了个印度教宗教教师学习修行之法。乔布斯回到美国后，加入了阿塔里影像游艺公司。这样，乔布斯和沃兹又在硅谷碰面了，在这里，他们作为业余爱好者开始合作设计一台计算机线路板。他们的合作成果就成了后来的苹果计算机。

他们还恶作剧般地合作搞了一种电子魔术式的玩意儿，这事几乎给他们招来很大麻烦。1971 年，沃兹曾在《绅士》杂志上读到一篇文章，说的是一个名叫坎彭·克伦克的“电话怪”用一个“蓝盒”搭在长途电话线路上，这蓝盒使他得以非法地打长途电话。受此启发，沃兹和乔布斯也着手造了些“蓝盒”，并拿到沃兹就读的伯克利加利福尼亚大学的宿舍去售卖。卖这些小玩意并不触犯法律，但使用它们可就是另一码事儿了。有一次，沃兹和乔布斯的汽车抛锚，他们在路边电话亭使用这种蓝盒的时候，被公路巡警拘留。他们设法脱了身，因为警察并不知道这种蓝盒是干什么用的。几年后，苹果公司雇用坎彭·克伦克，请他为公司的微型计算机设计一种自动拨号装置。后来克伦克凭他的奇才，还为苹果Ⅱ型计算机设计了个程序，使它能在打电话时,每打15万次电话可有800次逃避交费,以此使电话公司为难。苹果计算机诞生的过程,在许多方面对于说明硅谷高技术产业所冒的风险是有代表性的:有的人被一个特殊问题所困,他决定要奋力解决它,在解决问题的过程中,他创造了某种为许多人所需要购买的新产品。这位企业家起初是对成功感到惊异不已,继之他就组建一个新公司,在克服了许许多多困难之后,他可能发了大财。这是一种特殊的梦。突然降临的企业家声誉所引起的兴奋,使这种一夜之间成名的企业家有时来运转之感,这就跟突然走红的职业运动员、电影明星和摇滚乐师的情形差不多。

当时为了造苹果Ⅰ型计算机,沃兹和乔布斯从他们所在的惠普公司和阿塔里公司,把一些电子元器件"解放"了出来。沃兹在设计苹果Ⅰ型计算机的时候明确认定:成本一定要低。他没有用第一流的微型处理机——英特尔8080——作为他计算机的核心部分,因为单单买这种东西就得要270美元,而且还难以得到,电子产品批发商要求沃兹必须开个户头,并且以一家公司的名义进行登记。沃兹说:"当时,丘克·皮德尔搞出了他的6502型微处理机,并且宣布将在'威斯康星'展销会(西海岸一个大型的一年一度的计算机展销会)出售。这样,我的几个朋友去了一趟威斯康星展销会,20美元一个,买回来一批微处理机……你看,20块钱就能买一个微处理机。我就这样念起了生意经。"苹果Ⅰ型计算机在"自制计算机俱乐部"(由几百名计算机迷在斯坦福大学校园里聚会的一个协会组织)展出的时候,人们羡慕不已,乔布斯和沃兹的朋友们都想要一台。乔布斯说:"就这样,我们把全部时间都用于帮助他们制作计算机。把我们的周末、我们每天晚上的时间以及所有的东西通通搭了进去。我把我的大众牌汽车,沃兹把他的计算器都卖了,我们总共凑了1300块钱。我们出钱请一位朋友为这种计算机设计一块印刷线路板,我们算了算,我们可以造100台,每台卖50美元,可获利2500美元,那我们的汽车和计算器又可以买回来了。"沃兹和乔布斯花了60个小时才装好了他们的第一台苹果计算机,但得力于印刷线路板的帮助,他们后来组装一台就只需6个小时了。无心插柳柳成荫,沃兹和乔布斯为了满足消费者的需求,居然创建了微型计算机工业。

1976年6月,乔布斯拿着一台他的计算机,来到了当地的一家计算机零售商店——贝蒂商店。他后来说:"他们订了50台。天哪,这就是一大笔钱啊!不过,他们来了个新花样,要求计算机要完全装配好的。在当时,你买不到一台完全装配好了的计算机,卖的都是配套元件。"然后,乔布斯就拿出了他的拿手好戏,他大模大样地俨然是个大公司的经理,跟几家电子元件供应商订了合同,要求他们按照给惠普那类大公司的供货条件办事儿。"我们说服了他们,他们给了我们价值2.5万美元的元件,并且提供了为期30天的卖方贷款。当时我甚至连什么叫为期30天的卖方贷款也不懂。我们把这些元件都拿回家来。我们造了100台,给了贝蒂商店50台,这笔买卖是现金交易。我们在29天内就还了元件供应商的贷款,这使我们开始注意现金周转的问题了。”这两个合伙人是在乔布斯父母的汽车房里组装计算机的，当时，那房子里堆满了塑料包装的半导体芯片和印刷线路板。乔布斯每天都得花几个小时，用他父母的电话做业务联系工作，请律师咨询，请公共关系公司设计广告。沃兹与乔布斯的合伙企业总是感到手头拮据，乔布斯不得不说服律师先提供服务后付钱。当地一家公共关系公司的经理里吉斯·麦克纳，在乔布斯三次登门求助后，默许给了乔布斯“免费服务”——延期付款。

苹果公司所在的这个汽车房拥挤不堪，堆满了电子器件。乔布斯和沃兹认为：这种小本经营的阶段已经过去。乔布斯说：“大约在1976 年秋天的时候，我认识到，市场的扩大比我们生产的发展更快。我们必须筹措更多的资金。”威尔逊还记得1976 年6 月乔布斯和沃兹来店推销其苹果机线路板的事。贝蒂商店订了50 块苹果机线路板，但威尔逊记得更可能是25 块左右。

双方倒都还记得：威尔逊要乔布斯和沃兹给他们的苹果机线路板装个外壳，从而生产一种拿来就能用的微型计算机。威尔逊明白他的顾客们需要的是完整的一台计算机，而不是只有一些部件或配套的元件。因此，在苹果的两位奠基人开办自己的公司方面，威尔逊给了他们巨大的帮助。起初，他们拒绝照办。乔布斯说：“我们并不想做生意。”后来，乔布斯又到贝蒂商店去，给威尔逊看了装在一个俗不可耐的木盒里的苹果机线路板。威尔逊说：“这一下可使乔布斯服了——他必须制造有个漂亮外壳的苹果机。”在其初创阶段，贝蒂商店的兴隆是与苹果机的成功紧密联系在一起的，因为这家计算机商店有了一种热门的产品可供出售。在两年之内，威尔逊的贝蒂商店就成了有75 家门店的一个连锁商店了。但几年后，由于现金周转不灵，这家连锁商店垮了台。贝蒂商店和苹果公司最后也分道扬镳了，如今，威尔逊在一家名叫“原贝蒂商店”的计算机商店出售克罗门科计算机和幸福计算机。

计算机商店就这样扎下根来。美国10 个最大的城市里，每个至少有200个计算机销售网点，全世界的计算机商店约在1.3 万家以上。此外还有1.7万家非专业计算机商店，既卖其他商品，也卖计算机。

在20世纪80 年代，苹果公司的营业扩展到世界各地。除了在硅谷进行其核心业务活动之外，苹果公司还在新加坡、爱尔兰的港口城市科克以及得克萨斯州达拉斯市的郊区卡罗尔顿设厂生产。1983 年的时候，苹果公司有职工3500 人。1983 年初，乔布斯宣称，苹果公司已使它的雇员中的300 人成了百万富翁。当然，他自己也在其列，实际上他比百万富翁还要富许多倍。乔布斯的苹果股权在1983 年年中值2.84 亿美元。照《福布斯》杂志1982 年一期上的报道分析，28 岁的乔布斯是美国最富有的400 个大亨中年纪最轻的。对于一个在一间汽车房里开始办公司的毛头小子来说，这可真不错。

(三)吉利控股集团

吉利控股集团简介

浙江吉利控股集团始建于1986年,1997年进入汽车行业,多年来专注实业,专注技术创新和人才培养,取得了快速发展。现资产总值超过1100亿元,连续3年进入世界500强,连续11年进入中国企业500强,连续9年进入中国汽车行业10强,是国家"创新型企业"和"国家汽车整车出口基地企业"。2012年《财富》世界500强企业中,上榜的5家中国民企中,浙江吉利控股集团首次入围。吉利以营业收入233.557亿美元(含沃尔沃2011年营收)首次进入世界企业500强,车企排名第31,且总排名从2011年的第688位跃升至第475位。

吉利控股集团总部设在杭州,在台州、宁波、兰州、湘潭、济南、成都等地建有汽车整车和动力总成制造基地,在澳大利亚拥有DSI自动变速器研发中心和生产厂。现有10多款整车产品及1.0 L~2.4 L全系列发动机及相匹配的手动/自动变速器。吉利控股集团在国内建立了完善的营销网络,拥有近千家品牌4S店和近千个服务网点;在海外建有近200个销售服务网点;投资数千万元建立了国内一流的呼叫中心,为用户提供24小时全天候快捷服务。截至2013年年底,吉利汽车累计社会保有量超过300万辆。

吉利控股集团在浙江杭州建有吉利汽车研究院,形成了较强的整车、发动机、变速器和汽车电子电器的开发能力;在西班牙的巴塞罗那、瑞典的哥德堡、美国的加州和中国的上海成立了设计造型中心,构建了全球型造型设计体系;在瑞典哥德堡设立了中欧汽车技术中心(CEVT),打造具有全球竞争力的中级车平台。自主开发的吉利熊猫、帝豪EC7/EC8、英伦SC515先后获得C-NCAP五星安全评价,全球鹰GX7获得C-NCAP"超五星"安全评价;自主开发的4G18CVVT发动机,升功率达到57.2 kW,处于"世界先进,中国领先"水平;自主研发并产业化的Z系列自动变速器,填补了国内汽车领域的空白,获得了中国汽车行业科技进步一等奖。目前吉利拥有专利10000余项,其中发明专利1800多项,国际专利40多项,被列为"中国企业知识产权自主创新十大品牌",是国家级"企业技术中心""博士后工作站""高新技术企业"。"吉利战略转型的技术体系创新工程建设"荣获国家科技进步奖二等奖(一等奖空缺);"吉利轿车安全技术的研发与产业化"荣获中国汽车工业科学技术一等奖。

吉利控股集团现有员工18000余人,其中工程技术人员2300余人。拥有院士3名、外国专家数百名,在册博士50余名、硕士640余名、高级工程师及研究员级高级工程师数百名;有6人入选国家"千人计划",成为拥有"千人计划"高端人才最多的民营企业。

吉利控股集团投资数十亿元建立的北京吉利学院、三亚学院、浙江汽车职业技术学院、湖南吉利汽车职业技术学院等高等院校，在校学生超过4万人；每年有近万名毕业生走上工作岗位，为中国汽车工业和社会输送了宝贵人才；受中国汽车工程学会委托，投资建立的浙江汽车工程学院，是中国首个专门培养汽车车辆工程硕士、博士的研究生院，已有30余名研究生毕业。

贯彻"时刻对品牌负责，永远让顾客满意"的质量方针，浙江吉利控股集团已通过了ISO9001质量管理体系、TS16949:2009质量管理体系、ISO14001:2004环境管理体系、ISO/IEC27001:2005信息安全管理体系、OHSAS18001:2011职业健康安全管理体系等体系认证以及环境标志产品认证。为适应国际市场需要，开展了海湾GCC、欧盟EEC&ECE、澳洲ADR等国际认证工作。

在吉利控股集团国际化资本运作中，收购世界知名汽车品牌沃尔沃，为该集团正式加入国际汽车重要舞台起了历史性标志的作用。2010年3月，吉利收购沃尔沃轿车公司最终股权收购协议在哥德堡签署，获得沃尔沃轿车公司100%的股权以及相关资产(包括知识产权)。同年8月，吉利集团董事长李书福、福特首席财务官路易斯·布斯等出席在英国伦敦举行的交割签约仪式，吉利完成对福特汽车公司旗下沃尔沃轿车公司的全部股权收购。2012年3月，吉利控股集团总裁、CEO安聪慧先生和沃尔沃汽车公司总裁、CEO雅各布先生代表双方签字，就沃尔沃向吉利转让技术达成协议。

本着"总体跟随、局部超越、重点突破、招贤纳士、合纵连横、后来居上"的发展战略和"快乐人生，吉利相伴"的核心价值理念，吉利控股集团一直在坚持走科技创新的道路，发挥团队智慧，打造有影响力和竞争力、受人尊敬的世界500强汽车企业集团，不断支撑中国汽车工业自主品牌的崛起，逐步实现其"造最安全、最环保、最节能的好车，实现吉利汽车走遍全世界"的美丽梦想。

吉利主要产业介绍

(1)汽车整车产业

吉利集团拥有全球鹰、帝豪、英伦三大品牌；2014年4月18日，吉利集团宣布将帝豪、全球鹰 、英伦三个子品牌汇聚为统一的吉利品牌。新标识在以帝豪LOGO为基础，融入了原有吉利LOGO的蓝色，寓意着吉利品牌集聚既往精华，在演进中获得新生。同时渠道也将相应优化整合，以统一形象和产品组合为消费者提供优质服务。未来吉利汽车将依托KC、FE以及和沃尔沃联合开发的中级车模块化架构为基础，不断开发和升级"KC、帝豪、远景、金刚、熊猫"等几大系列产品，根据市场和消费者需求，不同系列将拥有不同产品类型。以基于FE(Framework Extendable)可扩展平台开发的帝豪系列为例，其旗下将拥有三厢、两厢、Cross和SUV等多种车型。

吉利集团与美国福特汽车公司在瑞典哥德堡正式签署协议，吉利以18亿美元收购沃尔沃100%股权。从此,一个世界知名汽车品牌沃尔沃收归到吉利集团旗下。

(2)汽车发动机及变速箱产业

吉利集团还拥有汽车1.0 L~2.4 L八大系列发动机及八大系列手动与自动变速器。其产品全部通过了国家的3C认证,并达到欧Ⅲ排放标准,部分产品达到了欧Ⅳ标准,吉利拥有上述产品的完全知识产权。

(3)教育产业

浙江吉利控股集团投资数亿元建立的北京吉利大学、海南大学三亚学院、浙江汽车职业技术学院、湖南吉利汽车职业技术学院等高等院校,在校学生超过4万人;每年有万余名毕业生走上工作岗位,为中国汽车工业和社会输送了宝贵人才;投资建立的浙江汽车工程学院,是中国首个专门培养汽车车辆工程硕士、博士的研究生院,2011年11月,首批研究生已正式毕业。

(四)苏宁云商

苏宁云商简介

SUNING苏宁

苏宁创办于1990年12月26日,是中国商业企业的领先者,经营商品涵盖传统家电、消费电子、百货、日用品、图书、虚拟产品等综合品类,线下实体门店1600多家,线上苏宁易购位居国内B2C前三,线上线下的融合发展引领零售发展新趋势。正品行货、品质服务、便捷购物、舒适体验。苏宁云商集团股份有限公司(SUNING COMMERCE GROUP CO., LTD.)原为苏宁电器股份有限公司(SUNING APPLIANCE CO., LTD.),2013年2月19日,公告称由于企业经营形态的变化而拟将更名。

2004年7月,苏宁云商集团股份有限公司成功上市。

2013年9月,包括苏宁银行在内的9家民营银行名称获得国家工商总局核准。

2013年11月19日,苏宁在美国硅谷启动了首个海外研究院。

2014年1月27日,苏宁云商收购团购网站满座网。

2014年2月7日,苏宁宣布已经通过国家邮政局快递业务经营许可审核,获得国际快递业务经营许可。苏宁由此成为国内电商企业中第一家取得国际快递业务经营许可的企业。

2014年10月26日,中国民营500强发布,苏宁以2798.13亿元的营业收入和综合实力名列第一。

发展历程

1990年12月26日,全国第一家苏宁创办于江苏省南京市宁海路,是苏宁第一家空调专营店。

2004年7月,苏宁云商(002024)在深圳证券交易所上市。凭借优良的业绩,苏宁电器得到了投资市场的高度认可,是全球家电连锁零售业市场价值最高的企业之一。苏宁云商连锁集团股份有限公司被巴菲特杂志、世界企业竞争力实验室、世界经济学人周刊联合评为2010年(第七届)中国上市公司100强,排名第61位。2013年胡润民营品牌榜,苏宁以956.86亿元品牌价值,排名第九位。

围绕市场需求,按照专业化、标准化的原则,苏宁云商形成了旗舰店、社区店、专业店、专门店4大类、18种形态,旗舰店已发展到第六代。

开发方式上,苏宁云商采取"租、建、购、并"四位一体、同步开发的模式,保持稳健、快速的发展态势,每年新开200家连锁店,同时不断加大自建旗舰店的开发,以店面标准化为基础,通过自建开发、订单委托开发等方式,在全国数十个一、二级市场推进自建旗舰店开发。预计到2020年,网络规模将突破3000家,销售规模突破3500亿元。

2011年以来,苏宁持续推进新十年"科技转型、智慧服务"的发展战略,云服务模式进一步深化,逐步探索出线上线下多渠道融合、全品类经营、开放平台服务的业务形态,苏宁认为未来中国的零售模式将是"店商+电商+零售服务商",称之为"云商"模式。

苏宁云商2013年2月19日公告称,基于线上线下多渠道融合、全品类经营、开放平台服务的业务形态,苏宁拟将公司名称变更为"苏宁云商销售有限公司",以更好地与企业经营范围和商业模式相适应。此次更名可看作是苏宁公司的科技转型战略迈出的又一大步,也宣告着苏宁"云商"新模式的正式面世。

一方面,苏宁不断拓展经营品类,实施超电器化战略。2009年,苏宁提出"营销变革",尝试全品类经营、全渠道拓展,推进营销及服务创新;此后在苏宁易购和乐购仕中大力拓展非电器品类,延伸至百货、图书、母婴、虚拟产品等;2012年苏宁推出全新的主力型门店——Expo超级店,在门头上去掉"电器"两字,标志着苏宁线下实体门店超电器化经营步伐的加速。

另一方面,近几年,苏宁持续强化科技创新,转型云服务模式。2006年公司上线SAP/ERP系统,依托信息系统的支撑,建立内部共享服务平台,有效实现企业分散经营、集约管理的目标;与此同时,不断优化供应链,提升管理效率;多年经营积累,苏宁已经构建了面向内部员工的管理云、面向供应商的供应云以及面向消费者的消费云,并逐步推进"云服务"模式的全面市场化运作,2011年以来陆续推出苏宁私享家、云应用商店、云阅读等。

可以看出,经过前期的创新实践和积累铺垫,苏宁将在2013年迎来跨越式的发展。苏宁董事长张近东在工作部署会议中表示,苏宁要做"店商+电商+零售服务商"的云商苏宁,并将通过新模式服务全行业、全社会。未来十年苏宁将不再是传统家电连锁企业,而要做中国的"沃尔玛+亚马逊"。在部署会议召开的同时,苏宁围绕云商模式,从组织架构、年度计划经营策略、人员任命等方面进行了全面部署,确保了“云商”模式的全面落地。

苏宁电器高调宣布更名苏宁云商,更改标识,大肆调整公司架构。所谓云商是指“店商+电商+零售服务商”相结合的新零售业模式。苏宁此次变革,其电商平台苏宁易购地位也得到了明显提升和重视,张近东的电商战略已经非常明显。在苏宁的变革背后,可以看到的是电商时代的崛起,网购规模逐年提升,网络交易额占社会消费品零售总额的比例也在大幅上升。此外,电商已经开始冲击传统零售业,导致百货、超市、家电连锁、家居建材等各行业都纷纷涉足电商。

三、仿真实验

(一)实验目的

1.通过行业分析,了解和掌握目前我国几个主要行业的基本情况。

2.了解不同的创业模式。

3.熟练掌握创业计划书、创业可行性研究报告等文件资料的基本内容和分析方法。

(二)实验背景

2008年6月22日《财富中国》根据发达国家的行业界定与行业演变规则,对中国的行业进行了新分类,结果如下:

一、机构组织

政府机构,各国驻华行政机构,贸易公司,经济组织,协会,其他机构。

二、农林牧渔

粮食,豆类,蔬菜及制品,水果及制品,坚果,杂果,干果,咖啡,可可及制品,棉类,麻类,含油子仁,果仁,籽,食用菌,烟草,花木,竹木,藤苇,干草,木炭,植物提取物,动物提取物,动植物油,动植物种苗,家禽,牲畜,养殖动物,蚕茧,蚕丝,羽毛,羽绒,羊绒,生皮,毛皮,动物毛鬃,肠衣,禽蛋,饲料,饲料添加剂,肥料,农药,园艺用具,农用品,农用机械,林业设备及用具,畜牧养殖业设备及用具,渔业设备及用具,粮油加工机械,饲料加工机械,屠宰及肉类初加工设备,农副产品加工,木材加工、家具制造机械,其他。

三、医药卫生

保健用品,减肥增重产品,个人保养,药材,中药饮片,康复产品,制药设备,医疗器械制造设备,计生用品,其他。

四、建筑建材

房地产，市政工程：市政道路建设，市政公用设施建设，自来水输水工程，集中供暖、供热、供气工程，文教、卫生、体育、音乐等公益设施建设，纪念性建筑设施建设，各类建筑工程，木材板材，石材石料，水泥及制品，石灰，石膏，混凝土及制品，建筑玻璃，陶瓷，搪瓷及制品，塑料建材，金属建材，防水、防潮材料，耐火、防火材料，隔热、吸声材料，绝缘材料，特种建材，施工材料，砖，瓦及砌块，墙体材料，天花板，地板，门窗，壁纸，锁具，建筑装饰五金，管件管材，厨房设施，卫浴设施，涂料，胶粘剂，作业保护，活动房，堆垛搬运机械，建筑及相关设备，陶瓷，木工机械设备，搪瓷生产加工机械，工程承包，建筑装潢设计，其他。

五、冶金矿产

金属矿产，有色金属，有色金属制品，有色金属合金，有色金属合金制品，稀土及稀土制品，黑色金属及制品，铁合金及制品，钢铁及制品，铸锻件，金属丝网，粉末冶金，磁性材料，废金属，非金属矿产，非金属矿物制品，石墨及碳素产品，矿业设备，冶金设备，金属线，管、板制造设备，冶炼加工，其他。

六、石油化工

1.石油及制品，煤矿，天然气，煤气矿业设备，其他石油专用机械设备。

2.化工：无机化工原料，有机化工原料，树脂，其他聚合物，化学纤维，食品添加剂，饲料添加剂，化学试剂，催化剂及化学助剂，日用化学品，香料，香精，染料，颜料，涂料，胶粘剂，化工产品，油墨，塑料及制品，橡胶及制品，玻璃及制品，实验室用品，仪器，仪表，塑料生产加工机械，橡胶生产加工机械，玻璃生产加工机械，化工设备，化工废料，化工产品设计加工，其他。

七、水利水电

水利、水力发电设备，水利、防洪工程及用品，河道疏浚工程，大坝、水库、闸门、泄洪工程，农田水利工程，江河、湖泊治理工程，电力工程，电力、太阳能及再生能源，其他水利水电设备，其他水利水电设施。

八、交通运输

1.轮胎，汽车：轿车，越野汽车，吉普车，卡车，载客汽车，旅行面包车，公共汽车，微型客车，其他载客汽车，专用汽车，工程汽车，工具汽车，消防车，警车，救护车，通讯和广播用车，皮卡，洒水车，道路清扫车，垃圾车，其他专用汽车，电车，汽车配件，摩托车及配件，专用车辆，二手汽摩，汽摩附属及相关产品，停车场，加油站设备，汽车保养，交通安全，汽摩产品制造设备，船只，飞机，其他交通工具，其他。

2.自行车，三轮车及配件，铁路、地铁用设备器材，船舶及配件，电梯，缆车及配件，飞行器及配件，集装箱，二手交通产品及用具，轮胎，废气处理设施，交通安全设施，运输、仓储，其他

3.机场、航空工程,港口工程,铁路工程,公路、桥梁、涵洞。

九、信息产业

1. 计算机与软件:计算机,消耗品,插卡类,主机配件, 计算机外设,机箱,UPS与电源,网络设备,配件, 计算机,电子记事簿,笔记本计算机,服务器,工作站,二手计算机及用品。

2.软件:网络工程, 计算机相关用品, 计算机产品制造设备,软件开发,其他。

3.通讯产品,通讯产品配件部件,锂电池,镍氢电池,磁卡,IP卡,IC卡,来电显示器,拨号器,充电器,天线,控制和调整设备,电话机,可视电话,移动电话,集团电话,交换机,传真机,寻呼机,对讲机,网络通信产品,通讯,声讯系统,GPS系统,通信电缆相关产品,雷达及无线导航,广电、电信设备,通讯产品制造设备,系统工程,网络工程,其他。

十、机械机电

1.机械及工业制品:仪器,仪表,行业专用机械及设备,磨具,磨料,通用零部件,焊接、切割设备与材料。

2.工具:五金工具,气动工具,电动工具,减速机,变速机,泵及真空设备,液压机械及部件,风机,排风设备,压缩、分离设备,其他工控设备及配件装置,换热、制冷空调设备,发电机,发电机组,内燃机,节能装置,电线电缆,机械设计加工,家电制造设备,量器量具,其他。

十一、轻工食品

饮料,酒类,茶叶及制品,咖啡,可可及制品,水产及制品,禽畜肉及制品,罐头食品,速冻食品,方便食品,休闲食品,豆制品,蛋制品,蜜制品,乳制品,糖类,淀粉,食用油,调味品,糕饼,面包,面条,粉丝,香烟,食品添加剂,食品饮料加工设备,食品饮料原料,其他。

十二、服装纺织

1.服饰,服装辅料,帽子,领带,围巾,头巾,手套,袜子,鞋及鞋材,针织服装,梭织服装,品牌服装,男装,女装,婴儿服装,儿童服装,内衣,睡衣,浴衣,T恤,衬衣,毛衣,西服,夹克,外衣,外套,大衣,风衣,裤子,休闲服装,运动服装,民族服装,婚纱,礼服,工作服,制服,特制服装,牛仔服装,丝绸服装,皮革,毛皮服装,羊毛、羊绒衫,羽绒服装,防寒服。

2.服装加工设备,整熨洗涤设备,鞋加工及修理设备,服饰鞋帽设计加工,皮革加工机械,纺织设备和器材,纺织废料,皮革废料,纺织品设计加工,皮革及制品设计加工,其他。

3.纺织:皮革,纺织、皮革原料,纱线,线,纺织辅料,棉织物,麻织物,丝织物,毛织物,化纤织物,混纺织物,坯布,色织、扎染、印花布,针织布,工业用布,无纺布,面料。

4.抽纱及其他工艺纺织，地毯，毛巾，浴巾，床上用品，家用纺织，皮革及人造皮革，皮革制品，其他。

十三、专业服务

不干胶制品，广告材料，印刷出版物，音像制品及电子读物，广播、电视节目，排版、制版设备，印刷设备，二手印刷设备，印刷出版服务，媒体和传播，专业咨询，工程监理，工程设计，信息技术，信息管理软件开发设计，维修，保险，租赁，会议，培训，物业管理，其他。

十四、安全防护

锁具，保险柜，门铃，可视门铃，防盗设施，报警装置，监视，监控设备，避雷产品，防弹器材，防暴器材，防身用具，军需用品，救生器材，消防器材，作业保护器材，交通安全，运动护具，保安设备，警用设备，紧急服务，其他。

十五、环保绿化

废金属处理设施，纺织废料处理设施，皮革废料及处理设施，化工废料及处理设施，废气处理设施，水、污水处理设施，废料回收再利用，降噪音设备，公共环卫设施，公共环卫机械，园林绿化用品及机械，园林绿化工程，垃圾处理、荒山绿化、天然林保护、防沙等工程和设施，其他。

十六、旅游休闲

旅游用品，宾馆酒店用品，宠物及用品，纪念品，扑克，棋类，乐器，钓鱼，健身，游艺设施，旅行服务，其他。

十七、办公文教

图书资料，光学及照相器材，耗材，文具，计算器，办公纸张，簿，本，册，信封，档案夹，软盘，硒鼓，墨盒，墨粉，色带，教学模型、用具，教学设施，实验室用品，电话机，可视电话，集团电话，传真机，复印机，打印机，打字机，投影机，碎纸机，考勤机，绘图机，晒图机，视讯会议系统，文艺设备，舞台灯光音响设备，摄影器材，录像设备，艺术部门专用材料及用品，其他。

十八、电子电工

磁性材料，半导体材料，绝缘材料，电工陶瓷材料，电子元器件、组件，电池，照明与灯具，插头，插座，充电器，电动机，电动工具，光电子，激光仪器，仪器，仪表，光仪及配件，电线电缆，配电装置，开关柜，照明箱，输电设备及材料，显示设备，电热设备，工业自动化装置，地震设备，天线、雷达及无线导航，广电、电信设备，电子电工产品制造设备，电子电工产品设计加工，其他。

十九、玩具礼品

木制玩具，塑料玩具，绒毛玩具，电子玩具，电动玩具，玩具珠、球、娃娃，玩具车，玩具枪，模型玩具，益智玩具，童车及配件，玩具配件，工美礼品、玩具设计加工，木制工艺品，植物编织工艺品，石料工艺品，宝石玉石工艺品，陶瓷工艺品，金属工艺品,玻璃工艺品,水晶工艺品,塑料工艺品,树脂工艺品,泥塑工艺品,纸制工艺品,天然工艺品,针钩及编结工艺品,雕刻工艺品,仿古工艺品,仿生工艺品,宗教工艺品,民间工艺品,雕塑,字画,古董和收藏品,珠宝首饰,金银器,时尚饰品,打火机,烟具,钟表,相框,画框,蜡烛及烛台,熏香及熏香炉,装饰盒,钥匙扣,链,盆景,玩具,工艺礼品,纪念品,广告礼品,节日用品,殡葬用品,工美礼品、玩具设计加工,其他。

二十、家居用品

家用电器,家用计算机,家用空调,家用电视机,净水器,饮水机,榨汁机,搅拌机,咖啡机,豆浆机,电热壶,电热杯,电炒锅,电饭煲,微波炉,洗碗机,消毒柜,抽油烟机,冰箱,冷柜,湿度调节器,空气净化器,取暖电器,热水器,电吹风,吸尘器,电扇,排气扇,电熨斗,洗衣机,干衣设备,干手机,给液皂机,氧气机,电驱虫器,视听器材,遥控器,家用纸品,家用塑料制品,家用玻璃制品,家用陶瓷,搪瓷制品,家用金属制品,时尚饰品,珠宝首饰,金银器,打火机,烟具,钟表,相框,画框,熏香及熏香炉,个人保养、日用化学品,餐具,炊具,厨具,保温容器,厨房设施,卫浴设施,清洁用具,园艺用具,家具,童车及配件,箱,包,袋,伞,雨具,太阳伞,刀,剪,刷,缝纫编织,婴儿用品,定时器,宠物及用品,门铃,可视门铃,照明与灯具,其他。

二十一、物资专材

救灾物资,防汛物资,抗旱物资,农用专用物资,储备物资(包括粮食),燃料,锅炉,供热设备,殡仪火化设备,其他物资;劳保用品,兽医用品,其他物资专材。

二十二、包装用品

纸浆,文化用纸,包装用纸,家用纸品,壁纸,废纸,其他用途用纸,标签,标牌,胶带,索具,托盘,包装材料,纸制包装用品,木制包装用品,麻制包装用品,塑料包装用品,玻璃包装用品,金属包装用品,造纸设备,纸品加工机械,包装相关设备,包装设计加工,其他。

二十三、体育用品

体育器材,体育场馆专用材料,体育场馆建设工程,康复器械,比赛服装,体育设施,其他体育用品。

二十四、办公家具

办公木制品,其他材料办公家具,病床等医院用家具,剧场、影院桌椅,实验室家具,课桌,椅,保险柜,档案柜,密集架,其他办公家具。

分析学生所选择的行业及企业的环境背景。

(三)实验过程

请学生根据老师指定的几个行业,每5~8人组成一组,由老师根据各组所选行业和虚拟企业规模确定一个投资额度(如200万元~500万元),建立虚拟企业。

(四)实验小结

1.实验总结

总结和分析构建的模拟公司的经营方向和经营范围的科学性，领导成员职能分工的合理性以及所构建的模拟公司对环境的适应性和有效性。

2.思考题

(1)创业企业成功的影响因素有哪些？

(2)大学生应该为创业做哪些准备？

第二章　企业社会责任

一、理论重温

(一)企业的社会责任

企业社会责任(Corporate social responsibility,简称CSR)是指企业在创造利润、对股东承担法律责任的同时,还要承担对员工、消费者、社区和环境的责任。企业的社会责任要求企业必须超越把利润作为唯一目标的传统理念,强调在生产过程中对人的价值的关注,强调对消费者、对环境、对社会的贡献。

管理者的社会责任是指管理者在企业经营过程中,对社会应承担的责任或对社会应尽的义务。通过承担其社会责任,促进企业的可持续发展。

具体表现为,管理者在企业经营过程中,特别是在进行决策时,除了要考虑投资人的利益或企业本身的利益,还应适当考虑与企业行为有密切关系的其他利益群体及社会的利益,除了要考虑其行为对自身是否有利外,还应考虑对他人是否有不利的影响,如是否会造成公害、污染环境、浪费资源等。管理者在进行决策时,对这些问题进行考虑并采取适当的措施加以避免,其行为本身就是在承担社会责任。

(二)企业如何承担社会责任

首先,企业应该承担并履行好经济责任,为极大地丰富人民的物质生活、为国民经济的快速稳定发展发挥自己应有的作用。最直接地说就是盈利,尽可能扩大销售,降低成本,正确决策,保证利益相关者的合法权益。

其次,企业应该在遵纪守法方面做出表率,遵守所有的法律、法规,包括《环境保护法》《消费者权益法》和《劳动保护法》。完成所有的合同义务,带头诚信经营,合法经营,兑现保修允诺。带动企业的雇员、企业所在的社区等共同遵纪守法,共建法制社会。

第三,伦理责任是社会对企业的期望,企业应努力使社会不遭受自己的运营活动、产品及服务的消极影响。加速产业技术升级和产业结构的优化,大力发展绿色企业,增大企业吸纳就业的能力,为环境保护和社会安定尽职尽责。

最后,是企业的慈善责任。现阶段构建和谐社会的一个重要任务是要大力发展社会事业，教育、医疗卫生、社会保障等事业的发展直接关系人民的最直接利益，也直接决定着社会安定与否、和谐与否。很多地方在发展社会事业上投资不足或无力投资，这就需要调动一切可以调动的资本。企业应充分发挥资本优势，为发展社会事业，为成为一个好的企业公民而对外捐助。支援社区教育、健康、人文关怀、文化与艺术、城市建设等项目的发展，帮助社区改善公共环境，自愿为社区工作。

二、案例导入

近年来，企业社会责任问题越来越受到国际社会的广泛关注。联合国于2000年正式启动了“全球契约”计划。国际标准化组织于2004年启动了社会责任国际标准ISO26000的制定工作，全球120个国家及国际组织的400多名专家参与了该标准的制定工作。近年来，美国的《财富》杂志每年都会发布《企业社会责任评估报告》。2013年3月20日《财富》(中文版)发布了“中国企业社会责任100排行榜”，前10位如表2-1和表2-2：

表2-1　中国本土企业社会责任100排行榜前10位(中国本土企业)

社会责任排名	《财富》中国500强排名	中国本土企业	行业	得分
1	69	中国远洋控股股份有限公司	工业	85
2	21	联想集团有限公司	高科技	71.2
3	1	中国石油化工股份有限公司	石油与天然气	70
4	2	中国石油天然气股份有限公司	石油与天然气	65.2
5	17	宝山钢铁股份有限公司	原材料	64.2
6	4	中国建筑股份有限公司	建筑材料	63.2
7	24	中国铝业股份有限公司	原材料	62
8	49	中兴通讯股份有限公司	高科技	60.4
9	37	山西太钢不锈钢股份有限公司	原材料	60.2
10	50	中国东方航空股份有限公司	航空	59.4

表2-2　中国企业社会责任100排行榜前10位(外资企业)

社会责任排名	《财富》世界500强排名	外资企业	行业	得分
1	87	索尼	电子消费品	91.6
2	173	英特尔	高科技	86.7
3	20	三星电子	电子消费品	86.6
4	62	巴斯夫	原材料	85.3
5	21	戴姆勒	汽车	84.3
6	38	日立	工业产品和服务	79.7
7	147	戴尔	高科技	78.5
8	187	拜耳	原材料	78.1
9	31	惠普	高科技	78.1
10	27	福特汽车	汽车	76.3

(一)百事公司

1.百事公司企业社会责任目标

世界第二大食品饮料公司百事公司2010年3月22日在其投资者会议上宣布了有关营养、环境和工作场所的全球企业社会责任新目标。

这些目标的制定是为了推动实现百事公司"可持续增长"的承诺。它们将适用于百事公司全球的食品、饮料业务,包括非多利薯片、桂格麦片、百事可乐、纯果乐果汁、佳得乐运动饮料等。百事公司将此承诺称为"目的性绩效"。

为了鼓励人们过上更健康的生活,同时满足消费者对更健康、更美味产品的期望,百事公司致力于达到行业领先的营养目标,包括:

(1)提高以全谷类、水果、蔬菜、坚果、种子和低脂肪奶制品为原料的产品在产品组合中的比重;

(2)2015年之前,在关键市场中,实现全球主要食品产品的平均单位钠含量降低25%;

(3)2020年之前,在关键市场中,实现全球主要食品产品的平均单位饱和脂肪含量降低15%;

(4)2020年之前,在关键市场中,实现全球主要饮料产品的平均单位添加糖含量降低25%。

"我们相信,人类及地球更健康的未来意味着百事公司更成功的前景",百事公司董事长兼首席执行官卢英德说,"这些承诺贯穿于我们的所有业务, 也反映出我们注重可盈利的长期增长。它们将引导我们继续为全球消费者推出更美味、更健康的产品”。

2008年,十家全球主要食品饮料企业共同签署了《关于饮食、体育活动和健康的全球战略行动承诺》,并将其提交世界卫生组织。百事公司是这十家企业之一。此次百事公司推出的全球目标是向世界卫生组织所作承诺的具体行动。

以下列举了一些百事公司的承诺:

(1)人类可持续发展——健康与保健

①2012年之前,在食物和饮料包装上标示能量值和主要营养信息;

②2012年之前,在世界各地停止对中、小学生直接销售全糖软饮料;

③增加百事基金会和百事公司的企业捐赠项目,以促进构建更健康的社区,包括改善饮食和加强体育活动项目;

④投资于业务发展和产品研发,为弱势和低收入群体提供更多价格低廉、营养丰富的产品。

(2)环境可持续发展

①截至2015年年末,为发展中国家的三百万人民提供安全饮用水;

②2012年前,减少3亿5千万磅(约1.588亿千克)的包装质量,从而避免产生10亿磅(约4.536亿千克)的土地填埋废弃物;

③致力于消除百事生产设施所产生的所有土地填埋固体废弃物;

④承诺在全球范围内减少运营过程中温室气体的排放总量。

(3)人才可持续发展

①通过不断降低工伤率,保证工作场所的安全性,并努力通过最优实践来提高其他职业健康和安全标准;

②在全球范围内提供工作场所保健计划,鼓励员工过更健康的生活;

③通过百事基金会,为符合标准的员工公益捐款进行等额匹配捐赠。

资料来源:《百事公布全球企业社会责任新目标》。新华网,2010年3月25日。

2.百事大中华区履行企业社会责任情况

百事公司致力于可持续发展,主要包括人类的可持续发展、环境的可持续发展及人才的可持续发展。百事公司将其定义为“目的性绩效”(Performance with Purpose),其目的是在创造良好的经济效益的同时回报所服务的社区。

百事公司自2001年就开始支持中国妇女发展基金会启动的一项名为“母亲水窖”的全国性公益项目,通过公众的参与,来帮助中国中西部贫穷缺水地区的人们解决安全饮水问题,也是该项目的第一个“世界500强”合作伙伴。如今,“母亲水窖”已然成为了中国最受认可的公益项目之一,为中国180万人口提供了安全和清洁饮用水。在过去的10多年间,百事公司为该项目规模和影响的扩大提供了坚实的支持。如今仍是该项目最大的跨国企业捐赠方。截至2013年6月,百事公司基金会、百事公司大中华区及员工已共同捐资近5300 万元,共建水窖1500 多口,新建或升级改造小型安全饮水工程120 多处,修建校园安全饮水工程30多处,培训农村群众12万余人;项目已经惠及了包括四川、云南、甘肃、贵州、广西、河北、内蒙古、青海、重庆及陕西在内的10 个省、市、自治区的42万多人。计划到2015年年底为中国50万人口提供安全饮水。

2007年,百事公司大中华区启动了一项员工参与推动的公益项目,帮助百事公司在中国的土豆示范农场所在地附近的农村学校建立“百事图书室”,捐赠图书、阅览桌椅和图书室设施以及资金。截至2012年9月,百事大中华区已在内蒙古、河北、广西、山东、广东和甘肃建立了10个“百事图书室”。该项目还通过调动广大员工的参与,筹集二手书和捐款,设立了“百事读书小明星”和“百事奖学金”项目,奖励优秀学生,激励学生们的读书、写作热情。百事还为项目学校添置了大量的电脑、新图书和书桌、书架和教学设备等。

除“百事图书室”项目外,百事大中华区还资助了另一个针对外来工子弟教育的项目——“百事明天计划”。 自2008年起,百事大中华区已经逐步按区域推动此项目,通过为农民工子弟学校提供奖学金、设立图书室和运动器材等物资援助,帮助改善农民工子女的学习环境。截至2011年年底,百事公司已为该项目捐款190万人民币,在全国15个城市(北京、济南、重庆、南昌、长春、上海、广州、深圳、天津、西安、南京、河源、武汉、成都、郑州)资助了16所农民工子弟学校,共有16200名学生从“百事明天计划”中受益,其中的3500多名学生获得了“百事博爱奖学金”。

截至2012年年底, 百事大中华区已经为上述两个公益教育类项目累计投入超过400万元,覆盖全国多个省市的26所外来工子弟学校及农村学校,惠及2万多名中小学生。

2008年年初,中国中部和南部遭受了严重冰雪灾害。百事公司第一时间向中国红十字会和当地救灾中心捐助了资金和物品, 捐助总额约合33万元人民币。2008年5月,汶川发生里氏8级地震,百事公司与中国人民共同分担,累计捐赠现金和实物超过1900万人民币。2010年3月,中国西南五省遭受严重干旱,百事大中华区授权昆明百事捐赠价值达20万元人民币的百事饮料产品以缓解旱情,其中包括4697箱“果缤纷”果汁饮料和2000箱“佳得乐”运动饮料。2010年4月,青海省玉树县发生了7.1级强烈地震,上海百事、深圳百事、广州百事、长春百事、长沙百事等地的员工迅速做出反应,倡议募捐,慷慨解囊,帮助灾区渡过难关,累计捐款约57.5万元。2013年4月,四川省人民又一次遭遇了强烈地震。为应对这一灾难,向灾区人民提供援助,百事公司基金会向全国妇联中国妇女发展基金会捐赠100万美元。除捐款外,百事公司还协同其在华战略合作伙伴——康师傅控股有限公司,在地震发生几小时后即向地震灾区提供援助物资,其中包括10000箱百事冰纯水。到2013年6月,百事公司基金会、百事公司大中华区及员工已经为中国的公益事业捐资超过8200万人民币。

资料来源:《百事大中华区企业社会责任介绍》。人民网,2009年12月15日。

(二)苹果公司

1.苹果公司社会责任概述

过去几年里,绿色和平组织一直在猛烈批判苹果公司(以下简称“苹果”),他们不放过一切可能的机会指责苹果在环保措施方面的过失，他们甚至还在苹果专卖店门口和 MacExpo会场门口举办过抗议活动,和苹果大唱对台戏。不过现在苹果的一系列环保举措终于得到了绿色和平组织的肯定,他们将苹果列入了最环保、绿色的公司之列。

据 AppleInsider网站报道,苹果2006年在绿色和平组织的公司环保指数评分系统中所得到的评分仅有2.7分(满分10分)。此后,绿色和平组织就开始盯上了苹果,他们不断敦促苹果尽快采取改善措施。在绿色和平组织的压力下,2007年乔布斯写了一封公开信,信中承认苹果的确需要在这方面有所改进。

时间进入2010年，绿色和平组织对苹果的看法已经大为改观，该组织的官员Casey Harrell对苹果在环保方面所采取的措施表示了赞许,他说:“少说多做,我们应该赶快采取行动来消除产品中的有毒化学品!这方面苹果做得就很好,他们现在在环保方面已经赶超了惠普。与此同时,那些对环保措施心不在焉的公司的市场份额则出现了下跌现象。全球各个公司应当行动起来,号召政府部门尽快立法禁止生产含有PVC/BFR材料的有害电子产品。目前索爱和苹果已经在号召欧盟尽快支持这种立法,而其他几家大公司——惠普、戴尔以及Acer最好也赶快行动起来,加入索爱和苹果的行列,尽快促成欧盟就此立法。”

现在苹果推出的每种新产品，已经能够做到小心处理产品环保方面的细节参数,看起来绿色和平组织这几年来的努力总算没有白费。

2.苹果公司及其供应商社会责任概述

2011年2月15日,苹果正式发布了2011年度的《供应商责任进展报告(Supplier Responsibility Progress Report)》。

2010年,供应链接二连三爆出的丑闻曾让苹果颜面扫地,包括供应商富士康的员工连续跳楼事件,以及生产触摸屏的台资企业胜华科技上百名员工中毒事件等。

北京公众与环境研究中心主任马军表示，苹果2011年的报告已经较往年有了一定的进步,报告首次提到了富士康和胜华科技两家苹果供应商的名字,并披露了这些供应商对存在问题的整改。马军曾牵头发布了一份名为《苹果的另一面》的独立调研报告,披露苹果在用工和环境方面存在的问题。

苹果在《供应商责任进展报告》中提供了对127家厂商的审查结果,其中包括供应商严重违反苹果供应商行为准则的行为以及苹果对这些行为的回应，这些回应包括强制升级设施和与违规者终止业务关系等。报告显示，2010年苹果发现37家厂商存在严重违规行为，远多于2009年的17家。

苹果的生产规模在过去几年当中成倍地增长，但一些中国环保人士在调研后得出结论，苹果在对其供应商在劳工、污染等问题上，并没有同步进步。

(1)富士康员工自杀事件调查过程

这份25页的报告有个两页的章节详细披露了2010年苹果对富士康员工自杀事件的调查过程。2010年年初，富士康连续的员工自杀事件，已经在全球对苹果的声誉造成了严重影响。

2010年6月，苹果分管供应链的首席运营官库克(Tim Cook)带着一批苹果高管以及两名资深防自杀专家抵达深圳，开始对富士康员工自杀事件展开调查。

多年以前，正是在库克的主导下，苹果决定关闭自己所有的工厂。库克在那时给老朋友郭台铭打去电话，并决定将苹果产品逐步交由富士康这样的代工厂生产，以减轻苹果庞大的财务负担，同时也将管理数十万人巨型工厂的负担转手扔给了富士康们。

库克随即在深圳和郭台铭进行了会谈，在这份报告中苹果提到，当时苹果要求富士康立即采取措施，防止更多的员工自杀。

报告同时指出，苹果随即组成了一个由防自杀专家组成的独立调查小组，对富士康展开调查。这个小组调查了超过1000名富士康员工，和他们展开面对面的交谈，并详细询问他们的生活质量、焦虑的原因、心理健康状况。这个小组是在没有富士康干预的情况下发放的调查问卷。

调查小组在2010年8月时出具了调查报告。不过，苹果并没有在2011年《苹果供应商责任进展报告》中过多透露此项调查对富士康存在问题的结论，只是表示在苹果的建议下，富士康立即采取了措施，例如开通了24小时心理疏导热线等。

苹果的2011年度《供应商责任进展报告》中写道："专家组对富士康的反应速度表示赞赏。富士康在处理这次危机的过程中，毫不隐瞒地和很多外部专家和政府官员合作。更重要的是，调查发现，富士康的对策明显地产生了挽救生命的效果。"

(2)责任全推给供应商？

马军评价道，今年苹果的报告显示出苹果对其供应商社会责任的管理上有了一定的进展，例如提到了一些供应商整改的具体事例。

在此前不久，马军等NGO人士一起发布了自己的调研报告《苹果的另一面》。

中国的民间环保人士曾多次联系苹果美国总部，就联建科技等苹果供应商员工中毒事件要求苹果回应，但屡次遭到苹果的拒绝。"苹果此前一直不肯承认联建科技是其供应商，因此表示不能采取更多的行动。"马军说，这让他们感到非常意外。

在2011年度苹果的《供应商责任进展报告》第20页，有较大篇幅提到苏州联建科技员工中毒事件，报告中写道："在2010年，我们得知苹果供应商胜华科技(联建科技的台湾母公司)在苏州的工厂有137名工人接触正己烷后出现不良反应……"

而联建科技员工正己烷中毒事件发生在2009年下半年，且有多家中国媒体对其进行过报道。

马军认为，对如此重大的事件，苹果一直到很晚时才了解到，说明了苹果对自己的供应链缺乏有效管理。

近年来，苹果产品在全世界飞速扩张，苹果供应商的队伍也成倍增长。但遗憾的是，苹果在对其供应体系管理上所表现出来的水准，并没有随着苹果产品的增长一起发展。

苹果采购的零部件通常要求世界最精密的工艺。同样一块触摸屏，如果有一点轻微划痕，在其他消费电子厂商那里可以过关，但在苹果严密的检测标准下，往往会被退货。这往往把苹果的供应商逼上一个两难的境地：尽管苹果的订单利润高，但是如果生产优良率上不去，同样赚不到钱，并且拿不到苹果更多的订单。

一些苹果供应商不惜铤而走险，使用非法的工艺流程，胜华科技在苏州的工厂就是最典型的代表。2008年9月起，胜华科技的子公司苏州联建科技"突然要求使用正己烷代替酒精，让员工擦拭苹果手机显示屏"。理由是使用酒精擦拭显示屏出厂的产品优良率较低，使用正己烷能够获得更好的效果，但因为车间是密闭的，多名员工中毒住院。

虽然苹果制订了《苹果供应商行为准则》，要求供应商必须遵守诸如禁止雇佣童工、严禁使用有害物质等要求。但马军认为，苹果不能简单地将全部责任都推给供应商，而其报告正有这样的倾向，这样会导致苹果的采购人员只看产品的质量，而忽视苹果对生产这些产品过程中对劳工及环境的损害，也无益于防止将来类似情况的发生。

马军谈到，在苏州联建科技的员工中毒事件调查中发现，在同一个工厂里生产其他公司产品时就没有出现中毒现象。一些员工向环保组织反映，苹果要求联建科技用大的塑料片把整个工作台全部包起来，以保证iPhone的触摸屏在无尘的环境下进行生产，这样密闭的环境导致了员工的中毒。

从现有披露出来的信息可以看出，苹果公司对供应链的各个环节有着很深的干预，"这家工厂的优良率在短期内大幅提升，很难相信苹果对此毫不知情"。马军表示。

在对包括惠普、戴尔等多家IT企业进行调研后，中国的环保组织得出结论，苹果对其供应商社会责任的管控要落后于惠普、GE等企业，这和苹果在IT业界日益攀升的地位不相符。

资料来源：《苹果发布供应商责任进展报告 中国环保组织不满》。21世纪经济

报道,2011年2月15日。

(三)吉利控股集团

1.未来工程

吉利控股集团(以下简称吉利)作为民族汽车工业自主品牌企业,在坚持为发展自主品牌而不懈努力的同时,致力于回报社会,对中国的慈善教育事业一贯坚持身体力行。通过实施吉利教育资助计划(光彩吉利教育资助行动)、"吉利行天下,慈善中国行"、"吉利未来人才基金"助学工程等项目,设立专项基金,帮助贫困学校改善环境,为贫困学生实现大学梦想,为弘扬中华传统美德,引导社会进入友好互助、一方有难八方支援的和谐氛围,为中国希望工程做出了很大的努力。

1997年,吉利资助浙江工业大学办学。

2003年至2004年,吉利集团资助了慈善总会;资助了工厂周边农村及学校。

2005年,成立了"吉利未来人才基金",资助100名首批来自江西瑞金、山东临沂、内蒙古固阳、呼和浩特武川县等革命老区和少数民族地区的贫困学生就读浙江吉利技师学院,并帮助这些贫困学生毕业后进入吉利集团工作,解除了他们毕业后寻找工作的后顾之忧;资助东方翡翠花园小学500万;资助海南大学三亚学院2.2亿,2005年海南大学吉利三亚学院正式开学。

2006年,中国教育基金会成立,吉利捐赠5000万元给基金会,双方共同来资助1000名大学生。为了做好这项工作,吉利成立了"中国教育发展基金会——吉利教育资助专项计划办公室",具体执行在4~5年内,在全国寻访1000名最需资助、品学兼优的贫困学子完成大学梦的任务。2006年7月,吉利教育资助行动暨寻访贫困学子行动启动仪式在人民大会堂正式举行。

中国教育发展基金会吉利教育资助计划得到了全社会的关心,并得到中央统战部、全国工商联、中国光彩事业促进会的大力支持。在实施过程中,中国光彩事业促进会通过遍布全国的分支机构寻找符合条件的贫困学生。到目前为止,已有987名学生通过中国教育发展基金会吉利教育资助计划的资助,完成了大学学业。

2007年,吉利举办"吉利行天下,慈善中国行"活动,目的是呼吁更多人关心慈善事业,并推动我国慈善事业更好地发展。2007年7月27日该活动首站在沈阳启动,吉利决定现场每售出一款吉利汽车,就捐赠2000元给沈阳市残联;在大庆,吉利汽车向大庆晚报社捐资4万元,以资助20名品学兼优的贫困大学生。吉利此举不仅使受捐助者感受到了吉利的温暖,同时也印证了吉利汽车坚持走慈善之路的决心。

2008年,四川汶川特大地震发生后,吉利集团在第一时间携经销商、供应商和员工首批捐款1000万元。之后,吉利集团再次做出决定,为使地震灾区学子不因地震灾难失去求学机会,吉利集团将启动"吉利未来人才基金"和"李书福资助教育基金",委托浙江职业技术学院、浙江吉利汽车工业学校在2008年秋季招生中,面向四川地震灾区,重点帮助因灾而成为单亲家庭子女和家庭生活发生严重困难的学子,定向招收800名应届初、高中毕业生,并为他们提供学习期间的全部学费,毕业后在四川吉利生产基地安排工作,这项资助计划总计费用达到1250万元。

2010年6月20日,吉利出资3000万元设立我国首家"学校型"创业基金,这是我国目前投资额最大的大学生创业基金,开创了高校办基金的先河。当天,还启动了GM1000计划(千名研究生培养计划),与北京大学、清华大学、北京理工大学等高校签订了联合培养研究生协议,未来3年每年联合培养千名研究生。

2012年,吉利控股集团以"浙江省李书福教育资助基金会"的名义参加中央电视台"春暖2012"大型公益晚会,并捐助100万元,联合中国发展研究基金会共同帮助农村贫困地区1到6岁留守儿童,开展"乡村幼儿园公益计划"。

2014年,由吉利控股集团与21世纪经济报道联合发起的2014"吉利HOPEo绿跑道乡村少年体育梦想计划" 活动在内蒙古正式启动。活动旨在点燃贫困地区孩子们参与体育运动的热情,培养孩子们积极进取、团结拼搏的精神,使他们在运动中获得欢乐的同时,促进身心全面发展,激发潜能,追寻梦想。

吉利将秉承"用我们的智慧、诚信和勤奋,构建和谐社会"的企业核心价值观,为社会和谐发展尽到应尽的责任。

2.扶贫与救助

吉利在认真履行社会责任的过程中,除了捐赠资助慈善教育事业,促进中国希望工程发展,在扶贫、救灾、助残等方面也尽了应尽的责任,为促进发展做出了不懈的努力。

2003年,吉利捐助工厂周边农村200万;捐助慈善总会200万。

2004年,吉利捐助工厂周边农村100万元。

2007年冬天,吉利集团捐助抗冰救灾100万元。

……

2008年5月12日汶川发生大地震后,吉利控股集团组织了系列救助行动。一是通过上下发动,激发了广大干部、员工以及供应商、经销商、服务商救助灾区人民的极大热情,在吉利总部、各大生产基地以及各地经销商、供应商、服务商中,展开捐资、献血和捐助部分车辆等系列救助和赈灾活动。

地震发生当日,吉利董事长李书福、总裁杨健就打电话到四川了解灾情,并向四川省有关部门表达吉利全体员工对汶川等地灾民的慰问之情,随即做出捐赠部分车辆用于第一线抗灾救灾行动的决定。成都西物等吉利汽车经销商还组织了车队,并配备驾驶人员奔赴抗灾、救灾一线。与此同时,从5月14日开始,吉利集团总部和各基地发动和组织员工为灾区受伤同胞献血。

此次救助活动中,吉利携经销商、供应商、服务商、企业员工向灾区人民共捐款近1600万元,其中李书福董事长个人捐资120万元,同时,吉利集团启动"未来吉利教育基金”和“李书福资助教育基金”,出资1250万元,委托浙江职业技术学院、浙江吉利汽车工业学校在2008年秋季招生中,面向四川地震灾区,重点帮助因灾而成为单亲家庭子女和家庭生活发生严重困难的学子,定向招收800名应届初、高中毕业生,并为他们提供学习期间的全部学费,毕业后在四川吉利生产基地安排工作。

2009年,一场罕见的台风“莫拉克”重创台湾,让彼岸的同胞遭受重大损失。台湾灾情牵动着大陆同胞的心。8月19日,吉利通过浙江省慈善总会首批向灾区捐献100万人民币,用于台湾灾后重建。

2010年4月14日青海省玉树藏族自治州玉树县发生了7.1级地震,灾害无情人有情,受灾同胞们的伤痛时刻牵动着吉利万余名员工的心。吉利随后开展了“情系玉树”赈灾活动,通过中华慈善总会向青海玉树灾区捐赠人民币2200万元,为抗震救灾尽一份力,为灾后重建献一份爱心。2010 年 8月12日,吉利集团为舟曲灾区现场捐款100万元。

2010 年 6月18日,吉利捐助350万元资助景宁教育,与景宁职业高中合作办学,以“资金+有效教育模式”的全新教育扶贫模式赢得了广泛赞誉。

2010 年 10月11日,第八届全国残运会倒计时一周年爱心助残晚会在浙江杭州举行,吉利为残运会捐助118万元人民币,支持残疾人体育事业。

2012年,吉利品牌发起的“大爱浙江——帝豪汽车助学行”捐赠仪式在景宁县九龙乡圣雄希望小学举行。数名帝豪车主把汇聚了全省上千名帝豪车主满满一卡车的爱心物资送到了畲乡学童手中,为山区的孩子们送去了大量的学习、体育用品和一份浓浓的关爱。

2013年,四川雅安发生7级地震,给当地人民的生命财产带来重大创伤。为帮助灾区人民渡过难关,早日恢复正常生产生活秩序,吉利控股集团于地震发生之后宣布了向雅安灾区提供2000万元的救灾和灾后重建援助计划。

2014年,吉利控股集团上海英伦为了让更多的孩子感受到青奥会带来的阳光向上的体育精神,向南京社会儿童福利院捐赠了体育器材。

3.推进汽车行业节能降耗,促进人车社会和谐发展

2007年5月国务院以国发〔2007〕15号文发布的《节能减排综合性工作方案》提出:以创新模式,加快发展循环经济,全面推进清洁生产;依靠科技,加快节能减排技术开发和推广;并提出了以政府为主导、企业为主体、全社会共同推进的节能减排工作格局。

吉利高度认识到第十一个五年规划提出的建设资源节约型、环境友好型社会和实现可持续发展的重要性,并充分认识到企业在节能减排上应承担的责任和历史使命。吉利于2007年开始进行战略转型,确定了企业使命为“造最安全、最环保、最节能的好车,让吉利汽车走遍全世界”。为此,吉利一贯认真履行着社会责任,在绿色环保技术方面不断地进行探索、创新。

早在2005年12月，国家发改委等六部门联合发布的《关于鼓励发展节能环保型小排量汽车意见的通知》明确指出"取消一切针对节能环保型小排量汽车在行驶路线和出租汽车运营等方面的限制"。可见，小排量环保型汽车将是未来家用轿车发展的趋势，同时这也符合国家当前节能减排政策导向。经过八年汽车行业的拼搏，吉利已成长为中国经济型轿车的主力品牌，通过自主研发和技术进步，吉利更注重经济型轿车的节能与环保。

搭载"世界先进、中国领先"的CVVT-JL4G18发动机的吉利远景轿车节能性能表现出色，可以根据发动机不同的运行状态调整气门进气角度，有效提高燃料利用率，减少废气排放，实现了1.8 L发动机相当于1.5 L发动机的燃油消耗。

吉利自由舰在节能方面也有不俗的表现，在中央电视台主办的"年度车型评选"中取得百公里实际油耗4.38升的好成绩，在2010年7月举行的"吉利自由舰一箱油出疆挑战赛"中，创下了百公里实际油耗4.05升的新纪录。

吉利金刚车型通过低风阻车身造型、动力总成优化匹配、结构轻量化等手段，获得60 km/h等速油耗4.4 L的低油耗性能，使吉利金刚三厢系列轿车在怠速NVH、低油耗方面处于同类车型领先水平。

吉利不断探索、创新，已在安全、节能、环保技术上实现重大突破，研发出了两项科研成果：爆胎监测与安全控制系统和电子等平衡技术。前者解决了高速爆胎后的安全控制问题，有效避免灾难事故的发生，为全球首创技术；后者解决了能耗问题，与同排量汽车比较城市路况节油可达到35%以上，同时还降低了汽车行驶噪音，此项技术为世界先进技术。

2006年10月，吉利"新型电容混合动力轿车整车产品研发""自主创新型混合动力轿车产业化研发"等五个课题，首次进入国家科技部863项目，其中"新型电容混合动力轿车整车产品研发"项目列入国家"十一五"节能与新能源汽车重大项目。

2006年，吉利全面启动了未来五年中长期节能环保汽车开发规划，计划在未来5年内开发五款混合动力轿车，包括轻度混合动力电动汽车、弱度混合动力电动汽车、中度混合动力电动汽车、FC-1C全混合动力电动汽车、双电机和双行星排动力总成全混合动力汽车。

在2010北京国际车展上，吉利用极具中国传统特色的"化蝶"寓意吉利在新能源领域所取得的成就，并首次整体亮相，包括智慧吉利(IG)，采用了铅酸和铁锂电池系统的EK-1和EK-2，采用了GSG智能启停技术的车型和两款GPEC吉利插入式混合动力车型。一直在新能源领域潜心研发的吉利此次"羽化成蝶"，其中5款新能源车型预计在两年内先后上市。

吉利将继续力争在新能源、新动力开发运用上取得更大的突破，为推动我国节约型社会的建立以及我国汽车产业的发展做出重要贡献。

几年来，吉利集团狠抓节能和清洁生产工作，转变企业员工的固有心态，通过各种宣传渠道和培训使得清洁生产理念深入人心。其中宁波基地为宁波市第一批清洁生产审核验收合格企业,还获得"宁波市节水型企业""宁波市节能先进单位""浙江省绿色企业"等多个荣誉称号。

企业是节能减排的主体,职工是节能减排的主力军,要从岗位做起,从自身做起,从点滴做起,积极投身节能减排活动。因此,吉利创建了以"增强员工节能环保意识,降低办公消耗"为主题的绿色办公,特制定并颁发《浙江吉利控股集团有限责任公司绿色办公管理办法》,从应用节能产品、节电、节油、节水、节材、资源重复利用等方面提出具体要求,倡导节约资源的办公习惯,开展资源循环利用活动。

吉利集团将本着"总体跟随、局部超越、重点突破、招贤纳士、合纵连横、后来居上"的发展战略,持续进行技术创新和管理创新,积极参与国际竞争与合作,以先进的技术、优质的产品和细微的服务,为中国汽车工业自主品牌的崛起,为实现"造最安全、最环保、最节能的好车,让吉利汽车走遍全世界"的美好理想而拼搏奋斗,为全球的节能降耗减排工作做出应有的贡献!

4.企业社会责任理念表现

吉利人的工作作风和实际行动体现的是吉利精神——"敬业、创新、沟通、拼搏"。在吉利精神中,创新是吉利的灵魂。吉利人具有一种敢于创新、拼搏、不畏艰险、勇于开拓的精神,创造了一个又一个奇迹,成就了一番又一番事业。

"敬业、创新、沟通、拼搏"是近万名吉利人恪守的企业精神,也是吉利事业成功的源泉。

造福百姓、带给老百姓快乐,是吉利执着的追求,成千上万吉利人在为之奋斗并快乐着。当吉利义无反顾地走向制造汽车之路时,困难和挑战变得前所未有地巨大,但不断挑战和超越,把更多、更好的产品、服务带给百姓,是吉利人奋斗并为之快乐的激情源泉。令人欣慰的是,吉利在发展过程当中,在各个行业包括汽车、教育、摩托车等,已经给老百姓带来了实实在在的利益,这让吉利有信心面对未来的挑战。

"快乐人生,吉利相伴"是吉利的企业文化,也是对幸福美好生活的憧憬和祝福。

《2010胡润慈善榜》称李书福为最慷慨的浙商,2005年至2010年连续5年的时间里,李书福捐赠数额超过2.5亿元。2010年,吉利在捐资助灾、教育扶贫等方面继续积极履行一个企业的社会责任。

(1)率先向玉树捐款2200万元,居国内车企之首

青海玉树地震发生以后,受灾同胞们的伤痛时刻牵动着吉利万余名员工的心。灾害无情人有情,情系玉树,大爱无疆,吉利与灾区的同胞同呼吸、共命运。吉利立即决定通过中华慈善总会向青海玉树灾区捐赠人民币2200万元,为抗震救灾尽一份力,为灾后重建献一份爱心。

(2)心系海南灾区

2010年10月，海南连降几十年未遇的大暴雨，致使琼海、文昌、万宁、安定等地区受灾严重，灾区百姓生活受到严重影响。2010年10月26日，吉利董事长李书福与海南陆军预备役师首长一起前往此次海南受灾最严重的地区——琼海市嘉积镇进行慰问，并送去了灾区百姓最紧缺的被服、大米等生活用品，表达了吉利员工心系海南灾区的一片深情。

在此之前，吉利还和海南陆军预备役师、健在老红军代表一起分别资助了一批受灾地区孩子，共同表示将一直资助到这些孩子完成学业。吉利用实际行动继承和发扬了红军精神。

(3)开创教育扶贫新模式

2010年6月18日上午，吉利资助景宁教育，捐助资金350万元，用于景宁县职业高中建造校舍和购置教学设备和景宁大漈乡幼儿园教学楼和学校设施的修建。同时，吉利还输出独特的人才培养模式，吉利技师学院、吉利汽车工业学校与景宁职业高中合作办学，并当场签订了合作办学协议。这种"资金+有效教育模式"的全新教育扶贫模式赢得了广泛赞誉。

浙江省景宁畲族自治县是该省唯一的少数民族自治县，也是全国唯一的畲族自治县，教育基础尤其是职业教育基础薄弱，学生就业率比较低。

为了尽快摆脱欠发达的状况，景宁县政府近3年来在教育方面投入资金近2.5亿，每年的投入占该县年财政收入的60%左右，这在全国是十分罕见的。随着学校在硬件设施上的巨大变化，提高教育质量、特别是提高职高毕业生的就业率和就业水平成了当地政府迫切需要解决的问题。吉利在职业教育方面的有效模式为双方的合作提供了良好的平台与契机。

吉利技师学院、吉利汽车工业学校是以"一二三"育人模式为突出优势的应用型人才培养基地。根据协议，双方联合培养的优秀学生，吉利集团100%安排就业。经过双方的有效培养，大量既懂理论动手能力又强的高技能人才必将涌现，这些人才必将以各种方式为景宁各项事业的蓬勃发展带来无限生机与活力，景宁职业教育将迎来跨越式的发展。

资料来源：《吉利汽车——2010年度企业社会责任候选案例》。搜狐汽车，2010年11月23日。

(四)苏宁云商

苏宁互联网思维践行社会责任路线图

时光退回到1990年，在南京市宁海路和江苏路交叉口，一家不起眼的空调商店开门迎客，在当时那个年代，与现在长相完全不同的空调还属于生活中的奢侈品。24年斗转星移，伴随着空调成为普通家庭必备的大众商品，这家小公司也成长为国内最大的互联网零售巨头苏宁。

《第一财经日报》记者在苏宁南京总部的展厅里看到,当年这家名为"苏宁交电"的小公司的门店实景被1:1还原保存下来,一张张泛黄的奖状记载着苏宁当年为社会所做的贡献。

苏宁云商副董事长孙为民近日在接受《第一财经日报》记者专访时说,1993年时苏宁为南京当地的社会福利院、孤儿院等机构捐赠了一批空调设备,这可以算是有记录以来苏宁第一次大规模的捐助行为。20多年来, 苏宁在自身发展壮大的同时,对企业社会责任的实践也更深入。

据记者了解,苏宁目前已建立起一套丰富的企业社会责任体系,在以"阳光使命"为核心理念的CSR(Corporate-Social-Responsibility,即企业社会责任)模型中,位于最上方的是为投资人持续创造价值;往下一个层级是为社会奉献爱心;再向下则是处于平级地位的员工成长计划、为消费者提供品质服务以及与合作伙伴共赢发展;而最下方则是基于普世价值的绿色环保。

2014年,正在执行O2O整体战略、加速零售业向互联网转型的苏宁,也在让公益行为更加借助互联网的技术和平台,通过对农村电商的整体布局、结合在农村基础设施上的投入和苏宁易购线上平台优势,让以往"输血型"的捐助扶持变成激发受助对象回馈社会的"造血型"扶贫。

电商扶贫让农民人均每年增加2万元收入

"这个蘑菇基地可以让当地农民人均每年的收入增加大约2万元。"孙为民对《第一财经日报》记者说。

他说的农民增收,是指苏宁2014年在江苏省盱眙县投产的食用菌生态农业培训示范基地。2014年上半年,经江苏省政府部门研究决定,苏宁被列入"江苏省扶贫工作队列"。通过前期实地调研,苏宁很快将帮扶对象选定为淮安市盱眙县明祖陵村。

本着持续再生型公益扶贫的理念,苏宁与当地政府因地制宜开展扶贫工作,建立了这个蘑菇大棚, 苏宁所做的一方面是基地硬件设施上的投入和种植技术的培训,另一方面,借助苏宁的网上平台,为农民的劳动果实寻找更好的出路。

据记者了解,该示范基地引进了台湾的先进种植技术,采用循环利用、无污染种植模式,实行厂房化生产,以菌包形式种植生产。生产厂房内部采用钢架结构四层布局,最大化扩展生产面积,使得总生产面积达9000多平方米。而在现代农业技术推广培训上,培训周期设定为3个月一批,每批每个棚可培训8户,一年下来可培训224户,将受益人群覆盖盱眙县区域。

根据初步产能及销售预测,这个基地食用菌年产量可达99000千克,可以为当地集体年度增收百万元,有望让盱眙县明祖陵村一举脱离经济薄弱村的队列。

在农产品进城这一头,苏宁计划协助当地食用菌产品上线销售,面向全国市场拓宽渠道。而农产品在苏宁易购平台上的销售模式目前已经得到市场检验，2014年8月份，苏宁云商集团淮安分公司与江苏一家专营龙虾的企业达成合作事宜，并协助对方入驻苏宁线上开放平台，后者在苏宁“8·18”大促中取得了很好的销售效果。

孙为民对记者说，盱眙食用菌基地可以解决农村留守人员的再就业问题，让劳动能力不强的农村老人通过采集蘑菇这种简单的劳作，为自家增收，相当于将以往“输血型”的捐助扶持变成“造血型”模式。

“农业产业示范基地建设是一个全国性的布局。”孙为民称，苏宁接下来将把视野跳出江苏本省，目前正在四川等地推进这类农业示范基地的模式复制，而苏宁将这个项目设定为五年投入计划。

事实上，农业示范基地的建设和苏宁正在全国推进的县域电商战略将形成协同效应。眼下，农村电商市场的巨大潜力已让各电商巨头看到了这片蓝海，并纷纷通过物流布局拓展在三、四线城市以及县城的电商市场。

记者不久前从苏宁方面了解到，苏宁目前正在推进的一项布局是，先期将全国各地原有的200家乡镇服务点升级为可提供代客下单、最后一公里配送、售后维修、批发销售等服务的新式乡村服务站。5年内，这一数字计划扩大到10000家，让电商渠道进一步下沉，为正品商品下乡打通道路。

正品下乡结合农业示范基地，一进一出，带给苏宁在县域电商经济广阔的想象空间。此外，根据规划，苏宁还将与包括盱眙在内的示范基地所在地就旅游开发、本地生活等领域展开合作，助力当地经济发展潜力的释放。

在这种布局思路下，苏宁实际上将电商、扶贫、本地生活服务、旅游等一系列产业打通，以电商扶贫的方式将企业社会责任和自身业务进行整合。

此外，在公益扶贫的同时，苏宁充分发挥公益资源，拓展当地教育帮扶工作，向盱眙当地捐建两所“苏宁阳光梦想中心”(分别为盱眙县盱城中心小学、盱眙县希望小学)多媒体教室，通过合作的专业公益机构上海真爱梦想公益基金会，为当地学校增加梦想课程，助力当地素质教育的发展。

用互联网思维做公益

2014年，互联网转型是贯穿苏宁这家零售巨头的核心主题。不久前，苏宁云商董事长张近东在“弘毅投资2014全球年会”上说，在从传统电商进入全价值链互联网化的进程中，传统零售业多年积淀的核心优势将会越发明显。

在张近东看来，零售业的互联网化经历了三个阶段，先是基于PC端的传统电商阶段，然后过渡到伴随移动互联网而兴起的O2O零售阶段，接下来将进入全价值链的互联网阶段，即互联网开始深入零售业的内核，零售业最核心的物流、资金流和信息流等资源优势将借助云计算、大数据全方位提升，重塑核心竞争力。

“我们很少称自己为电商，而是一直称自己为互联网零售商。”张近东认为，苏宁和传统电商网站的区别将在全价值链的互联网阶段得以凸显，互联网越触及零售业的本质,就越会进入传统互联网企业的盲区,越能发挥传统零售业多年积淀的核心优势。

不转是不行的,这个思路已在苏宁内部由上到下达成共识,而在这股转型潮中,苏宁也将公益事业等社会责任项目更多地和互联网平台结合,并发挥线上电子商务平台和线下门店网络的O2O优势。

2013年年底,苏宁开通了线上捐赠平台,全国范围内的18万苏宁员工通过线上捐款的方式捐出自己的爱心资金,并可以跟进查看捐款使用明细;同时,苏宁上线公益频道,联合真爱梦想基金会与《时尚芭莎》杂志在苏宁易购开设明星慈善义卖店,将众多明星捐赠的艺术品通过拍卖形式筹集善款,并全部用于"梦想中心"多媒体教室项目的建设。

2014年8月份,在云南鲁甸地震后,苏宁迅速向灾区捐赠500万元人民币,并联合巴塞罗那足球俱乐部定制"YUNNAN"专属球爱心衣,通过苏宁易购公益平台拍卖,筹集善款专项捐助灾区群众。

在上述"苏宁阳光梦想中心"公益项目中,苏宁利用自身优势,与基金会展开教育积分兑换合作,开发出对梦想中心教师奖励的"梦想银行"产品。"梦想银行"积分可以兑换为苏宁易购电子券,老师可以很方便地使用电子券,在苏宁易购上免费购买各类教学设备或生活用品。

在O2O模式的线下端,苏宁借助遍布全国1600家门店物流网络布局,为用户提供包括门店贴膜、饮水、快递员上门倒垃圾等在内的免费服务。苏宁组织的专业售后服务团队,经常进入社区为市民提供全套空调免费清洗、普及绿色安全使用家电常识等服务。

孙为民对记者称:"互联网技术的高速发展和普及,将为推动公益扶贫事业的管理和实践带来新的春天,将会对公益扶贫的资金筹集及管理、项目征集、项目实施等过程带来巨大的升级变革。"

由于苏宁所处零售行业,业务内容是和普通大众、千家万户紧密联系,因此苏宁在选择公益项目方面重点是放在教育与扶贫事业上。

据统计,目前苏宁已经在扶贫救弱、资学助教、抗击灾害、支持就业等领域累计捐赠9亿多元。苏宁连续四年捐助的"苏宁筑巢行动"和"苏宁阳光梦想中心"项目已经分别建立校舍64栋、多媒体教室160间。

2014年10月17日上午,在由国务院召开的全国社会扶贫工作会议上,苏宁凭借持续公益执行与互联网化创新扶贫行动,荣获国务院扶贫开发领导小组授予的"全国扶贫开发先进集体"荣誉称号。

开放策略惠及产业链伙伴

记者从苏宁内部了解到,每年3月份,苏宁会跟随财报的披露,同步发布一份企业社会责任报告,2014年已经是该报告发布的第7个年头。记者从苏宁官网上看到,这些社会责任报告的制作精良度和专业化水准堪称“财报级”。

在2013年的企业社会责任报告中，一幅有关社会责任的架构图完整地勾勒出苏宁的“阳光使命”社会责任模型。图中，为投资人持续创造价值位于最上方；往下一个层级是为社会奉献爱心；再向下则是处于平级地位的员工成长计划、为消费者提供品质服务以及与合作伙伴共赢发展；而最下方则是基于普世价值的绿色环保。分析认为，对合作伙伴的扶持与共享，从另一个维度体现了一家企业在践行社会责任方面的战略高度，特别是在提倡开放、透明、协同的互联网领域，共赢模式被业界普遍提倡。对苏宁来说，其日常经营涉及上万家供应商，共享将对整个产业的上下游以及同行都产生巨大的影响力。

孙为民在接受专访时向《第一财经日报》记者透露，秉承开放策略的苏宁“物流云”项目即将建成，其中涉及大件商品的仓储配送体系已完成80%。

据了解，他所提及的“物流云”是苏宁一项庞大的物流计划，其中包括12个自动化分拣中心、60个区域物流中心、300个城市分拨中心以及5000个社区配送站。同时，苏宁覆盖全国的1600家门店也将升级为门店仓和自提点。

作为物流体系的延伸，苏宁计划在未来5年内，在苏宁全国干线物流触达的区域内建设10000个类似的乡镇服务站，覆盖全国四分之一以上的乡镇。由分布在全国各地的苏宁DC(Distribution Centre)仓库集中向这些服务站送货，降低物流成本，未来这些店也将开启揽件功能。

不久后，这套遍及全国的物流体系将向产业链上下游的中小企业开放，苏宁同时为这些小微型合作伙伴发放小额贷款，提供金融支持。

此外，云计算和大数据的布局也在推进过程中。通过大数据挖掘，苏宁可将畅销商品和消费者的购买习惯结合起来，预测不同的消费者在何时何地需要什么样的商品，实现补货调度，借助全国物流仓储的布局优势，智能化地进行库存部署。

记者了解到，为支持其大数据分析，目前苏宁零售行业“云服务”项目已经启动，最快将在2015年第二季度对社会全面开放，将在商品、用户、运营和物流的管理上对第三方商户和中小零售企业提供支持。

事实上，苏宁的开放策略一直在升级。从2013年9月份苏宁开放平台上线以来，通过推出免年费、免技术服务费、免佣金的三免政策，借助苏宁易购平台优势，带动越来越多的中小企业“触网”，目前苏宁开放平台入驻商家已经超过一万家。

分析认为，在传统零售时代，企业的思考主要立足于自身有多大的实力，能够掌控多少资源，能够做多大的市场；但在互联网时代，一个企业在社会上的能力、发展的潜力，不再取决于它拥有多少资源，而在于它有多少资源向社会上其他的企业开放、分享。苏宁开放平台最独特的价值在于利用线上线下融合的优势，帮助传统零售企业加快互联网化。

苏宁的思路是与产业链上下游的合作伙伴共同成长，而这与其秉承的“创新激励自我,服务带动伙伴"企业价值观密切相关。

资料来源:第一财经日报。

三、仿真实验

(一)实验目的

1.强化学生社会责任的意识和观念。

2.促使学生认识企业和管理者应承担的社会责任。

3.提升学生承担社会责任的技能。

(二)实验背景

1.宏观环境背景

企业主动承担起社会责任,这是市场经济发展的必然要求。早在18世纪,"经济学之父"亚当·斯密(Adam Smith)就认为,"理性经济人"应具有"充分的慎重""严格的正义""适度的仁爱"三种品德。他还指出:"社会的财富如果不被全社会所共享,那么这个社会就不稳定。"20世纪50年代,从美国开始,学者们开始关注企业作为经济组织的社会责任。企业破除狭隘的自身利益而承担起社会责任,不但能够提高社会总体福利和公众期望的目标,企业承担社会责任也能带来短期利益和长期利益。企业越大,责任越大。这些理论渐渐为人们所熟知、重视。到了当代,强调企业的社会责任已成为世界性趋势。

企业主动承担起社会责任,是创建和谐社会的必然要求。要建设小康社会,构建和谐社会,实践和追求"爱国、敬业、诚信、守法、贡献",发扬"致富思源、富而思进、扶危济困、共同富裕、义利兼顾、德行并重、发展企业、回馈社会"精神,没有企业积极主动的参与,是不可想象的。

企业主动承担社会责任,也是企业自身长远发展的必然要求。树无根不久,水无源不长。企业要想自己能够绵延百年,就要让自己的价值取向在百年里与主体社会价值保持一致,这是企业生存之根本源头。古人云,大商谋道,小商求利。谋道者,道与利兼得。求利者,道与利俱失。有远见的企业家能始终做到企业与其他利益群体的良性沟通和互动,从行业发展、生态环境、公众利益和社会和谐的角度出发,让企业的命运与国家的发展紧密结合起来,确保企业真正获得长远发展的有利空间。

我国《公司法》明确要求"公司从事经营活动,必须遵守法律、行政法规,遵守社会公德、商业道德,诚实守信,接受政府和社会公众的监督,履行社会责任"。国资委发布了《关于中央企业履行社会责任的指导意见》,强调央企应做履行社会责任的表率。可以说,积极履行社会责任已成为我国社会各界对企业的殷切期望和广泛要求。

2.模拟公司背景

(1)本模拟公司所处的地域环境和地理位置、局部市场特点、社会责任表现的特性。

(2)本模拟公司初创阶段所必须考虑的承担社会责任的内容、方式和途径。

(三)实验过程

1.分析模拟公司的宗旨和目的。

2.提炼公司社会责任的核心。

3.勾画公司承担社会责任的途径和方式。

4.推动社会责任的落实。

(四)实验小结

1.实验总结

以实验小组为单位,总结模拟公司承担社会责任的途径和方法,分析实施后的效果。

2.思考题

(1)简述企业承担社会责任的成本与企业经济效益的关系。

(2)影响我国企业社会责任发展的主要因素。

第三章　战略决策

一、理论重温

(一)战略的定义

战略来自于战争,原指筹划和指导战争全局的方略。即根据对国际形势和敌我双方政治、军事、经济、科学技术、地理等诸因素的分析判断,科学预测战争的发生与发展,制定战略方针、战略原则和战略计划,筹划战争准备,指导战争实施所遵循的原则和方法。

在现代,"战略"一词被引申至政治和经济领域,其含义演变为泛指统领性的、全局性的、左右胜败的谋略、方案和对策。

(二)决策的定义

决策就是决策者在两个或两个以上的可行方案中选择一个的过程。

(三)企业战略决策

企业战略决策,是解决企业全局性、长远性、战略性的重大决策问题的决策。一般多由企业高层决策者做出。企业战略决策是企业经营成败的关键,它关系到企业的生存和发展。决策正确可以使企业沿着正确的方向前进,提高竞争力和适应环境的能力,取得良好的经济效益。

战略决策三要素包括战略背景、战略内容、战略过程。

传统战略决策模型主要是SWOT模型,除SWOT模型外,还有其他模型可同时用于战略分析和战略决策,如波士顿矩阵、GE矩阵。

战略决策的步骤可分为战略定位决策、战略指标决策、业务战略决策三个步骤。

二、案例导入

(一)百事公司

1.百事制定新的竞争战略

(1)百事公司新战略的背景

百事公司是一家拥有多元化产品的公司,它拥有饮料、零食及饭店三大块的业务,饮料业务有百事可乐,而肯德基、必胜客等快餐连锁店其实也都是百事公司的业务。百事公司的饮料在全球194个国家销售。

1986—1996年,百事公司的董事长和首席执行官是威利·卡洛威。他认为,由于饮料、零售、饭店三个行业获得成功的核心因素具有相似性,所以该三项业务的组合为百事公司提供了宝贵的协同作用和战略性匹配机会。

百事公司创造独特的市场形象的能力及开发新型产品、新口味产品的能力在很大程度上决定它能否在这三个行业中取得竞争的成功。在卡洛威的领导下,百事公司常把最好的员工从一个业务单元的某个岗位调到其他两个业务单元,这样做的目的是,促进技能、运作经验、专有知识和革新性创意在业务单元之间的转移。卡洛威认为,这种主要人员的流动有助于使百事公司建立和获取不同业务之间的战略性匹配关系,建立更强的竞争力,使经理们的思想保持新颖并具有开创性。

1996年初,卡洛威因患癌症而辞去首席执行官职务。该年4月,罗格·恩里克接任该职位。恩里克是百事公司的老员工,在他担任百事公司饮料业务首席执行官期间,他于20世纪80年代发起、推动了百事可乐新一轮的广告活动,将广告定位于年轻消费者,从而彻底改变了百事可乐以往呆板的形象。恩里克的行动还一度让老对手可口可乐公司在1985年推出新可乐,使其遭受了巨大的损失,并不得不重回老可乐的口味上。

软饮料业务是百事公司产品线组合中历史最悠久和规模最大的业务,在1996年时,其旗下的品牌有百事(Pepsi)、百事健怡(Diet Pepsi)、山露(Mountain Dew)、思莱(Slice)及玛吉(Mug);此外,还有七喜品牌的国外销售权,其他即饮品牌如All-Sport、Lipton's Brew即饮茶、水之宫瓶装水等。

百事公司饮料业务在与可口可乐的竞争中,除少数时间拥有辉煌的成绩外,一直处于下风,特别是在国际经营业务上。1996年,百事公司的股价全年未涨,而此时百事公司最主要的竞争对手可口可乐公司的股票升值了42%,投资者对百事公司的业务增长表示出越来越大的担心,而百事公司的新任CEO恩里克也面临着严峻的考验。

(2)制定新的战略——全球“加减法”战略

为了改变百事公司的增长颓势，百事公司CEO恩里克决定对整个百事公司进行大规模的重组,重组的基本战略就是让百事公司回归自己的主业——饮料食品，这一战略被媒体评论为“走向成功的加减法”。

减法——1997年,百事公司把其餐饮部分从系统中分离出来,使之成为一家独立的上市公司,即百胜全球公司(Tricon Global,现公司名为YUM!)。该集团旗下拥有肯德基、必胜客、塔可钟三个著名餐饮品牌,在全球100多个国家拥有3万家餐厅。这也是历史上最大的一次公司内部分离。通过快餐业分离,经营管理权下放到新设公司,百事公司仍然对该公司享有收益权,这种分离保证了餐饮公司在资金上自主而非总部进行资金调配,解决了饮料制造和餐饮业争夺资源的矛盾,而保留了餐饮网络支持可乐销售的功能。

加法——在分离餐饮业务的同时,百事公司加强了其在饮料食品业务上的运作。

1998年收购了纯品康纳(Tropicana)公司,该公司是世界头号纯果汁品牌——“都乐”的拥有者。

2000年12月,经过艰苦谈判,百事公司以高达141亿美元的代价以换股的方式成功并购了全球最大的运动饮料企业——燕麦桂格，百事公司为桂格每股股票支付2.3股百事股票。桂格所拥有的“佳得乐”是美国运动饮料的领导者,拥有80%的市场占有率、平均每年7%的增长速度。除了占40%的“佳得乐”运动饮料,桂格还是世界早餐的佼佼者,产品包括燕麦片、生命系列谷物食品和各种小吃。

并购后,百事公司从此成为非碳酸饮料的领袖,占据了非碳酸饮料25%的市场份额,是可口可乐同领域的1.5倍。桂格的早餐系列产品则补充了百事的餐饮业。双方发达的配送系统,强有力地推动了并购后的百事饮料与食品业的发展。

在实现上述并购后,恩里克选择了退休,将百事公司CEO的位置让给了其接班人——史蒂夫·雷蒙德。

从2001年起,雷蒙德致力于将公司50%以上的食品和饮料定位于“为了你的健康”而重新推出。他倡导菲多利食品公司的研发部门投入更多的精力研究健康小食品,他们将饼干和薯片中对人体有害的转脂肪去掉,在生产过程中将脂肪油改为植物油,并添加椰菜、胡萝卜和西红柿等健康的营养原料。2004年5月百事公司还推出立体脆(Doritos)和Tostitos品牌的新产品系列,该产品采用大豆蛋白生产,并且在口味上也更加爽口。

在饮料方面，百事公司大力推广可乐的改良产品——低糖的百事健怡(Diet Pepsi),为改良这种可乐低糖的口感,研究人员还加入了香草和柠檬的味道。最近,百事公司又推出新产品Pepsi Edge,其热量含量为普通百事可乐的一半,但口味和普通百事可乐一样。百事公司负责北美地区饮料营销的副总裁凯蒂·莱西(Katie Lacey)说:“有些消费者不喜欢健怡可乐的口感,因而准备放弃所有可乐产品,Pepsi

Edge就是专为这些消费者定做的。有了它，这些消费者就可以在畅饮低热量可乐的同时仍然享受普通可乐的口感。”

百事公司在1998年收购的纯品康纳果汁公司更利于雷蒙德推广健康理念，纯品康纳旗下的都乐(Dole)品牌采用全天然的鲜橙、苹果、葡萄等原料，深受追捧健康生活的人士欢迎，该品牌在中国也广为人知。运动饮料产品系列佳得乐的矿物质含量与健康饮料概念相当契合。

(3)战略调整终获成功

百事公司两任CEO的战略调整最终获得了成功。在2004年4月《福布斯》杂志评选的“全美最有价值公司品牌”中，百事公司以561亿美元位列前十名，首次超越一直以品牌价值为傲的可口可乐公司。同时百事公司的股价也首次领先于曾经是自己股价两倍的对手。对百事公司这家曾经一度请求可口可乐收购自己的公司来说，无疑是“君子报仇，十年不晚”，打了一个漂亮的翻身仗。

除了品牌认知度和美誉度之外，品牌价值从某种意义上反映了一个公司未来发展的潜力，以及公众和市场对该公司的信心。对应2001年—2003年的净营运收入，拥有更多产品的百事公司也一直领先于可口可乐公司，而且5%左右的平均增长率也远高于后者；从2001年至2003年，百事公司的股价增长了20%，而可口可乐股价却没有明显变化。除了广为人知的可乐生产商外，拥有菲多利(Frito-Lay)公司的百事公司也是全球最大的薯片等休闲食品生产商，2003财政年度，百事公司销售收入增长8%，达270亿美元，营运利润增长10%，达到58亿美元，已成功跻身全球四大食品和饮料公司之列。目前公司在碳酸饮料、非碳酸饮料、休闲食品等部门发展均衡，呈现出长期可持续发展的潜力，而可口可乐公司却只是在碳酸饮料市场上比较成功。

资料来源：《百事可乐制定新的竞争战略》。http://blog.sina.com.cn/s/blog-510a58a70100b2w7.html.

2.百事公司的人才战略

(1)结果高于一切

百事公司选择人才有三个标准：“最聪明，最诚实，最具有推动力的实干精神”。一个管理人员在百事公司中生存下去并非易事，公司对管理人员的要求是“要么往上发展，要么往外走人”。非常聪明的人才，能量百分之百地释放，公司会给其提供高速发展的事业阶梯和优厚的报酬待遇，让他们很早地承担重要的责任，在各自的工作范围内有高度自由空间，以及其他优秀同事之间积极合作的工作环境。这些对百事公司的发展起到了极其重要的作用。

百事公司人才战略的核心是高度重视最后的工作结果。达到目标、有成效、有结果，在百事公司内便会得到不断的提拔。百事公司对于达不到目标的管理人员的容忍性是非常低的。如果工作不见成效，那么这个人会很快地从企业中被淘汰出去。

(2)淘汰人员手段要硬

对于一贯不能完成目标的人员要从企业中淘汰出去。在领导岗位上,这种人对企业的危害是比较大的,至少要把他们从领导岗位上调离,把他们架空起来。淘汰,对于那些不能达到目标的人是最后的、也是最强有力的手段。

百事公司对员工每年进行一次评估。评估结果分为四类:表现突出的;值得表扬的;表现一般的;表现差的。评估主要依据为员工的具体表现与其目标之比较。人事部对于每个部门人员的评估作一个统计,如果这个部门达到规定目标的话,那么这个部门得到表扬,而且有突出表现的人员所占的比重就多一些。

表现差的,或完成不了目标的人员被开除出去或自动离职。在百事公司中大约3%的员工得到"表现差"的年终评估。这些人限定在3到4个月内改正过失。如果他们的表现没有明显的提高,他们便会被立即解雇。

百事公司在中国的历史可以追溯到中国实行改革开放之初。1981年,百事公司与中国政府签约并在深圳兴建百事可乐灌装厂, 成为首批进入中国的美国商业合作伙伴之一。时至今日,百事公司已在全国各地先后建立了40多家合资或独资的企业,总投资超过10亿美元,直接员工近10,000人,提供间接就业机会达 150,000个。

3.百事公司品牌扩展战略演绎国际品牌360度沟通之道

百事可乐能在强劲的对手口中分一杯羹,并成为全球两大可乐品牌之一,成功绝非侥幸。百事公司具差异化的定位——新一代的选择,以及独特的市场触角,为它赢得了这场战役。这次,百事公司大举进军运动服饰行业,实施品牌扩展战略,是国际品牌360度沟通之道的又一次精彩演绎。

有关数据表明,有2/3以上的跨国公司也都进行品牌扩展。所谓品牌扩展,是指企业将原有的成功品牌推广到其他产品领域, 实现多种产品共享某一品牌的过程。例如,驰名的香烟制造商万宝路,将"勇敢、冒险、进取"的品牌精神,从香烟延伸到牛仔服、牛仔裤、鸭舌帽、腰带,获得了很大的成功;世界名车宝马,将驾驶乐趣延伸至服饰的"潇洒、优雅、时尚、悠闲、轻松"生活方式,从而全方位诠释宝马核心价值;以越野车闻名于世的美国JEEP,将自由和征服的品牌精神延伸至服装、鞋帽、太阳镜、箱包、自行车、电器及户外运动装备,秉承了JEEP创新、时尚、耐用及持久的特性,从而备受人们的推崇;推土机技术领导者CAT,将"力量、结实、耐用"的顶尖质量延伸至越野登山鞋,深受消费者喜爱。除此之外,三菱、惠普、柯达、吉列等皆有此行动。

为何众多国际品牌都热衷于品牌扩展战略? 这是因为品牌扩展有其独有的优势:

(1)借助名牌力量,快速进入全新市场领域;

(2)可以将自身品牌的亲和力、忠诚度放大和复制到新产品上;

(3)可以增强核心品牌的形象。

由此可见,百事公司此举实乃时势所需。

为何百事公司会选择运动服饰市场？终究必有其因。在百事公司的发展历程上，我们可以看到它是从多元化到专业化的过程。20世纪60年代至90年代中期，百事公司秉承多元扩展策略，不仅拥有软饮料、快餐、餐馆三大主营业务。1997年10月，百事公司将拥有必胜客、肯德基和塔可钟的餐厅业务从公司分离出去。1999年，百事公司将其百事可乐灌装集团分离上市，以便集中精力进行品牌建设和品牌营销。这次，百事将自身的发展带到另一个高度，实行360度全方位品牌战略。

奥美号称"360度品牌管家"，所谓360度品牌管理，就是说要在与消费者接触的各个点上宣传自己的品牌。百事公司这一举动就正好将"360度品牌沟通之道"做了一次精彩演绎。百事公司做运动服饰，表面上与饮料市场互不相干，但深入探索就会发现两者的目标消费者是一致的，这就是百事公司的高明之处。时下社会宣扬全民运动，健康心身，大家是否发现了一个共同点，就是穿着运动服的人手里都会拿着一瓶百事可乐。显然，运动服饰是百事公司与消费者在另一层面上最直接有效的沟通渠道。百事公司要传达给消费者的是："百事公司不只是可乐，百事公司还可以是运动"，实行全方位照顾消费者的需要，使原有核心品牌的价值得到充分的利用，同时，有效实现"非垄断状态"下的市场辐射力。

从百事可乐到百事运动，全方位的品牌扩展皆诠释了百事精神——"渴望无限、挑战无限、突破无限"。百事公司的每一个脚印都打上了不断寻求突破的烙印。凭着这样的理念，在百年的市场硝烟中，百事公司后来者居上，终与可口可乐公司平分天下。而今，百事公司再一次突破自己，放眼世界，面对同样难以动摇的耐克、阿迪达斯，敢教日月换新天！这样的气魄与胆识，在为之惊叹的同时，我们亦充满期待！

4.业务摘要

(1)总投资

百事公司与合作伙伴自1981年起在华投资逾10亿美元。

(2)所有机构

百事公司在中国有40多家合资或独资的企业。

(3)雇佣人数

百事公司饮料和非多利直接雇佣近10,000名中国员工。提供间接就业机会，包括服务人员、供应商和经销商，估计超过150,000个。

(4)饮料

在20个城市拥有20家灌瓶厂和1家独资的浓缩液厂。旗舰品牌包括百事可乐、七喜、美年达、百事健怡、百事清柠和激浪等碳酸饮料系列、纯品康纳、都乐果汁系列、佳得乐和立顿即饮茶等。

(5)食品

4个小食品工厂。旗舰产品包括奇多玉米片、乐事薯片和早餐麦片等。

(6)农业技术

百事公司和中国农业部合作发展了一个2,000万美元的全面农业技术项目,引进了种子培养技术和耕作实践。土豆产量在3年里增长了1倍多,造福了1,100户农业家庭。

(7)快速食品合作伙伴

百事公司于1987年将必胜客和肯德基连锁快餐带进中国。今天,该项业务属于百胜餐饮国际,它们现在仍然是百事公司的主要客户。

(二)苹果公司

苹果公司(原名苹果计算机公司,简称"苹果"),成立于1976年4月1日,是一家跨国公司,主要经营消费电子产品以及与之相关的软件产品。苹果开发销售一系列个人计算机、媒体播放器、计算机软件和计算机周边设备;现在苹果也涉足了一些新兴领域,如:iPhone, Apple TV。苹果还经营了一家网上商店用来销售其软硬件产品,此外,苹果公司还经营了一个名为"iTunes Store"的网络商店用来下载音乐、有声读物、游戏、视频、电视和电影。直到2007年1月9日,在公司成立30多年之后,公司名字去掉了"计算机"几个字,这个曾经的计算机产品公司,现在提供更多的电子消费娱乐产品,也可以说这是公司战略转型与重新定位的一个重要信号。

说到苹果公司的战略转型不得不谈一下苹果公司在过去30多年的发展, 我们可以大致把苹果公司的历史分为三个阶段,如表3-1所示:

表3-1 苹果公司的历史

第一阶段 创业上升期	1976—1980	苹果计算机公司的成立以及 Apple Ⅰ、Ⅱ、Ⅲ的推出
	1981—1989	经历了 LISA 的产品失败, 于 1984 年推出了划时代的产品 Macintosh (图形界面的鼻祖);1985 年由于与 CEO 意见不合, 苹果计算机公司的创始人斯蒂夫·乔布斯离开了苹果计算机公司,成立了一家新公司,名叫 NeXT。
第二阶段 发展滞涨期	1989—1991	苹果的第一个黄金期,手提计算机 POWERBOOK 获得巨大成功;进入个人电子消费领域的初步尝试,"牛顿"PDA。
	1994—1997	由于涉足过多的领域,而又不能获得很好的盈利,同时在新的软硬件产品(尤其是操作系统)开发上未能获得突破,苹果计算机公司一度陷入困境;1997 年由于 NeXT 被苹果计算机公司收购, 斯蒂夫·乔布斯重新入主苹果计算机公司。
第三阶段 战略转型期	1998—2005	苹果计算机公司的新生,1998 年推出 iMac 一体机获得了巨大成功,依靠 iMac 实现了自 1993 年以来的首次盈利;2001 年推出基于 UNIX 的全新操作系统 Mac OS X;2001 年 10 月 23 日, 推出第一代 iPod 音乐播放器,开创了音乐播放器的新纪元。
	2005 至今	与 Intel 的联盟

从上面不难看出,苹果公司在过去30多年一直维护自我技术和产品独特性的战略将发生改变。随着软件和服务成为数字时代消费者更重要的需求,苹果公司也开始生产与Windows兼容的产品。从早期的全面对抗到现在的合作中竞争。苹果公司将像当年的索尼公司一样,转而寻求将自己转化成为一家电子消费品和服务企业。

苹果公司的转型始自1999年10月,并逐步展开。我们可以清晰地看出苹果公司战略转型的思路:首先是操作系统的更新换代,Mac OS X的出现使苹果在图形操作界面上又一次领先了Wintel系统,同时为日后的发展提供了一个全新的平台;在新的操作系统当中有一个软件叫作iTunes,这是一个全新的事物。苹果公司是第一个说服5大唱片企业在这种付费下载音乐服务合同上签字的企业。音乐发烧友可以在苹果公司的网络商店以99美分的价格下载歌曲并烧制成CD或者转制到其MP3播放器。在此之前,消费者唯一合法的选择就是Pressplay和MusicNet等有大唱片公司背景企业所提供的复杂的注册服务。而苹果在线音乐商店开门第一天就卖出了100万首歌曲;在做好内容平台建设之后,苹果公司就顺理成章地推出了其音乐播放器终端产品“iPod”及其派生出来的一系列产品如:iPod mini, iPod nano, iPod video等, 现如今iPod在某些场合已经成为MP3、MP4的代名词了; 在iPod的热销之下,苹果公司对iPod不断更新换代提升性能,同时不断充实iTunes的内容服务,从最初的音乐播放到视频播放到播客下载以及游戏下载,由于iTunes只支持iPod作为播放终端,所以苹果在这里形成了一个垄断的良性循环的产业链。一边是内容服务,一边是终端销售,互相促进。同时,为了扩大销售以及影响力,苹果一改以前曲高和寡的特性,将自己的服务扩展到Wintel平台上,最早的iTunes、iPod都是针对Mac用户的,但是很快就推出支持Windows的产品;同时在2006年苹果的所有计算机产品的芯片都采用Intel处理器。新的计算机既可以安装苹果的操作系统也可以安装Windows操作系统,或者两者都安装,这给用户带来了更多的选择。

苹果公司战略管理分析

——以产品iPhone为例

1.相关背景:产品iPhone简介

iPhone由苹果公司首席执行官史蒂夫·乔布斯在2007年1月9日举行的Macworld宣布推出,2007年6月29日在美国上市,将创新的移动电话、可触摸宽屏iPod以及具有桌面级电子邮件、网页浏览、搜索和地图功能的突破性因特网通信设备完美地融为一体。iPhone引入了基于大型多触点显示屏和领先性新软件的全新用户界面,让用户用手指即可控制iPhone。iPhone还开创了移动设备软件尖端功能的新纪元,重新定义了移动电话的功能。

手机智能化是移动电话市场的发展趋势,也是苹果公司的机会。2007 年1 月,苹果公司首次公布iPhone,正式涉足手机领域。苹果将iPhone定位于:搭载了iPod功能及网络浏览器的移动电话。2008 年6 苹果发布iPhone 3G,软件上的革命使其成为业界标杆。智能手机市场的原有格局在iPhone的冲击下完全瓦解。

2.iPhone战略分析

进入智能手机时代之后,手机的内涵开始发生深刻变化。通信成为其几个核心需求之一(而不是唯一核心需求),音乐、拍照、PDA、游戏等非通信相关的核心功能也全面排队进入手机的核心需求。用户开始面对一个问题——我买手机仅仅是用来通话和发短信么?一旦用户回答"NO",就意味着他对手机的需求已经从一个通话(短信)处理工具变成一个便携多媒体通信设备。

iPhone的兴起就是这种变革最典型的例证。当你把iPhone拿到手后,你能强烈地感觉到这个东西与其说是带娱乐功能的手机,还不如说是带通信功能的娱乐机(娱乐机=iPod+便携照相机+掌上游戏机+ PDA)。手机市场原"龙头老大"诺基亚正是在这一点上没有把握到位,导致在智能手机市场上完全败于iPhone。

下面具体分析iPhone的战略特点:

(1)苹果公司的差异化组合竞争

2008 年6月苹果公司发布iPhone 3G,软件上的革命使其成为业界标杆。苹果公司iPhone的成功来源于多角度的差异化组合。

苹果公司在MP3市场上依靠iPod+iTunes组合大获成功后,紧接着在手机市场上用iPhone&app&store组合,通过在产品、性能、UI(操作系统)、渠道和服务等方面的差异化一举击溃其他竞争对手。

①产品差异化。以多点触摸屏取代传统手机键盘,在外观差异化的同时,便利软件开发者自由设定最符合软件需要的触摸按键位置。苹果公司通过这一创新,不仅提供了一个软件平台,还附带了一个可变化的硬件平台。

②性能差异化。iPhone的配置远远高于竞争对手。128MB 的内存+ 专用图形芯片(一般不会在智能手机上出现)+4~8GB 储存空间,使iPhone成为一台超小型计算机。除此之外,内置不可更换电池300 小时的待机时间(智能手机平均待机时间在200 小时左右),6 小时的连续通话时间等都是iPhone在性能上的突破。

③ UI(操作系统)差异化。iPhone与对手们最大的差异性体现在操作系统上。智能手机操作系统有windowsmoblie、symbian和plam,设计时均考虑了手机较低的cpu与内存条件,存在过于复杂、速度较慢和不稳定等一些问题。苹果在iPhone上直接采用了经过界面优化的桌面计算机操作系统mac os x,使这一高配置的智能手机拥有了mac os x的所有优点:运转迅速,界面华丽,操作简便。不同于其他智能手机系统精简后的办公功能,iPhone有功能完整的e-mail软件和safari网络浏览器。

④渠道差异化。苹果将iPod+ 在线商店的差异化组合模式复制在其iPhone上。苹果建设了在线软件销售渠道:App Store (以下简称AS)。AS 是一个设计理念与iTunes 类似的在线平台:软件开发者可将由SDK 制作通过苹果公司审核的软件在AS 发布,无需缴纳任何维护费用。软件售出所得收益由苹果公司及开发者三七分

成。这就解决了在此之前AS 市场上存在的诸多问题。

⑤服务差异化。2.0 版本系统对Microsoft exchange功能的支持,使其成为功能强大的商务机:能无缝接入Microsoft exchange网络,即时更新日程表项目、邮件、联系人;自动检索网络;远程数据清除;拥有Cisco安全维护等等。iPhone的娱乐功能也随着SDK 与AS 得到升级,在得到EA、Sega、Konami 等专业厂商的支持后,iPhone颠覆了手机游戏功能的概念。工作娱乐功能兼备且都达到极致的iPhone,成为无所不能的智能信息终端。

(2)营销手段和策略

①iPhone 上市前的创新饥饿营销策略

所谓饥饿营销是指商品提供者有意调低产量,调控供求关系,制造供不应求的假象,维持商品较高的售价和利润率。而iPhone 的饥饿营销却并非如此,而是已经完全超出这个基本的概念,上升到一个新的高度。

iPhone 的饥饿营销和传统的策略不同, 在苹果公司实施营销策略的过程当中,我们看到它并没有去控制产品的产量来制造市场供不应求的假象,而是把产品的相关信息转化成一种市场饥渴,让消费者渴望了解iPhone。

②iPhone 上市后的口碑营销和体验营销相结合的策略

口碑营销是指企业努力使消费者通过亲朋之间的交流,将产品信息、品牌传播开来。体验营销是指企业通过采用让目标顾客观摩、聆听、尝试、试用等方式,使其亲身体验企业提供的产品或服务,让顾客实际感知其带来的品质和功能,从而促使顾客认知、喜好并购买的一种营销方式。

iPhone 的口碑营销也有着自己的独特性和创新性。绝大多数情况下,iPhone 的口碑传播并不是苹果公司有计划地实施,而是那些消费者自发地、主动地去传播信息,评论产品。这样的口碑更具有客观性、真实性,更容易被其他人接受。通过别出心裁的营销手段和紧凑的供应链, 苹果公司对用户体验的打造有效地动员了其目标客户群。口碑营销让充满神秘感的苹果产品诱惑无限,吸引消费者先有为快。

在现代市场新的竞争格局下,以消费者为本的技术往往会加速新技术的普及,苹果公司拥有抗衡竞争对手的核心优势。但是, 苹果公司并没有注重宣传iPhone 的先进技术,而是把iPhone 的时尚、独特设计和方便易用的功能作为宣传的重点。

公司把iPhone 体验营销的核心确定在情感经济,用"情感的经济"去取代"理性的经济",围绕着产品,把"面对面"的交流与互动发挥到极致,让用户、产品与公司三者之间产生情感上的共鸣。

③iPhone 营销中产品生命周期理论与策略的创新应用

iPhone 呈现出了区别于其他同类型产品的生命周期策略的创新应用。具体可以分为两个方面:

一方面尽可能压缩产品的上市期(包括介绍期和成长期)和退市期,给予产品更长的成熟期,为换代产品让出更大的市场。

另一方面利用"苹果应用程序商店(App Store)"网络平台寻求iPhone新的商业模式和价值,为iPhone 注入新的生命力量。

3.iPhone的发展走向——以iPhone与中国市场为例

如今的iPhone风靡全球,其势头完全盖过老牌手机厂商——诺基亚和摩托罗拉等。但一时的成功并不意味着永远不会失败,不甘心失败的老牌手机厂商肯定会发起反击以夺回原有的市场,iPhone(更确切地说,苹果公司的手机系列)该如何应对这一系列的挑战,以及如何保持自身的竞争力?

下面通过举例——iPhone与中国手机市场,运用企业战略环境分析技术以及SWOT分析,结合例子来对苹果公司和其手机产品iPhone有一个更加全面的了解。

(1) 通过运用企业战略环境技术分析关键外部要素对苹果公司的影响及其相互联系(主要针对苹果公司的手机业务及其在中国市场的状况),结果如表3-2所示:

表3-2 关键外部要素的影响分析结果

关键战略环境要素	权数	分数	加权分数
主要竞争对手的战略失败(诺基亚)	0.20	3	0.60
中国手机处于 3 网融合,3G 推广的时代	0.10	4	0.40
不成熟的产权保护制度(中国大陆地区)	0.20	1	0.20
手机产品的发展趋势	0.30	4	1.20
与运营商的合作	0.20	2	0.40
总加权分数	1.00		2.80

从表格中可以看出,手机产品的发展趋势是手机行业最重要的战略环境要素,这就需要生产商对消费者的需求把握以及有强大的技术支持,在这一点上,苹果公司做得非常到位。苹果公司的机会在于主要竞争对手的战略失败(诺基亚),给了iPhone"可乘之机"。对于iPhone在中国市场最大的麻烦就是山寨机、水货机和模仿机的威胁——这是由于中国大陆地区不成熟的产权保护制度造成的。苹果公司的总加权分数是2.80,高于行业的平均水平。

(2)通过SWOT分析iPhone在中国市场的状况

①优势(strengths)

a.iPhone广泛的影响力,为其在中国市场的宣传节省了许多开销。

b.忠实的苹果拥护者。即使在中国,也有一定数量使用苹果公司产品的用户群,而苹果公司本身的产品线涵盖面也非常广,使得iPhone能在用户间更快捷地得得到推广。

c.成熟稳定的操作系统,丰富强大的软件扩展功能。

d.独特的苹果风格的工业设计,以及贯穿始终的人性化操作。

e.时尚流行的象征。苹果的产品在国外相对昂贵,在国内更是奢侈品的代言词,以及iPhone给客户带来的相当大的新鲜感,成为众多年轻人以及追求时尚的人群所追捧的对象。

②劣势(weaknesses)

a. 运营模式受考验。苹果iPhone在美国市场采用的策略——与运营商独家合作,通过与运营商合作分成,获取用户所产生的百分之三十的收入,在中国市场也许会水土不服。

b.市场策略灵活性欠佳。苹果公司的市场战略以及产品战略缺少对中国市场的针对性,容易处于曲高和寡的境地。

c.手机的价格让人望而生畏;iPhone的定价对中国市场的消费群体来说,是一个不折不扣的奢侈品,使得其难以迅速融入大众。

d.通话、短信操作及管理功能不太符合中国人的习惯。

③机会(opportunities)

a.苹果与运营商签订协议并占有主导地位。

b.中国的手机正处于3网融合、3G推广的时代,市场上还缺少与其相对应的产品,而iPhone正具备这一条件和技术。

c.运营商对智能机的推广,以及消费者对手机商务运用的需求。

④威胁(threats)

a.其他手机生产商对iPhone的围剿。其中以诺基亚为例,诺基亚在iPhone的冲击下,不仅市值缩水,而且失去许多市场份额。诺基亚领先的技术对其为夺回市场份额提供了强有力的保障,这对于iPhone是非常巨大的威胁。

b.中国手机市场的残酷竞争。在中国,尤其是手机市场上,山寨机、水货机和模仿机层出不穷,其低廉的价格将会带走一大批消费者,这会对iPhone的推广和市场占有造成很大的困难。

c.iPhone的合作运营商(中国联通)处于严重的弱势地位,对iPhone的业务拓展有很大的限制,并且易受到运营商的牵制。

(3)对企业战略环境分析以及SWOT分析的总结

通过上述分析,我们总结出,iPhone通过自身优势,结合较好的外部战略环境,得以在中国市场取得较好的成绩。

同时我们可以发现,在中国市场上,iPhone的优势和不足都非常明显,总的来讲,优势大于不足,但是如果不对自身的不足及时做出处理和战略调整,很有可能会对iPhone在中国市场的发展造成致命性打击。

4.总结

从iPhone的成功,我们可以得到以下启示:

第一,技术进步和需求复杂化不断地推动创新的革命,与此同时也带来了产品和产业的融合。我们很难将移动电话定位于通信产品,其身上融合了家电、通讯、计算机、娱乐等行业的先进技术。而苹果的差异化组合迎合并进一步推动了这种融合。站在市场前面引导市场是苹果公司成功的关键。

第二,在战术上,苹果公司从两个角度与竞争对手拉开了距离。苹果公司持续的技术创新使自己始终处于行业领先地位,苹果公司的差异化组合形成的模仿障碍把对手落在了后面,使自己的领先地位得以保持,为自己争取到了获取价值和开展下一轮竞争的时间。

第三,不断创新和与对手的时间差,还为苹果公司争取到了培养消费群体,巩固其品牌影响力的机会。接受了苹果公司品牌精神的消费群体成为苹果公司品牌的一个有机成分,推动并保护苹果公司的创新和竞争。苹果公司不再是一个公司,它已经成为一种需求。最后,苹果公司在中国市场上,需要对运营模式以及市场策略重新定位和把握,以便自身更好地发展。

资料来源:http://wenku.baidu.com/viow/5251b38adod233dub14e6952.htm/.

(三)吉利控股集团

1.吉利控股集团发展战略简介

浙江吉利控股集团(以下简称“吉利”)按照“总体跟随、局部超越、重点突破、招贤纳士、合纵连横、后来居上”战略思想,已经制订出“十一五”发展规划:

到2015年,吉利汽车将拥有以左、右舵兼顾,满足各国法规和消费习惯的15个系列42款整车;拥有满足国内外法规要求的汽、柴油兼顾的8个系列发动机,7个系列MT手动、自动变速器,3款ECVT无级变速器;开展混合动力轿车研发和吉利方程式赛车项目。到2015年,在海外建成十五个生产基地,实现二分之一外销的目标。使吉利汽车成为国际上有竞争力的品牌。

2007年6月,吉利开始进行战略转型,争取用3~5年时间完成从单纯的低成本战略向高技术、高质量、高效率、国际化的战略转型。吉利将秉承已经确立的新战略时期的企业愿景:让世界充满吉利;认真行使企业的使命:造最安全、最环保、最节能的好车,让吉利汽车走遍全世界!

进入2010年,中国经济强劲反弹背后,过去粗放型的经济增长方式已经难以为继等问题日益凸显,“转型”成为当今最炙手可热的流行词。其中,中国汽车业战略转型的“吉利模式”也再次引发关注。

广州车展期间,中国汽车工程学会破天荒地为吉利专门举办专家研讨会,中国汽车工程学会理事长张小虞在会上感慨地说,“认真总结吉利发展的经验,对我国汽车工业的发展是具有典型和示范性意义的；吉利是很好的榜样。”

与整个中国经济的发展历程相类似，吉利战略升级的大背景是：开始造车时，吉利采取的是价格策略，以价格优势争抢市场，现在企业生产正从过去的低成本运营被迫且不可逆转地向不断提升的高成本运营转变，同时，伴随着收入增加，中国消费者在购车方面的心态开始了变化，从“拥有一辆车”转变为“拥有一辆高品质的车”过渡，时移世易，霸气十足的李书福意识到品牌内涵不能停留在过去的阶段，企业需要脱胎换骨，必须在吉利汽车品牌价值含量方面大力提升。

2007年5月27日，吉利提出要进行战略转型，主要内涵是，在车型开发设计、安全、环保节能方面，在车型品质的保障方面，进行脱胎换骨式的变化；将竞争策略由“价格领先”转变为在保持成本优势下的“技术领先、品质领先、全面领先”，也就是说产品竞争力将由成本优势转变为技术优势。

从产品体系的改造、品牌体系的确立，到渠道形象的转型，吉利打出了一整套组合拳，但这只是品牌改造表现在外的那一层。作为汽车界最具活力的民营企业，吉利改造的绝不仅仅是新品牌、新产品，其转型成功的关键，在于技术革新和质量革新。

吉利果断停产豪情、美日、优利欧“老三样”，让自由舰、金刚、远景“新三样”主导产品体系，掀起了对包括研发、技术、设计在内的全球造车资源，尤其是优势造车资源的大整合，而全球鹰、帝豪和英伦品牌的发布，成功收购沃尔沃等，则将品牌提升进一步深化。

吉利的形象开始在公众眼中改变，现在的吉利已逐渐从“造老百姓买得起的车”到“造最安全、最环保、最节能的好车”，从“有知名度”的品牌向“有影响力”的品牌过渡。

根据吉利汽车公布的数据，2010年前11个月总销量为359153辆，较2009年同期增长27.4%，有望顺利完成全年40万辆销量目标。这一增长率虽落后于2009年的48%，却体现了产品体系革新下稳步增长的原则。

国家在中长期规划中明确提到，事关国家竞争能力的装备制造、信息产业必须进入世界先进行列，要进行战略升级，而汽车工业是最典型的装备制造业，要完成战略升级的时间已经不多。在这种主旋律面前，吉利的战略转型走在了许多企业的前列，其反映出来的成果代表了国家正在进行的经济结构转变的过程。

谋定而后动，知止而有得。

正如张小虞所言，我们来总结、研究汽车企业战略转型的“吉利模式”具有很强的现实意义和启示作用，中国的汽车工业，包括以吉利为代表的一批新型企业，要实现由大变强，战略转型是必由之路，谁能转过来，谁就能生存和发展。

资料来源：《时评：战略转型的“吉利模式”值得关注》。人民网——经济频道。2011年1月6日。

2.吉利收购沃尔沃

(1)经过

2009年5月1日,吉利高层造访瑞典哥德堡,吉利瞄准沃尔沃"猜想"横空出世。

6月17日,吉利官方表态收购"不靠谱",福特总部回应,收购是"新闻炒作"。

7月16日,吉利报价20亿美元左右竞购沃尔沃。

8月4日,吉利与福特就收购沃尔沃一事达成初步意向。

9月8日,吉利高层首次公开表示,吉利方面正参与收购沃尔沃。

10月5日,美国皇冠财团(Crown)半道杀出,以低于吉利汽车的报价进入竞争行列。

10月28日,吉利汽车发布声明称,吉利成为沃尔沃首选竞购方。

12月23日,吉利汽车确认已与福特汽车就收购沃尔沃一事,完成商业谈判。但沃尔沃将保有关键技术和知识产权所有权。

2010年3月 28日与美国福特汽车公司在瑞典哥德堡正式签署协议, 吉利以18亿美元收购沃尔沃100%股权。

2011年,沃尔沃汽车集团中国区在上海成立,从单纯的销售公司发展成为涵盖销售和营销、制造、采购、产品开发和其他配套功能的地区总部。

(2)意义

吉利收购沃尔沃,说明中国汽车产业实力已经显著增强,中国汽车企业已经具备走出国门参与全球并购的实力。近半的网友表示以后将更加关注吉利汽车。

3.沃尔沃在中国的发展

沃尔沃的高管团队最近非常忙。2011年2月25日在北京召开的"沃尔沃中国发展战略发布会"上,沃尔沃总裁兼首席执行官斯蒂芬·雅克布(Stefan Jacoby)宣布了未来5年在中国的商业战略,其中包括在中国建立成都和大庆两个生产基地和上海总部,以及2015年达到20万辆车销量和20%中国豪华车市场份额的目标。

2011年1月,斯蒂芬·雅克布在上海宣布,沃尔沃汽车集团中国区正式在上海挂牌成立,选定上海为中国区总部所在地,中国区管理团队已经全部到位。沃尔沃汽车集团中国区下属的技术中心也在上海嘉定宣布成立。沃尔沃中国总部将囊括产品开发、制造、质量控制、采购、投资、财务、法律、人力资源等全方位、全体系的业务和职能,加上原来沃尔沃中国公司的销售、市场与客服等业务,沃尔沃在中国的机构将从过去单纯的全国性销售公司变成一个全职能的集团公司。

在沃尔沃被吉利并购后不久,吉利就提出一个计划,在5年内让沃尔沃实现年销量100万辆。同时将在中国成立年产能力达30万辆的新工厂,使沃尔沃汽车的全球年产量提高近一倍, 并力争在2011年前实现沃尔沃轿车公司扭亏为盈的目标。

随着一系列部署相继推行,沃尔沃正式拉开其中国市场战略的序幕。

(1)千头万绪的本土化

“沃尔沃汽车在华业务，已经从一家全国性销售公司发展壮大成为一个全职能的业务集团,业务范围从产品开发、制造、质量控制、采购、销售、市场与客服,到投资者关系、财务、法律、人力资源与公共事务等各个领域。”雅克布在挂牌仪式上表示。

从销售型公司全面转向本土化公司,这意味着沃尔沃需要加强销售、采购、研发与生产制造等方面本土化的力度。

然而,本土化工作千头万绪。根据沃尔沃公布的未来5年在华年销量20万辆的规模,沃尔沃的组织结构必须重新调整:一家年销售为3万辆的整车厂通常不需要针对如大公司客户、政府组织或租赁汽车公司这样的主要客户的直销部门。然而当整车厂的销售规模达到一定程度时,比如每年30万辆时,整车厂则需要直销部门以及其他新的职能,包括产量规划和IT管理职能。

先服务后销量是高端品牌的经营方式，沃尔沃目前在华约有100家经销商,并确定将在2011年内发展到200家,在提高销售网络密度的同时,如何保证经销商的服务质量及员工的培训,也颇具挑战。另外,沃尔沃还要考虑怎样制定对中国投放的产品组合,以保证销售渠道合作伙伴的利益等。

在采购与供应链方面,领先的奥迪车型零部件国产化率平均已达60%以上,拥有200余家本土零部件供应商。刚刚本土化运营的沃尔沃没有如此优势。对沃尔沃而言,如何借鉴吉利汽车的成本管理能力,提高响应速度,仍有潜在优势。但是,如何在保证沃尔沃独立性的前提下,整合两者之间的供应链仍是个巨大挑战。在吉利收购沃尔沃时,沃尔沃的供应商就担心吉利难以与他们打交道,而劝阻福特将沃尔沃卖给吉利。

在技术研发方面,沃尔沃汽车中国技术中心的正式命名为沃尔沃汽车技术(上海)有限公司,成立于2011年1月18日,总投资2500万美元、注册资金1000万美元,法定代表人沈峰曾担任福特发动机部门六西格玛黑带大师，在加盟沃尔沃前为福特汽车工程研究(南京)公司动力总经理,主管动力系统的工程开发和零部件在中国的采购。

雅克布强调:“新成立的沃尔沃汽车中国技术中心将与总部和全球其他研发机构一起,参与全球性产品的开发。同时根据中国消费者的喜好,为中国设计产品,并为本土化生产提供大力支持。”

但从现实来看，沃尔沃中国研发团队初期仍会在总部技术中心的密切监督下工作,在沃尔沃全球汽车平台基础上,以相对自主的方式开发或者修改适合中国需要的车型。在这一过程中,招聘合适的研发人才并对他们进行培训是个渐进过程,难以一蹴而就。另外,在研发过程中,关于知识产权的保护仍属于敏感问题。

(2)品牌定位谜团

根据乘联会的统计数据,2010年中国豪华车销量为67万辆，沃尔沃销量为3万辆,仅占中国豪华车市场4.4%的份额。

为扩大市场份额,雅克布提出沃尔沃要采取三项措施:向中国市场提供有竞争力的产品,针对中国市场,对沃尔沃产品进行适应性改进改款;扩大销售网络,把现有的经销商数量从现在的100家增加到200家,单店销量平均达到900辆;同时扩大品牌推广力度。

但是,沃尔沃国产化从无到有,至少需要2年时间。这意味着,沃尔沃必须在3年内增长至20万辆。要在如此短的时间内保持高速增长,沃尔沃的品牌定位及其推出的首款产品至关重要。

此前,李书福就沃尔沃国产车型的定位曾与沃尔沃管理团队发生分歧。李书福认为沃尔沃应该研发出更豪华、更高端的车型投放中国市场,并效仿宝马、奔驰推出加长车型;而沃尔沃管理层却主张小型、节能、环保,短期内应以沃尔沃现有车型为主。

但沃尔沃的高管们可能忽视了这样一个事实:沃尔沃在中国市场的经历表明,它所坚持的"低调豪华"并不为广大消费者所普遍接受。在中国,消费者倾向于追求能带来心理满足感的外形奢华的汽车,而且许多买家都有私人司机,他们喜欢后排空间宽敞的大尺寸车型。早在12年前,奥迪就率先在中国投放加长版A6而大受欢迎。其后,宝马5系、奔驰E级也跟着推出带"L"的车型,同样也取得巨大成功。迎合消费者需求的策略使德系豪车成为中国市场的大赢家。2010年,奔驰在中国实现销量近15万辆,同比增长115%;奥迪车在中国的销量也达到23万辆,同比增长43.5%。

在全球范围内,收购后的沃尔沃品牌定位仍属谜团。雅克布此前详述了沃尔沃的新定位:"打造豪车品牌听起来更像是一个定价策略,并且有众多对手,沃尔沃需要做的是斯堪的纳维亚简约风的高雅本色,坚持'安全、低调、高品位'的品牌定位,找回已经失去的产品个性。而不去模仿其竞争对手。"

沃尔沃是应该继续定位在与宝马、奥迪及奔驰相竞争的豪华车市场,还是稍稍降低身位,找中高档车与豪华车的空当,与后者差异化竞争?另外,是否还存在沃尔沃在国外是一种品牌定位,而在国内是因地制宜采取另一种定位方式?

沃尔沃最终如何定位,取决于其调整后推出的首款车型。据悉,沃尔沃已经起草了《沃尔沃汽车中国成长计划》,包含一系列车型研发、引进以及建厂与销售等内容,并将提交2011年3月初的董事会讨论审议。

2010年圣诞节前,沃尔沃轿车总设计师彼得·霍布里在吉利沃尔沃项目组高管的邀请下来华考察。十天之内,彼得·霍布里几乎遍访上海、杭州的主要场所,并亲历了广州车展。这样的安排,目的是让其对中国市场有更深刻的认识,增加更多的适合中国市场的产品设计灵感。

沃尔沃在中国还面临着品牌宣传的重大挑战。“人生痛苦的事情在于刚买的沃尔沃变吉利了，人生幸福的事情在于刚买的吉利变沃尔沃了。”这则在坊间流传的段子，可能会让李书福痛并快乐着，但对沃尔沃中国运营团队而言是巨大的挑战。

资料来源：陈海生，《沃尔沃中国“三重门”》。IT经理世界，2011年3月22日。

(3)合作渐入佳境

2010年，随着浙江吉利控股集团正式收购沃尔沃汽车100%的股权，沃尔沃汽车成为首个由中国人所拥有的豪华汽车品牌，沃尔沃汽车的复兴从此有了坚实的保障。沃尔沃汽车隶属于吉利控股集团，但独立运营，在过去三年中，沃尔沃汽车在愿景与战略、产品规划、品牌建设、供应体系培养和核心管理团队组建等方面都取得了显著进展。

2013年8月23日，中国政府正式批准了沃尔沃汽车在中国的国产化工业布局。这一布局包括在大庆建立整车制造基地，张家口建立发动机制造基地，上海建立中国研发基地，以及在成都建立整车制造基地。2013年8月28日，沃尔沃成都工厂生产线正式启动，这一里程碑事件标志着沃尔沃汽车中国成长计划和全球复兴战略展开了全新篇章，进入到全面角逐豪华车市场的第二战略阶段。张家口工厂已于2013年秋季投入运行，为成都和大庆工厂配套提供发动机；大庆工厂也在2014年建成投产。沃尔沃汽车的三家在华工厂严格遵循沃尔沃汽车集团的全球采购、质量控制、研发体系和管理标准，致力于中国消费者生产质量媲美欧洲工厂的优质产品。

2014年8月20日，沃尔沃汽车集团在瑞典斯德哥尔摩发布2014年上半年财报：凭借中国、瑞典及西欧等关键市场的强劲增长，沃尔沃汽车集团上半年营业额达到647.85亿瑞典克朗，营业利润为12.1亿瑞典克朗，净利润5.35亿瑞典克朗。上半年全球零售销量达到229,013辆，同比增长9.5%。继2013年全年营业利润提升至19亿瑞典克朗后，沃尔沃汽车呈现出持续盈利的能力，展现转型战略的成功。

2015年1月5日，沃尔沃汽车集团中国区宣布，2014年沃尔沃汽车在中国市场累计销量达81,221辆，同比增长32.8%，超额完成全年8万辆的销售目标，稳健实现“中国成长战略”的阶段性目标。沃尔沃汽车全球销量也首次刷新自2007年以来的年度销售记录，全年累计达465,866辆，较2013年同比提升8.9%。得益于中国与欧洲市场的强劲表现，沃尔沃汽车2014年12月单月全球销量达到47,045辆，这也标志着沃尔沃连续第18个月保持销量增长，实现全球品牌复兴进程里的又一里程碑。

如今，沃尔沃正以各大工业基地为原点，辐射中国新兴经济带的市场开发与渠道布局正在同步进行，配合专为中国市场需求的本土化产品打造，沃尔沃汽车将与竞争对手在中国展开正面交锋，并以更加敏捷而睿智的战略举措，实现体系竞争力上的全面领先。

资料来源：沃尔沃官方网站。

(四)苏宁云商

1.苏宁云商的战略决策

未来十年,苏宁云商将坚持国内与国际、实体网络与虚拟网络同步拓展,持续保持稳健、高速的发展,依托营销变革与服务优化,不断提升供应链效率与顾客满意度。到2020年,连锁店总数将达3500家,销售规模将达3500亿元,网络销售规模将达3000亿元,同时以香港与日本市场为桥头堡,探索海外市场发展,跻身世界一流企业行列!

誓言“成为中国沃尔玛”,苏宁云商将始终以“打造民族商业品牌”为使命,持续创新发展,矢志成为中国最优秀的连锁服务品牌!

(1)连锁发展

以消费者需求为核心,苏宁云商不断创新店面模式,从第一代空调专营店发展到第七代超级旗舰店(EXPO),并形成了以超级旗舰店、旗舰店为主,中心店、社区店、精品店、乡镇店相互补充的店面业态组合,遍布城乡的连锁网络,为中国亿万家庭提供方便、快捷、周到的家电生活服务。

在国内市场领先的基础上,2009年,为了积累国际化经营的经验,并吸收海外电器连锁行业优秀的经营管理理念,苏宁云商收购了日本LAOX公司。同年12月,苏宁云商收购了香港镭射电器,进入香港市场,并将香港作为海外发展的桥头堡,探索国际化经营的道路。

本着稳健快速、标准化复制的开发方针,苏宁云商形成了“租、建、购、并”四位一体、立体化开发的格局,保持稳健、快速的发展态势,建立了覆盖直辖市—省会城市—副省级城市—地级城市—发达县级城市—乡镇六级市场的连锁网络。为构建稳定、优质的旗舰店经营平台,苏宁云商以店面标准化为基础,通过自建开发、委托开发等方式,在南京、北京、上海、天津、重庆、成都、长春、青岛等数十个一二级市场核心商圈全力推进自建旗舰店开发。预计到2020年,连锁店网络规模将突破3500家,销售规模突破3500亿元。

(2)市场经营

整合社会资源、合作共赢。满足顾客需要、至真至诚。苏宁云商不断坚持创新经营,拓展服务品类,承诺“品牌、价格、服务”一步到位,通过B2C、联名卡、会员制营销等方式,为消费者提供质优价廉的家电商品。目前经营的商品涵盖空调、冰洗、彩电、音响、小家电、通讯、计算机、数码、OA办公、厨卫等综合品类。

在实体网络开发的同时,苏宁云商以“苏宁易购”为品牌,全面加快虚拟网络的规划与建设,计划通过10年的运营和积累,达到3000亿销售规模,占据整个中国电子商务市场10%的份额,成为中国第一的电子商务公司。

围绕高效顾客响应,苏宁云商依托B2B平台,与国内外数万名知名家电供应商建立了紧密的合作关系,通过商品协同、供应链协同、市场协同、人才协同、沟通机制协同等,打造利益共享的高效供应链。与此同时,苏宁云商多次召开行业峰会与论坛,携手国内外知名供应商、专家学者、社会专业机构共话行业发展趋势与合作策略,发挥自身渠道专业优势,致力于家电产品的普及与推广,推动中国家电行业发展。

(3)终端服务

服务是苏宁云商的唯一产品,顾客满意是苏宁云商服务的终极目标。苏宁云商立志服务品牌定位,为顾客提供涵盖售前、售中、售后一体化的阳光服务。

连锁店服务——苏宁云商以客户体验为导向,不断创新店面环境与布局,制定了一系列店面服务原则,率先推出5S服务模式,会员专区、VIP导购实现一站式购物。根据顾客多样化需求,提供产品推荐、上门设计、延保承诺、家电顾问等服务。

物流配送服务——物流是连锁经营的核心竞争力。苏宁云商在全国建立了区域配送中心、城市配送中心、转配点全国三级物流网络体系,依托WMS、DPS、TMS、GPS等先进信息系统,实现了长途配送、短途调拨与零售配送到户一体化运作,平均配送半径为200千米,日最大配送能力20多万台(套),并率先推行准时制送货,24小时送货到户。

以"网络集成化、作业机械化、管理信息化"为目标,苏宁云商在全国大力建设以机械化作业、信息化管理为主要特征的第三代物流基地。第三代物流基地集物流配送中心、呼叫中心、培训中心、后勤中心等于一体,支撑半径80~150千米零售配送服务及每年50亿~200亿元的商品周转量,成为苏宁云商大服务与大后方平台。目前,杭州、北京、南京、沈阳等地的物流基地已投入使用,北京、广州、天津、重庆、成都、福州、合肥、无锡、青岛、济南等数十个物流基地正全面建设,预计到2015年,苏宁云商将完成全国60个物流基地的建设。

售后安维服务——本着"专业自营"的售后服务,苏宁云商不断拓展服务品类和精细服务,依托遍布城乡的数千家售后服务网络,2万多名专业服务工程师时刻响应顾客需求,24小时内快速上门,为顾客提供专业、可信赖的售后保障,成为中国最大的电器服务商。

围绕顾客需求,苏宁云商还推出了阳光包、IT帮客、服务管家卡等自主服务产品,自主推广的系列家用电器安检标准也成为行业标准或国家标准,拥有多项国家发明专利,是业内首家国家职业技能鉴定资质单位,荣获中国最佳售后服务奖。

客户关怀服务——以"提升客户满意度"目标,苏宁云商做到为消费者承诺365天的电话、互联网、短信、视频等自助式、专家式的服务,利用业内最大的全国呼叫中心平台,全国统一服务热线4008-365-365全天24小时为顾客提供咨询、预约、投诉和回访等服务。与此同时,专家座席、会员服务、电话支付、理赔服务、松桥热线、以旧换新通道等全方位的快速服务通道全面响应,极大地方便了消费者。

以客户关怀为己任，苏宁云商成功实施了业内首个CRM客户关系管理系统，致力于挖掘顾客的消费与服务需求，有针对性地推出系列增值服务，电话销售与在线客服等服务为顾客创造了更多人性化的选择。

(4)智慧苏宁

信息化是苏宁云商的核心竞争力。苏宁云商视信息化为企业神经系统，建立了集数据、语音、视频、监控于一体的信息网络系统，包括全国三级网络与通讯应用架构，全国视频会议、全国内部互联互通电话、全国多媒体监控、全国数据中心等，实现了海内外300多个城市、数千个店面、物流、售后、客服终端运作和十多万人的一体化管理。

依托SAP/ERP系统，苏宁云商完成了涵盖B2B、B2C、OA、SOA、HR、BI、WMS、TMS、CRM、CallCenter等十多类、120多项的信息应用模块开发，实现了“高效采销运营、精益客户服务、精细内部管理”三位一体的全流程信息管理，并致力于为消费者提供更加迅捷的购物体验与智能化的家居生活。

目前苏宁云商拥有4000多名专业IT人员，具备自主开发的能力，信息化建设入选中国商业科技100强、中国企业信息化500强(第44位)。2005年以来，苏宁云商先后携手IBM、SAP、思科等世界知名IT企业开展信息系统建设战略合作，打造国际化一流信息平台。

2.苏宁云商的战略目标

2011年6月19日苏宁云商在南京举行了“苏宁云商未来十年战略规划发布会”，公布了苏宁云商未来十年的规划。规划至2020年，苏宁将每年保持200家店以上的开店速度。苏宁计划至2020年，十年内保持年复合增长率50%，销售规模位居行业第一。

(1)苏宁云商将每年保持200家以上的开店速度

苏宁云商连锁发展总部执行总裁蒋勇公布了未来十年苏宁云商国内外连锁发展规划。规划至2020年，保持每年200家店以上的开店速度，实现全国一二级市场所有空白区域布局，并覆盖中国1785个“人口10万以上，且家电零售1亿元以上”的县级市场，进驻至少能辐射周边三个乡镇市场的中心城镇和江苏、浙江、广东、山东和福建等地区发达乡镇市场500个。

(2)苏宁云商计划2020年实现总销售额达6800亿

苏宁云商总裁金明公布的营销十年战略规划中指出，2010年国内社会消费品零售总额为14.8万亿，其中家电及3C产品为1万亿。根据中怡康的趋势预测，未来十年国内社会消费品零售年均增幅超过15%，家电消费复合增长约为12%，2015年国内家电市场容量将达到17600亿元，2020年预计达到31000亿元。到2020年，苏宁云商将实现线上线下、多渠道销售总规模达到6800亿元，占据中国家电市场近20%的市场份额。

(3)苏宁云商为未来打造云服务的基础技术平台

苏宁云商主管信息化建设的副总裁任峻表示，苏宁云商将构建由物流平台、供应链平台、软件研发、流程外包服务、B2C购物门户、金融服务门户、开放平台门户构成的“北斗七星”事业群，以前后台的协同造就最佳的客户体验。同时在未来3年内，苏宁云商将在北京、上海、广州、成都、武汉、西安等地建设6~8个云计算数据中心，建成基于云计算的基础技术平台，为未来云服务的实现打好基础。

(4)苏宁易购计划十年销售规模达到3000亿元

苏宁易购总经理凌国胜表示，苏宁易购计划至2020年，十年内保持年复合增长率50%，销售规模达到3000亿元，占国内网购市场的5%，销售规模位居行业第一；SKU总量200万以上；注册会员数1亿人；整体团队2.5万人；覆盖全国99%以上城市；云计算、云服务能力位居世界领先行列，转型网络生活平台，成为智慧苏宁的重要组成部分。

三、仿真实验

(一)实验目的

1.掌握战略环境分析方法。

2.学会分析战略决策的影响因素。

3.领会不同环境条件下的战略决策模式。

4.熟练运用不同的战略决策方法。

5.提升战略掌控能力。

(二)实验背景

1.理论背景

企业在不断地发展，在不断地壮大。在企业的发展过程中，发展阶段不同、外部环境不同，资源的价值和对资源的控制力度也就不一样。因此，组织在不同的发展阶段，不同的外部条件下，战略、战术是不一样的，企业的战略也应不断地做出调整。企业制定战略决策的步骤如下：

(1)战略分析

战略分析的主要目的是评价影响企业目前和今后发展的关键因素，并确定在战略选择步骤中的具体影响因素。战略分析包括三个主要方面：

①确定企业的使命和目标。企业的使命和目标是企业战略制定和评估战略的依据。

②分析外部环境。战略分析要了解企业所处的环境(包括宏观环境、微观环境)

正在发生哪些变化,这些变化将给企业带来更多的机会还是更多的威胁。深入细致地分析企业的外部环境是正确制定战略的重要基础,为此,要及时收集和准确把握企业的各种各样的外部环境信息,譬如,国家经济发展战略,国民经济和社会发展的长远规划和年度计划,产业发展与调整政策,国家科技发展政策,宏观调控政策,本部门、本行业和本地区的经济发展战略,顾客(用户)的情况,竞争对手的情况,供应厂家的情况,协作单位的情况,潜在的竞争者的情况,等等。

③分析内部条件。战略分析还要了解企业自身所处的相对地位,具有哪些资源以及战略能力;还需要了解与企业有关的利益相关者的利益期望,在战略制定、评价和实施过程中,这些利益相关者会有哪些反应,这些反应又会对组织行为产生怎样的影响和制约。分析本企业的人员素质、技术素质和管理素质,产、供、销、人、财、物的现状以及在同行业中的地位,等等,明确本企业的优势和薄弱环节。

(2)战略选择

战略分析阶段明确了"企业的目前状况",战略选择阶段所要回答的问题是"企业走向何处"。

首先需要制定战略选择方案。在制定战略的过程中,当然是可供选择的方案越多越好。企业可以从对企业整体目标的保障、对中下层管理人员积极性的发挥以及企业各部门战略方案的协调等多个角度考虑,选择自上而下的方法、自下而上的方法或上下结合的方法来制定战略方案。

第二步是评估战略备选方案。评估备选方案通常使用两个标准:一是考虑选择的战略是否发挥了企业的优势,克服了企业的劣势,是否利用了机会,将威胁减小到最低程度;二是考虑选择的战略能否被企业利益相关者所接受。需要指出的是,实际上并不存在最佳的选择标准,管理层和利益相关团体的价值观和期望在很大程度上影响着战略的选择。此外,对战略的评估最终还要落实到战略收益、风险和可行性分析的财务指标上。

第三步是选择战略,即最终的战略决策,确定准备实施的战略。如果由于用多个指标对多个战略方案的评价不一致,最终的战略选择可以考虑以下几种方法:(1)根据企业目标选择战略。企业目标是企业使命的具体体现,因而,选择对实现企业目标最有利的战略方案。(2)聘请外部机构。聘请外部咨询专家进行战略选择工作。专家们广博和丰富的经验,能够提供较客观的看法。(3)提交上级管理部门审批。中下层机构的战略方案,由上级管理部门决策能够使最终选择方案更加符合企业整体战略目标。

最后是制订战略政策和计划。制订有关研究与开发、资本需求和人力资源方面的政策和计划。

(3)战略实施

战略实施就是将战略转化为行动。主要涉及以下一些问题:

①如何在企业内部各部门和各层次间分配及使用现有的资源；

②为了实现企业目标，还需要获得哪些外部资源以及如何使用；

③为了实现既定的战略目标，需要对组织结构做哪些调整；

④如何处理可能出现的利益再分配与企业文化的适应问题，如何进行企业文化管理，以保证企业战略的成功实施等等。

(4)战略评价

战略评价就是通过评价企业的经营业绩，审视战略的科学性和有效性。

(5)战略调整

战略调整就是根据企业情况的发展变化，即参照实际的经营事实、变化的经营环境、新的思维和新的机会，及时对所制定的战略进行调整，以保证战略对企业经营管理进行指导的有效性，包括调整公司的战略展望、公司的长期发展方向、公司的目标体系、公司的战略以及公司战略的执行等内容。

2.模拟公司背景

模拟公司当前的战略环境描述。

(三)实验过程

1.明确模拟公司的战略思想，确定模拟公司的战略发展愿景(宗旨、使命和目标)。

2.模拟公司当前的战略环境分析(利用PEST、SWOT等工具进行分析)。

3.弄清战略重点。

4.制定战略方案。

5.进行综合平衡。

6.方案比较及战略评价。

(四)实验小结

1.实验总结

以实验小组为单位，总结模拟公司的战略方案，分析实施后的效果。

2.思考题

(1)简述企业战略决策对企业成功的影响。

(2)简述多元化战略应该注意的问题。

第四章　计划工作

一、理论重温

(一)计划的概念

计划，是指对管理未来的活动进行的预先筹划和安排。计划有广义和狭义之分。广义的计划是指计划的制订、执行、检查和终结。狭义的计划是指计划的制订。

计划是管理的首要职能,计划职能与其他管理职能一样,已成为组织生存的必要条件。因为任何组织的存在都有一定的目标,而目标的实现有赖于一系列计划的制订和执行。

为了把计划工作做好,使编制的计划能够顺利实现,计划职能和其他管理职能一样,必须按基本原理、方法和技术去执行。

(二)计划的内容(5W2H)

一项完整的计划,通常包括做什么、谁去做和怎么做等七个方面的内容,如表4-1。

表4-1　计划的内容

要素	表述
1.做什么	这是要明确计划的具体任务和要求,明确每一个时期的中心任务和工作重点。如企业生产计划,就要明确所生产产品的品种、数量、进度、费用等,在保证按期、按质和按员完成生产的前提下,使得生产能力得到尽可能充分的利用。
2.为什么做	这是要明确计划的宗旨、目标和战略,使计划执行者了解、接受和支持这项计划,把"要我做"变为"我要做",以充分发挥下属的积极性、主动性和创造性,实现预期目标。
3.何时做	这是要规定计划中各项工作的开始和完成的进度控制,并对组织的资源进行平衡。
4.何地做	这是要规定计划的实施地点或场所,了解计划实施的环境条件和限制因素,以便合理安排计划实施的空间组织和布局。
5.谁去做	计划不仅要明确目标、任务、地点和进度,还应规定由哪个主管部门负责。这需要划分各部门和组织单位的任务,规定由哪些部门和人员负责实施计划,包括每一阶段的责任者、协助者,各阶段交接时由谁鉴定、审核等。
6.怎么做	这需要制定实现计划的措施,以及相应的政策、规则,同时应该具备应急应对方案,以确保目标的实现。
7.多少钱	成本管理是企业管理的核心,计划的制订必须以成本控制为核心。

(三) 计划的分类

计划按不同的标准有不同的分类方法,如表4–2。

表4–2　计划的分类

分类标准	类型
不同的表现形式	宗旨、目标、战略、政策、规则、程序、规划和预算
时间长短	短期计划、中期计划、长期计划
内容详尽程度	具体性计划、指导性计划
范围标准	战略性计划、战术性计划
程序化程度	程序性计划、非程序性计划

(四) 计划的程序

计划的程序主要包括确定计划的步骤和内容,如表4–3所示。

表4–3　计划的程序

步骤	内容
(一)分析环境,确定目标	这是计划工作的预备阶段,也是制定与实施计划工作方案的前提。其内容包括:广泛搜集信息资料,在调查研究的基础上,根据自身现有条件,对未来可能出现的变化和成功的机会进行初步分析,形成判断。据此具体确定组织未来行动的目标,包括长期目标和短期目标。
(二)拟订方案,筛选方案	由于一个计划往往同时有许多可供选择的方案,计划制订者的工作就是考察可供选择的方案,并进行方案的筛选。筛选方案就是根据计划的目标和前提条件比较各个方案的利弊,对各个方案进行科学的评价,最后确定要实施的方案。
(三)细化方案,编制预算	当最后方案确定后,管理者要对方案进行细化,并编制预算。
(四)执行计划,检查落实	预算确定后,管理者要安排计划的实施并检查落实,以保证目标的实现。

二、案例导入

(一)吉利控股集团

《吉利控股集团所属某企业滚动式目标管理与绩效考核办法》

吉利控股集团所属某机械加工企业,公司员工有1000多人,年营业额在3亿左右。公司目前的管理方法和手段已经不能适应企业的发展,提出《目标管理与绩效考核办法》对加强企业管理、激励员工和增加绩效有极大的推动作用。

(一)目的

围绕公司的年度经营目标的完成,实行部门与岗位的目标管理,合理评价人员工作绩效,为各员工的薪酬发放提供依据,并推动工作持续改进,达到完成公司经营目标的目的。

(二)范围

全公司非按件或按业务提成计酬的员工。

(三)最高管理机构

目标管理工作小组

(四)主管部门

行政部

(五)考核内容

1.定义

目标管理与绩效考核以该岗位日常各项工作及当月工作计划为考核内容,以其上司安排的阶段性、重点工作及日常工作完成程度为考核依据,通过考核其完成情况而达到客观评量该岗位员工的月度工作绩效,合理核发工资,并借此达到加强企业管理、提高员工工作积极性及工作效率的目的。

2.考核种类

考核分三类:

A类:各级主管经理,不包括按提成计酬的业务经理。

B类:一般员工,包括各部门人员、车间办公室人员、班长、仓储人员、后勤人员,不包括按件计酬的生产工人、化验室人员及按提成计酬的业务人员。

C类:试用期员工。

3.考核项目的制定

(1) 各部门主管经理每月29日前编制本部门的下月工作计划, 包括本部门各项工作的内容、实施时间、实施人、督导人等,并于下月的1日前送主管的总经理或副总经理审定。

(2) A类员工每月2日前根据本月的工作计划确定重点工作项目及所占权重，与直接主管上司面谈，并根据本月的工作计划及公司下达的指令性工作共同制订本月的《员工月度重点、阶段性工作考核对照表》,包括：

——双方对本月的工作计划进行分析、讨论,明确本月的各项“重点、阶段性工作”、考核标准(考核标准的制定参考表4–4)及其所占权重,各权重之和为100%。

——填写《员工月度重点、阶段性工作考核对照表》,双方签名后呈主管副总及总经理核准。

——该表经总经理核准后,员工与直接上司各存一份,用于工作的实施及督导指引。

表4–4 考核项目中各级别考核标准

级别	分值区域	定义指引
X(特优)	90~100分	该项工作的完成对整体工作的推进有突出的贡献,且表现出较高价值的工作成果,这些成果经论证后对公司的发展有显著的积极作用
A1(优秀)	85~89分	对比预期目标,该项工作提前且超标准完成,对整体工作有显著的推动作用
A2(良好)	80~84分	该项工作能按预期目标按质按量完成,且对整体的工作有推动作用
B1(合格)	75~79分	该项工作能按预期目标按质按量完成
B2(勉强达标)	70~74分	该项工作的完成状况与预期目标有很小的距离,对整体工作不会造成影响
C(未能达标)	60~69分	该项工作未能按质按量完成,对整体工作有影响,或有遗留下来的问题
D(极差)	0~59分	该项工作完成状况离预期目标相差甚远,严重影响工作运行

(3) B类员工一般以日常及基础工作进行考核,在需要其完成“重点、阶段性工作”时，由其直接上司每月2日前确定有关项目及所占权重（各权重之和不大于50%),经双方面谈后确认,其过程与手续同上述(2)。

(4) C类员工一般以日常及基础工作进行考核,在需要其完成“重点、阶段性工作”时,在入职一周内由其主管上司确定有关项目及所占权重(各权重之和不大于50%),经双方面谈后确认,其过程与手续同上述(2)。

(5) “重点、阶段性工作”考核项目及考核标准一般由员工及主管上司共同面谈协商后确定,但对于一些由公司下达经营目标分解出的指令性目标和考核标准,不作讨论而必须在重点工作中无条件执行。

(6) 当员工的直接上司处于试用期时,考核内容的制定由员工与隔级上司进行。

(六)考核评分

1.A、B、C类员工的考核用各自适用的A类表格、B类表格、C类表格进行。

2.每月1日前,参与考核的各员工必须完成自评工作,于每月2日前交到直接主管上司处进行述职,双方经面谈后确定本月的考核得分,并由直接上司递交各级领导核准后交行政部计算该员工当月薪酬(如考核得分有变,应由直接上司再与该员工面谈确定)。

3.当员工的直接上司处于试用期时,考核评分由员工与隔级上司进行。

4.考核分值计算。

(1) A类员工的绩效考核分值由两部分构成。

第一部分是正向考核部分,即本月的重点及阶段性工作,分值为100分。该部分为本月考核的重要依据。各级主管经理的本月重点及阶段性工作必须与本部门的月度工作计划紧密联系,且包含上司根据本月公司经营目标所分解出并安排的重点及阶段性工作。该内容和考核标准根据岗位工作实际可每月不同。

第二部分是负向扣分部分,即考核日常工作与基础工作的开展质量及完成绩效。各考核项均附有负向扣分标准,很好完成该项工作的扣0分,否则将按其失误情况进行相应的扣分。

A类员工的考核分值:

总得分=正向考核部分得分+负向扣分部分得分(负数)

正向考核得分=∑各考核项得分×相应的考核权重

(2) B、C类员工的绩效考核同样由两部分构成。

第一部分是正向考核部分,即以该员工的日常及基础工作完成情况进行考核,是本月该员工绩效考核的重要依据,其分值是100分。

第二部分是加权考核部分,当本月上司安排其从事重点、阶段性工作时进行考核。加权考核部分的每项工作权重之和少于50%。

B、C类员工的考核分值:

总得分=正向考核得分×(1-∑加权考核权重)+加权考核得分

加权考核得分=∑各考核项得分×相应的考核权重

注:总分计算时舍去小数,小数点后采用6舍7入制。

(七)考核得分与薪酬的关系

1.员工的绩效考核成绩与薪酬系数(如表4-5)

表4-5 员工的绩效考核成绩与薪酬系数

绩效考核得分	考核级数	薪酬系数
90~100	X	1.6
85~89	A1	1.3
80~84	A2	1.15
75~79	B1	1.0
70~74	B2	0.9
60~69	C	0.75
0~59	D	0.5

注:当得分在0~59分时,公司会考虑将该员工调离岗位或辞退。

2.员工本月工资=该员工工资基数×本月绩效考核薪酬系数

(各员工的工资基数见公司的《薪酬制度》。)

3.员工年终奖金=该员工年终奖金基数×本年度绩效考核薪酬系数

(1) 本年度的绩效考核薪酬系数是计算员工本年各月的绩效考核平均分后从表4-5中查取。

(2)当该员工为年度中途加入时,在计算年终奖金时只计算其试用期后所服务的月份,即:该员工年终奖金=该员工年终奖金基数×本年度绩效考核薪酬系数×服务月份÷12。

(3)当该员工在一年中调任两个以上职位时,则需分段计算,其年终奖为各时段的所应得的年终奖金之和。

(4)试用期绩效考核:试用期员工的考核成绩不与其薪酬挂钩,但公司将根据其考核成绩决定转正或辞退(见表4-6)。

表4-6 试用期员工绩效考核与转正关系

获 1 个 A2 以上	累计获 2 个 B1	获 1 个 B1 及多个 B2	获 1 个 C 以下
立即转正	转正	继续试用	立即辞退

(八)掌握的原则

目标管理与绩效考核的全过程(包括考核内容的制定、实施、督导及评核)应体现公平、公正、全面及客观的原则,并在和谐的环境中进行。如因可体谅的客观原因造成相关工作无法按预期完成,员工应立即向直接上司反映,双方重新确定本月的考核内容。

(九)争议裁决

如考核双方对考核内容的制定或考核评分结果不能达成一致,由隔级上司主持并参与继续面谈,以力求达成一致。如仍不能达成一致,则报行政部,由行政部根据各方意见整理成书面材料,报总经理做最终裁决。

(十)其他人员考核

车间、化验室计件人员及计取提成的业务人员按各自的计酬方案进行考核,暂不参与本方案的考核。

(十一)实施时间

本方案从××××年××月起开始试行,从××××年××月起正式实施,方案解释权在目标管理工作小组。

(二)苏宁云商

苏宁云商集团股份有限公司2014年员工持股计划(草案)摘要

声明

本公司及董事会全体成员保证本员工持股计划内容真实、准确和完整,没有虚假记载、误导性陈述或重大遗漏。

特别提示

1.苏宁云商集团股份有限公司2014年员工持股计划(草案)摘要仅向公众提供有关本员工持股计划的简要情况,并不包括员工持股计划草案的全部内容。员工持股计划草案全文详见公司指定信息披露网站巨潮资讯网(http//www.cninfo.com.cn)。投资者在做出投资决策之前,应仔细阅读员工持股计划草案全文,并以其作为投资决策的依据。

2.员工持股计划草案系苏宁云商集团股份有限公司依据《公司法》《证券法》《关于上市公司实施员工持股计划试点的指导意见》等有关法律、行政法规、规章、规范性文件和《公司章程》的规定制定。

3.员工持股计划草案获得股东大会批准后,本员工持股计划将委托安信证券股份有限公司设立安信-苏宁众承定向资产管理计划,通过二级市场购买等法律法规许可的方式取得并持有苏宁云商股票。

4.参加本员工持股计划的员工总人数不超过1,200人,具体参加人数根据员工实际缴款情况确定。

5.本员工持股计划的资金来源为公司员工的合法薪酬和通过法律、行政法规允许的其他方式取得的资金,具体包括:

(1)公司员工的自筹资金;

(2)公司控股股东张近东先生拟以其持有的部分苏宁云商股票向安信证券股份有限公司申请质押融资取得资金,向员工持股计划提供借款支持,借款部分与自筹资金部分的比例为3:1。

本员工持股计划的资金总额不超过5.5亿元,具体金额根据实际出资缴款金额确定。

6.本员工持股计划涉及的标的股票数量约为7,161.46万股,涉及的股票数量约占公司现有股本总额的0.97%,累计不超过公司股本总额的10%,任一持有人持有的员工持股计划份额所对应的标的股票数量不超过公司股本总额的1%。

员工持股计划持有的股票总数不包括员工在公司首次公开发行股票上市前获得的股份、通过二级市场自行购买的股份及通过股权激励获得的股份。

员工持股计划草案对于本员工持股计划涉及的标的股票数量的测算,是以员工持股计划资金总额上限为基础,并以标的股票2014年9月2日收盘价7.68元作为本员工持股计划全部股票平均买入价格的假设前提下计算得出。最终标的股票的购买情况目前还存在不确定性，将对本员工持股计划最终持有的股票数量产生影响。

7.公司董事会对本员工持股计划进行审议通过后，公司将发出召开股东大会通知，审议本员工持股计划，本员工持股计划经公司股东大会批准后方可实施。

8.公司审议本员工持股计划的股东大会将采取现场投票与网络投票相结合的方式。公司将通过深圳证券交易所交易系统和互联网投票系统向公司股东提供网络形式的投票平台，股东可以在网络投票时间内通过上述系统行使表决权。

9.本员工持股计划实施后，将不会导致公司股权分布不符合上市条件要求。

释 义

在本文中，除非文义另有所指，下列简称特指如下含义：

苏宁动商、本公司、公司	指	苏宁云商集团股份有限公司
员工持股计划、本员工持股计划	指	苏宁云商集团股份有限公司 2014 年员工持股计划
员工持股计划草案	指	《苏宁云商集团股份有限公司 2014 年员工持股计划(草案)》
持有人	指	出资参加本员工持股计划的公司员工
持有人会议	指	员工持股计划持有人会议
管理委员会	指	员工持股计划管理委员会
《员工持股计划管理办法》	指	《苏宁云商集团股份有限公司 2014 年员工持股计划管理办法》
高级管理人员	指	苏宁云商总裁、副总裁、财务负责人、董事会秘书和《公司章程》规定的其他人员
资产管理机构、安信证券	指	安信证券股份有限公司
定向资产管理计划	指	安信-苏宁众承定向资产管理计划
标的股票	指	苏宁云商股票
中国证监会	指	中国证券监督管理委员会
深交所	指	深圳证券交易所
登记结算公司	指	中国证券登记结算有限责任公司深圳分公司
元、万元、亿元	指	人民币元、人民币万元、人民币亿元
《公司法》	指	《中华人民共和国公司法》
《证券法》	指	《中华人民共和国证券法》
《指导意见》	指	《关于上市公司实施员工持股计划试点的指导意见》
《公司章程》	指	苏宁云商集团股份有限公司《公司章程》

本文的部分合计数在尾数上可能因四舍五入存在差异。

一、员工持股计划的目的、基本原则

公司依据《公司法》《证券法》《指导意见》等有关法律、行政法规、规章、规范性文件和《公司章程》的规定，制定了员工持股计划草案。

员工持股计划的基本原则如下：

1.依法合规原则

2.自愿参与原则

3.风险自担原则

二、员工持股计划的参加对象及确定标准

公司中高层管理人员对公司战略转型的落地执行起到了很重要的作用，因此本员工持股计划的参加对象涵盖了公司线上线下运营管理、商品经营、物流、服务等业务体系中高层人员，以及技术开发体系、职能管理体系的中高层人员。员工持股计划的参加对象及确定标准为符合以下条件之一的公司员工：

1.公司董事、监事和高级管理人员；

2.公司正经理级部门负责人及以上岗位人员；

3.公司正经理级及以上店长人员；

4.公司正经理级及以上信息技术员工；

5.公司认可的有特殊贡献的其他员工。

符合条件的员工按照依法合规、自愿参与、风险自担的原则参加本员工持股计划。参加本员工持股计划的员工总人数不超过 1,200 人，具体参加人数根据员工实际缴款情况确定。

参加本员工持股计划的公司董事、监事和高级管理人员包括：监事李建颖、汪晓玲、华志松及财务负责人肖忠祥。公司董事孙为民、金明、任峻、孟祥胜已于 2013 年增持公司股票，不参加本员工持股计划。

三、员工持股计划的资金来源、股票来源和规模

(一)员工持股计划的资金来源

本员工持股计划的资金来源为公司员工的合法薪酬和通过法律、行政法规允许的其他方式取得的资金，具体包括：

1.公司员工的自筹资金；

2.公司控股股东张近东先生拟以其持有的部分标的股票向安信证券申请质押融资取得资金，向员工持股计划提供借款支持，借款部分与自筹资金部分的比例为 3:1。

本员工持股计划的资金总额不超过 5.5 亿元，具体金额根据实际出资缴款金额确定。参加本员工持股计划的监事李建颖、汪晓玲、华志松及财务负责人肖忠祥合计出资总额为 360 万元(含自筹资金及借款)。

(二)员工持股计划涉及的标的股票来源

员工持股计划草案获得股东大会批准后，本员工持股计划将委托安信证券设立定向资产管理计划，通过二级市场购买等法律法规许可的方式取得并持有标的股票。

(三)员工持股计划涉及的标的股票规模

本员工持股计划涉及的标的股票数量约为 7,161.46 万股，涉及的股票数量约占公司现有股本总额的 0.97%，累计不超过公司股本总额的 10%，任一持有人持有的员工持股计划份额所对应的标的股票数量不超过公司股本总额的 1%。员工持股计划持有的股票总数不包括员工在公司首次公开发行股票上市前获得的股份、通过二级市场自行购买的股份及通过股权激励获得的股份。

员工持股计划草案对于本员工持股计划涉及的标的股票数量的测算，是以员工持股计划资金总额上限为基础，并以标的股票 2014 年 9 月 2 日收盘价 7.68 元作为本员工持股计划全部股票平均买入价格的假设前提下计算得出。最终标的股票的购买情况目前还存在不确定性，将对本员工持股计划最终持有的股票数量产生影响。

四、员工持股计划的存续期和所涉及的标的股票的锁定期

(一)员工持股计划的存续期

1.本员工持股计划的存续期为 30 个月，自员工持股计划草案通过股东大会审议之日起算。

2.本员工持股计划的存续期届满前，经出席持有人会议的持有人所持 2/3以上份额同意并提交公司董事会审议通过后，本员工持股计划的存续期可以延长。

(二)员工持股计划所涉及的标的股票的锁定期

1.安信证券受托管理的定向资产管理计划通过二级市场购买等法律法规许可的方式所获标的股票的锁定期为 12 个月，自公司公告标的股票登记过户至定向资产管理计划名下之日起算。

2.本员工持股计划将严格遵守市场交易规则，遵守中国证监会、深交所关于信息敏感期不得买卖股票的规定。

五、存续期内公司融资时员工持股计划的参与方式

本员工持股计划存续期内，公司以配股、增发、可转债等方式融资时，由资产管理机构和管理委员会商议是否参与融资及资金的解决方案，并提交持有人会议审议。

六、员工持股计划的变更、终止及持有人权益的处置

(一)员工持股计划的变更

存续期内，员工持股计划的变更须经出席持有人会议的持有人所持 2/3 以上份额同意，并提交公司董事会审议通过。

(二)员工持股计划的终止

1.本员工持股计划存续期满后自行终止；

2.本员工持股计划的锁定期满后，当定向资产管理计划所持资产均为货币资金时，本员工持股计划可提前终止。

(三)持有人权益的处置

1.存续期内，持有人所持有的员工持股计划权益不得退出或用于抵押、质押、担保、偿还债务。

2.存续期内,持有人所持有的员工持股计划权益未经管理委员会同意不得转让,未经同意擅自转让的,该转让行为无效;但发生如下情形之一的,公司有权取消该持有人参与本员工持股计划的资格,并将其持有的员工持股计划权益按照其自筹资金部分原始出资金额强制转让给管理委员会指定的具备参与本员工持股计划资格的受让人:

(1)持有人辞职或擅自离职的;

(2)持有人在劳动合同到期后拒绝与公司或子公司续签劳动合同的;

(3)持有人劳动合同到期后,公司或子公司不与其续签劳动合同的;

(4)持有人因违反法律、行政法规或公司规章制度而被公司或子公司解除劳动合同的;

(5)持有人出现重大过错或业绩考核不达标而被降职、降级,导致其不符合参与本员工持股计划条件的。

3.存续期内,当发生如下情形时,持有人所持权益不作变更:

(1)职务变更

存续期内,持有人职务变动但仍符合参与条件的,其持有的员工持股计划权益不作变更。

(2)丧失劳动能力

存续期内,持有人丧失劳动能力的,其持有的员工持股计划权益不作变更。

(3)退休

存续期内,持有人达到国家规定的退休年龄而退休的,其持有的员工持股计划权益不作变更。

(4)死亡

存续期内,持有人死亡的,其持有的员工持股计划权益不作变更,由其合法继承人继承并继续享有;该等继承人不受需具备参与本员工持股计划资格的限制。

(5)管理委员会认定的其他情形。

七、员工持股计划存续期满后股份的处置办法

本员工持股计划存续期满后,若定向资产管理计划所持资产仍包含标的股票的,由管理委员会与资产管理机构协商确定处置办法。

八、员工持股计划的管理模式

本员工持股计划的内部管理权力机构为持有人会议。员工持股计划设管理委员会,监督员工持股计划的日常管理,代表持有人行使股东权利或者授权资产管理机构行使股东权利。公司董事会负责拟定和修改员工持股计划草案,并在股东大会授权范围内办理本员工持股计划的其他相关事宜。本员工持股计划委托安信证券管理。

九、资产管理机构的选任、协议主要条款

（一）资产管理机构的选任

公司选任安信证券作为本员工持股计划的管理机构，并与安信证券签订了《安信–苏宁众承定向资产管理计划管理合同》。

（二）资产管理协议的主要条款

1.资产管理计划名称：安信–苏宁众承定向资产管理计划

2.类型：定向资产管理计划

3.委托人：苏宁云商集团股份有限公司(代员工持股计划)

4.管理人：安信证券股份有限公司

5.托管人：招商银行股份有限公司深圳分行

6.投资目标：根据员工持股计划的约定进行主动管理，力争实现委托人资产持续稳健增值

7.管理期限：有效期自合同生效日起至合同终止日止。无固定存续期限，管理期限按员工持股计划的约定执行。

（三）管理费用计提及支付

1.认购/申购费：无。

2.退出费：无。

3.管理费：0.50%/年，管理费自资产运作起始日起，每日计提，按月支付；经资产管理人和资产托管人核对后，由资产托管人于次月首日起五个工作日内从委托资产中一次性支付给资产管理人。

4.托管费：0.05%/年，托管费自资产运作起始日起，每日计提，按月支付；经资产管理人和资产托管人核对后，由资产托管人于次月首日起五个工作日内从委托资产中一次性支付给资产托管人。

5.业绩报酬：不收取业绩报酬。

6.其他费用：委托资产投资运作中有关的税费从定向资产管理计划资产中支付，其中股票交易佣金按管理人有关经纪服务标准收取，其他税费收取按国家及交易所有关规定执行。

十、员工持股计划履行的程序

1.公司实施员工持股计划前，应通过职工代表大会等组织充分征求员工的意见。

2.董事会审议通过员工持股计划草案，独立董事和监事会应当就本员工持股计划是否有利于公司的持续发展，是否存在损害公司及全体股东的利益，是否存在摊派、强行分配等方式强制员工参与本员工持股计划发表意见。董事会在审议通过员工持股计划草案后的 2 个交易日内公告董事会决议、员工持股计划草案摘要、独立董事意见、监事会意见及与资产管理机构签订的资产管理协议等。

3.公司聘请律师事务所对员工持股计划出具法律意见书,并在召开关于审议员工持股计划的股东大会前公告法律意见书。

4.召开股东大会审议员工持股计划。股东大会将采用现场投票与网络投票相结合的方式进行投票,经出席股东大会有效表决权半数以上通过后,员工持股计划即可以实施。

十一、其他重要事项

1.公司董事会与股东大会审议通过本员工持股计划不意味着持有人享有继续在公司或子公司服务的权力,不构成公司或子公司对员工聘用期限的承诺,公司或子公司与持有人的劳动关系仍按公司或子公司与持有人签订的劳动合同执行。

2.公司实施本员工持股计划的财务、会计处理及税收等事项,按有关财务制度、会计准则、税务制度的规定执行。

3.本员工持股计划的解释权属于公司董事会。

苏宁云商集团股份有限公司

董事会

2014 年 9 月 4 日

来源:苏宁官网(www.suning.cn)。

三、仿真实验

(一)实验目的

1.认识计划工作的重要性。

2.了解战略计划、战术计划、业务计划之间的内在关系,熟悉企业各职能计划的格式、内容和作用。

3.掌握制订企业各种计划的方法。

4.提高编制计划的水平和能力。

(二)实验背景

1.理论背景

计划工作是全部管理职能中最基本的一个职能, 它与其他四个职能有密切的联系。因为计划工作既包括选定组织和部门的目标,又包括确定实施这些目标的途径。主管人员围绕着计划规定的目标,去从事组织工作、人员配备、指导与领导以及控制工作等活动,以达到预定的目标。为使组织中各种活动能够有节奏地进行,必须有严密、统一的计划。从提高组织的经济效益来说,计划工作是十分重要的。

任何计划工作的程序,即工作步骤都是相似的,依次包括以下内容:

(1)估量机会;

(2)制定目标;

(3)确定计划工作的前提条件;

(4)拟订可供选择的方案;

(5)评价各种备选方案;

(6)选择方案;

(7)制订辅助计划;

(8)通过预算使计划数字化。

2.模拟公司背景

结合模拟公司的战略方案,搜集必要的各种信息,准备计划工作的开展。

(三)实验过程

1.估量机会。

2.制定目标。

3.确定计划工作的前提条件。

4.拟订可供选择的方案。

5.评价各种备选方案。

6.选择方案。

7.制定辅助计划。

8.通过预算使计划数字化。

重点制订以下计划:生产经营计划、采购计划、财务计划、人力资源计划和营销计划。

(四)实验小结

1.实验总结

以实验小组为单位,总结模拟公司的计划体系,预测各项计划实施后的效果。

2.思考题

(1)简述编制计划应遵循的原则。

(2)计划编制包括哪几个阶段的工作?

第五章　组织设计

一、理论重温

(一)组织和组织结构

组织是由结构、人与信息构成的互相联系的复杂的工作系统。

组织构成的基本要素及其含义如表5-1所示。

表5-1　组织构成的基本要素及含义

基本要素	含义
组织目标	共同的目标
组织人员	两个及两个以上的人
组织结构	有机的系统

组织结构设计的程序:确定组织目标;确定业务内容;层次化与部门化;配备职务人员;确定职责权限;协调运行。

(二)组织职能的相关概念

1.管理幅度

管理幅度也叫管理跨度、管理宽度,是指管理者直接和有效地管辖下级人员的数量。

2.组织扁平化

组织扁平化就是通过破除公司自上而下的垂直高耸的结构、减少管理层次、增加管理幅度、裁减冗员来建立一种紧凑的横向组织,达到使组织变得灵活,敏捷,富有柔性、创造性的目的。它是未来组织发展的趋势。

3.集权与分权

集权与分权反映了组织的纵向职权关系，其意思是指组织中决策权限的集中与分散程度。所谓集权是指决策权在组织系统中较高层次上一定程度的集中;与此相对应，分权是指决策权在组织系统中较低层次上一定程度的分散。在组织管理中,集权和分权是相对的,绝对的集权或绝对的分权都是不可能的。

4.授权

授权就是管理者将本属于自己的一部分权力临时性地授予下属的过程。

(三)组织职权的表现形式

组织职权的类型如表5-2所示。

表5-2　组织职权的类型

职权类型	概　念
直线职权	直线职权是直线人员所拥有的发布命令、做出决策及执行决策的权力,通常人们称为决策指挥权。
参谋职权	参谋职权是某项职位或某部门(参谋)所拥有的辅助性职权。包括提供咨询、建议、指导、协助、服务和顾问权等。
职能职权	职能职权是指参谋人员或某部门的主管人员所拥有的原属直线主管的那部分权力。

(四) 典型的组织结构

典型的组织结构如表5-3所示。

表5-3　典型的组织结构

组织结构类型	特征	优点	缺点
直线制	组织职位按照垂直系统直线排列,各级主管对自己的下级拥有直接的一切职权。	形式简单、命令统一、指挥及时、责任与权限分明。	要求管理者通晓多种专业知识，亲自处理许多业务比较困难。
直线职能制	以直线为基础,下设相应的职能部门,实行主管统一指挥与职能部门参谋、指导相结合的组织结构形式。	既能保证指挥命令的统一性,又能发挥各专业人员和部门的职能。	协调配合有困难，职能部门之间分工不清，推诿扯皮,效率低,职能部门容易出现职权越位等问题。
事业部制	统一政策;分散经营;自负盈亏;风险自担。	战略系统性强;专业化生产;实行独立核算更能发挥下级经营管理的积极性;灵活适应外部变化。	有可能产生本位主义;机构设置重复、管理成本上升;各事业部争夺资源,易发生内耗,协调困难。
矩阵制	双重领导;横向制约;矛盾凸显;风险可控。	加强了横向联系;专业人员和专用设备充分利用;具有较大的机动性,资源利用率高。	成员有临时观念，责任性不够强;双重领导，容易导致管理混乱,协调难度大,管理成本高。
团队	自主性、思考性、协作性。	成员凝聚力强;较强的适应性;产生较大的合力。	稳定性较弱,协调难度大。

二、案例导入

(一)百事公司

1.百事公司的全球新组织架构

百事公司2007年12月宣布对其组织结构进行战略调整，以使公司能够继续保持强劲增长势头,并更加充分地发挥高级领导人员的才能。

百事公司董事长兼首席执行官卢英德(Indra Nooyi)表示:“由于百事公司近年来的有力增长,我们正在达到一种空前的规模,此时将两个运营部门改为三个可以更好地对业务进行管理。”她补充说:“新创建的部门跨越北美和国际市场,既有发达市场,又有发展中市场,不仅使我们能够更好地共享我们北美与国际业务的好经验,同时也为我们的高级主管人员提供了一个宝贵的发展机会。”

百事公司此前由百事北美公司和百事国际集团组成，现在划分为三个主要运营部门:

(1)百事美洲食品公司(PAF)——其中包括菲多利北美、桂格食品以及全部拉丁美洲食品和休闲食品业务(包括墨西哥的Sabritas和Gamesa业务)。现任百事北美公司首席执行官的约翰·康普顿(John Compton)将担任PAF首席执行官,他是在公司供职24年的资深人士。

(2)百事美洲饮料公司(PAB)——其中包括百事可乐北美、佳得乐、纯果乐和全部拉丁美洲的饮料业务。现任百事国际集团商业执行副总裁的Massimo d'Amore将担任PAB首席执行官,他在百事公司管理层有13年的任职经验。

(3)百事国际集团(PI)——其中包括百事公司在英国、欧洲、亚洲、中东和非洲的全部业务。百事公司副董事长兼百事国际集团首席执行官白怀民(Mike White)将继续领导这个部门。他还将负责百事公司全球的两个战略职能部门:采购和信息技术,包括百事公司的业务改革计划。此外,他还将在百事公司的领导能力开发计划方面密切配合董事长兼首席执行官卢英德的工作。

按形式上的统计,2007年前三个季度,PAF的营业收入占百事公司总收入的45%左右,PAB约占30%,PI约占25%。

作为机构变化的一部分，现任百事公司运营执行副总裁休·约翰斯顿(Hugh Johnston)将担任百事可乐北美公司总裁,他是百事公司一名任职18年的资深管理人士。他将接替百事可乐北美公司现任首席执行官兼总裁道恩·赫德森(Dawn Hudson)的职位,赫德森已决定到公司外另谋高就。

管理层的这些任免变更立即生效。百事公司2008财年完成了所有职责的过渡和隶属关系的改变。

卢英德说:“我深信新的组织结构在未来的岁月将帮助我们取得有力的最佳业绩和持续的两位数利润增长。作为首席执行官,同时也作为一名股东,有机会能与这些天才的领导者密切共事,我感到十分幸运:

白怀民(Mike White),百事公司副董事长。他将携其丰富多彩的全球领导经验、战略眼光和强有力的经营业绩纪录融入未来能够大展宏图的新角色。他是我在公司运营方面最亲密的伙伴,这次重组有他明智的建议和持续的支持可以依赖,我感到十分荣幸。

约翰·康普顿(John Compton)是一位了不起的管理人才,拥有高超的领导艺术和对业务的深刻了解,并具有建立杰出的客户关系的长期纪录。他在公司多个部门长达24年的供职经验是无价之宝,他将领导我们在全美洲的休闲食品和食品业务。

Massimo d’Amore是一位能够催人奋进的领导者,是当今百事公司最好的品牌建设者。他在百事国际集团担任过多项职位,包括拉丁美洲饮料地区总裁,也担任过公司的部门领导,曾任公司战略与发展部门负责人。他在全球饮料业务方面有广博的知识,包括品牌和装瓶业务。

休·约翰斯顿(Hugh Johnston)实际上在公司的各个部门都任过职,拥有优异的业绩纪录:曾在非多利业务部门任过职;曾任百事可乐特许开发行政官;曾任公司管理和行政与战略部主任;曾任北美饮料和食品首席财务官;曾任采购、IT和业务改革全球负责人。我完全相信他会顺利地过渡到PCNA的新职位。”

卢英德说道:“让我借此机会对道恩·赫德森(Dawn Hudson)表示感谢,感谢她在过去的11年中为百事公司做出了非凡的贡献。她是一位极富才华和激情的领导者,祝她在未来的工作中获得更好的成绩。”

2.百事公司的成功在于选好一位总裁

在20世纪80年代初期,麦肯锡公司的一位顾问比尔森当上了百事公司的全球总裁。

在比尔森的推动下,百事公司(包括百事可乐,肯德基、必胜客连锁店,Frito-Lay方便食品等)在5年内赢利积累增长20%,员工1985年到1992年增长一倍,总数超过30万,在全球的总销售额超过200亿美元。

(1)百事的用人标准

百事公司从各地高校中招收优秀的人才,给他们制定高难的目标,然后放开手让他们去发展,而且给予这些管理人员充分的肯定与信任,并不时时暗地里去检查他们。

百事公司选择人才有三个尺度——最聪明,最诚实,最具有推动力的实干精神。

一个管理人员在百事公司中生存下去并非易事,百事公司对管理人员的要求是“要么往上发展,要么往外走人”。非常聪明的人才,能量能得到百分之百的释放,有高速发展的事业阶梯和优厚的报酬待遇,让他们很早地承担重要的责任,在自己工作范围内有高度自由空间,以及和其他优秀的同事之间积极合作的工作环境。这些对百事公司的战略发展起到了极其重要的作用。

百事公司人才战略的核心是高度重视最后工作的结果。达到目标、有成效、有结果,在百事公司内便会不断地得到提拔。百事公司对于达不到目标的管理人员的容忍性是非常低的。如果工作的结果不见成效,那么这个人会很快地从企业中被淘汰出去。

(2)每人都有清晰、鲜明、高难的目标

企业从上到下都要有一个清晰的目标。企业要具备一个大的、宏观和令人激动的、不做出巨大的努力很难达到的目标。大的目标要和公司的每一个员工沟通,让大家能够同心协力实现这个目标。

要把这个大的目标分解成几个具体的中小目标,落实到每一个部门。中小的目标要同样做到清晰、鲜明和高难。

最关键的指标要高频地定期检查。以零售业为例,每一种产品, 在每一地区的销售量以及市场占有率等都要高频率地定期检查,关键指标也要不断地定期调整。

公司的每一个管理人员都要制定一个清晰、鲜明、高难的目标,企业的领导者定期与这些管理人员讨论和检查这些目标。每一个人的目标一定要与企业的中小目标挂钩。

百事公司的每一个部门都严格遵循公司的统一的效益管理方式,包括年计划、战略和组织结构策划以及人事管理等等。总销售额是最关键的高频率检查的目标。公司每个星期的销售额都会做成报告在公司内传阅, 从总裁到所有的管理人员都仔细地研究和商讨问题的所在。

每个部门都制定一个“有结构的责任制”。举例来说,对于销售部门,有结构的责任制包括赢利率、市场占有率、产品价位、新产品的行情以及人员管理;对于生产部门,有结构的责任制包括产品质量、产品的成本控制以及人员管理。总公司有一个明确的总目标,而每个部门的目标都直接影响这个总目标。百事公司的每一个员工(包括管理人员在内)每年都制定3~5个非常明确的目标。

每个员工的这些目标是公司的总目标的基石, 可以把这些小的目标比喻成小网。如果没有这些一个个的小网,公司的大目标——这个大网是编不成的。

(3)强力执行目标手段要硬

一、定期严格地评估工作人员的手段要硬

第一,评估不是目的,而是手段。评估的目的是使工作人员了解自己的长处和短处,使之更有效地达到他(她)所制定的目标。

第二,评估可以分为正式与非正式两种形式。非正式的评估是为了随时给员工以激励,而正式的评估则是花时间、有系统、有条理地与员工进行沟通。

第三,一般的评估可每半年到一年进行一次。在员工新加入时,频率可适当增大。在正式评估以前一定要与员工进行沟通。使他们非常清楚地了解评估的内容以及对他们的期望等。正式的评估一定是书面的,且进入该员工的档案。

二、事业发展阶梯要硬

企业领导者要设计好一个合理且清晰的事业发展阶梯，并且让工作人员了解到事业发展阶梯是与达到预定的目标以及正式评估有紧密关联的。一个管理人员如果总是达到甚至超过目标,那么他(她)的事业发展将会加速进行。如果达不到目标,事业就会停滞不前。

三、报酬与奖金制度要硬

报酬与奖金系统的根本原则是以个人的表现为根本。具体的表现为：

第一,员工的基本工资在同行中处于中等或上等。而收入的另一部分是奖金，完全是由个人的具体表现来确定的。

第二,随着员工的职位不断提高以及他们的责任不断增加,他们的基本工资占全部收入的百分比也要不断地降低。而奖金的占有率是不断上升的。

在美国和欧洲大的跨国公司中,总裁的奖金数额远远地超过他们的基本工资。这样做的目的是把个人的收入和报酬与企业的效益紧紧地联系起来。

与事业发展阶梯相同,报酬与奖金要与正式评估直接挂钩。

员工的奖金有5%至25%不等,它与个人的表现和成就有直接关系。

百事公司还根据员工职位和表现向员工授予公司的股份，这样就把员工的积极性和自己的利益与公司的效益直接挂钩。

四、淘汰人员手段要硬

对于一贯不能完成目标的人员要从企业中淘汰出去。在领导岗位上,这种人对企业的危害是比较大的,至少要把他们从领导岗位调离,把他们架空起来。淘汰人员,对于那些不能达到目标的人是最后的、也是最强有力的手段。流水不腐,户枢不蠹。“旧的不去,新的不来。”

百事公司对员工每年进行一次评估。评估结果分为四类:表现突出的;值得表扬的;表现一般的;表现差的。评估主要依据为员工的具体表现与其目标之比较。人事部对每个部门人员的评估作一个统计,如果这个部门达到规定的目标的话,那么这个部门得到表扬，而且有突出表现的人员所占的比重就多一些。表现差的,或完成不了目标的人员被开除出去或自动离职。在百事公司中大约有百分之三的员工得到“表现差”的年终评语。这些人限定在3到4个月内改正过失。如果他们的表现没有很明显的提高,他们便会被立刻解雇。

(二)苹果公司

苹果公司组织结构分析

苹果公司简介

苹果公司,原称苹果电脑公司,英文名Apple,Inc,由乔布斯·斯蒂夫、沃兹尼亚克和Ron Wayn在1976 年创立。苹果股份有限公司总部位于美国加利福尼亚的库比提诺,核心业务是电子科技产品。自成立以来,其在电子科技产品领域一直处于全球领先地位,包括Macintosh电脑、iPod音乐播放器、iTunes商店、iPhone手机和iPad平板电脑等在内的电子科技产品更是在近年来风靡全球。2011年2月,苹果公司打破诺基亚连续15年销售量第一的地位,成为全球第一大手机生产商。2011年8月10日苹果公司市值超过埃克森美孚,成为全球市值最高的上市公司。

苹果公司的组织结构图

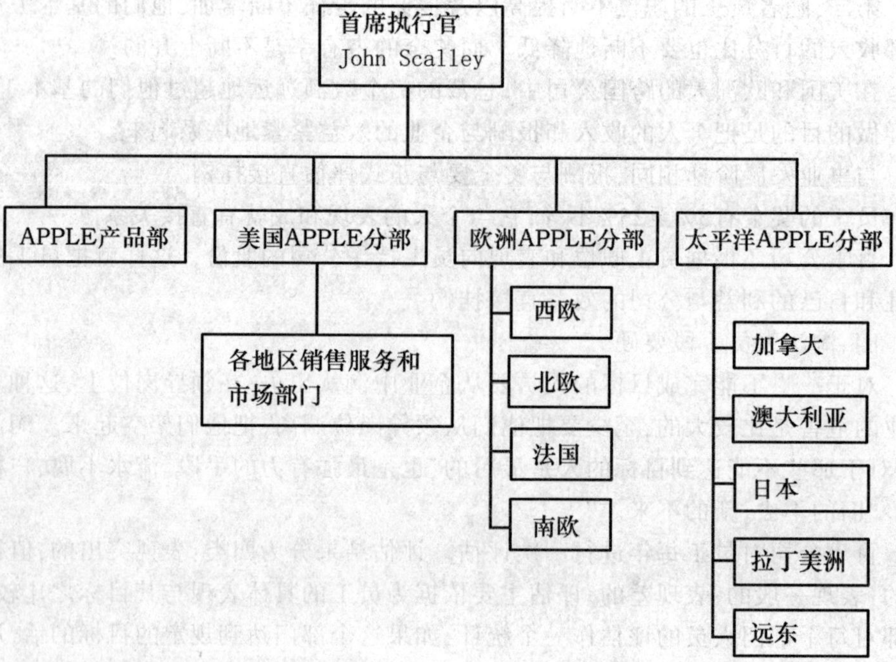

苹果公司组织结构设置原则

1.简约不简单,精简机构

简约是苹果组织结构的关键。苹果没有委员会,整体管理的概念在这里不受欢迎,只有一个人——首席财务官——掌握“损益表”,对造成盈亏的费用开支负责。

2.环状沟通,减小管理幅度

管理层各部门直接与首席执行官乔布斯相连, 底层员工再直接与各管理层相连。这样一来,公司CEO处于信息传递的核心,一旦有任务下达,公司可以以最快的速度告知职员。

3.快速传递信息,迅速反应

对苹果来说,由于有着简约的组织结构,所以苹果这个庞大的公司能够迅速地采取行动和信息传递。

4.因人设职,权责分明

苹果公司从来不把公司损益情况当作管理人员的业绩凭证, 每个员工只用专注于自己的责任。公司的每个员工的职责都分得非常清楚,正是这样使公司内部管理井井有条且充满活力。

5.因地制宜,分区管理

苹果公司的市场庞大,采取分区管理更有利于总部因地制宜,为不同的地区制定不同的管理方案等。

苹果公司组织结构的优点

1.适应不稳定环境下的高度变化。

2.清晰的产品责任和联系环节以及迅捷的服务实现顾客满意。

3.跨职能的高度协调。

4.使各分部适应不同的产品、地区和顾客,从而提高顾客的满意程度。

5.决策分权。

6.提高各分支机构的自主权,采取灵活的营销策略。

7.简化对企业具体经营事务的管理,使之更专注于公司的战略决策和战略规划,以及核心产品的研发。

8.有利于地区性分支机构的独立经营成长,强化市场的针对性竞争意识。

9.简约的组织结构使各个部门之间职责分明

苹果公司组织结构的缺点

1.难以适应产品的多样化要求。

2.容易产生同一公司产品的不同定价水平以及差别化市场营销策略,这样会影响公司形象的统一,使跨国公司的一体化程度受到影响。

3.各区域分支结构各自为政,相互分割,争夺资源,缺乏相互协调和沟通,产生地区利益和总体利益的冲突。

4.机构设置重叠,管理成本增加。

5.导致产品线之间缺乏协调。

6.失去深度竞争和技术专门化。

7.易滋生地区本位主义而忽视全球战略。

8.失去了职能部门内部的规模经济。

9.导致了产品责任和联系环节不够全面。

来源: http://wenku.baidu.com/view/7c701ed3360cba1aa811da0d.html?re=view

(三)吉利控股集团

吉利控股集团沃尔沃全球总部及中国区管理组织构架

◆ 全球总部负责产品开发、制造、采购和质量的几位高级副总裁以及特殊车辆部门的主管将直接汇报给首席执行官斯蒂芬·雅克布。

◆ 沈晖被任命为沃尔沃汽车全球高级副总裁兼沃尔沃汽车中国区董事长,将负责中国区的生产和商业运营等。

◆ 童志远为沃尔沃汽车中国区首席执行官。

◆ 柯力世 (Alexander Klose)为沃尔沃汽车中国销售公司首席执行官。

◆ 王召兴为沃尔沃汽车中国区总裁。

◆ 现任沃尔沃汽车托斯兰达工厂总经理拉尔斯·丹尼尔森(Lars Danielson)将担任沃尔沃汽车中国区负责工业系统的副总裁。

除了全新的组织构架,沃尔沃汽车中国区在2010年9月发布了"DRIVE绿色驾控战略",阐述了今后沃尔沃汽车中国区创新产品与科技的发展方向。根据这一战略,沃尔沃汽车今后将向中国引入更多配备创新动力总成科技、兼具驾驶乐趣与绿色环保的高效车型。

集中与放权

在中国区总部成立后,原仅向沃尔沃瑞典总部汇报工作的沃尔沃中国销售公司,现在成了沃尔沃中国区总部下属的业务部门,并进行重新定位,仅负责中国区业务中的销售、市场和客服,未来将同时向中国区和瑞典双线汇报工作。一旦沃尔沃国产计划正式实施,沃尔沃中国销售公司未来或许向瑞典总部方面主要汇报进口车业务。

2010年10月份开始,沈晖被任命为沃尔沃全球高级副总裁和中国区董事长,童志远被任命为沃尔沃汽车中国区CEO,从海尔加盟吉利的王召兴将担任沃尔沃汽车中国区总裁,沃尔沃汽车托斯兰达工厂原总经理拉尔斯·丹尼尔森(Lars Danielson)担任沃尔沃中国区负责工业系统的副总裁。原中国销售公司首席执行官柯力世回归福特,其职位由曾在沃尔沃汽车全球销售与市场部门任职多年的施瑞翔(Richard Snijders)接任。

值得肯定的是,相对于国内其他车企,沃尔沃的运营团队的激励机制是最完善的。沈晖之前谈到沃尔沃被吉利收购后的优势时指出,李书福将会带给沃尔沃管理层更多的企业家精神影响,包括充分的授权及股权期权等物质激励。

沈晖表示,吉利能带给沃尔沃一种企业家精神,包括做事灵活,决策流程快,对市场适应能力很强,不管有什么问题、有多大困难都会坚持向前走。"这种企业家精神,以前我在菲亚特时感觉很强烈,现在吉利也是一样。这是家族企业的优势所在。"沈晖此前曾任菲亚特中国区总裁一职。

对于中国区职能部门，沃尔沃采取矩阵式的管理方式。史蒂芬·雅克布表示，“中国总部是全功能的总部，与瑞典的总部有直接汇报的关系”。无论是销售制造还是研发，都是总部下属的分支机构，总部有权力来做出最后的判断。

在这种模式下，总部和本地业务关系的一个关键问题就是决策权。总部参与本地战略和运营决策的程度到底应该有多少？总部应该侧重提供支持还是发布指令？总部给予地方运营团队多大的财务和预测决策权仍属于关注的焦点。

为了实现本土化目标以及未来的增长，沃尔沃中国区必须招聘、培养和保留整个价值链所急需的主要人才。

然而在组建中国团队的过程中，沃尔沃也并非一帆风顺。由于将中国总部确立在上海嘉定，很多上汽集团旗下人员纷纷跳槽到沃尔沃中国区，引起上汽高层不满，并写信给上海市政府，要求“某公司”停止挖墙脚的不正当竞争行为。

沈晖的新考验

出任沃尔沃轿车全球董事、高级副总裁兼沃尔沃中国区董事长，沈晖在享受荣耀的同时，也承担着巨大的压力：一方面潜伏在沃尔沃总部，负责沟通沃尔沃与中国区的需求与差异；另一方面，沈晖必须尽快学习汽车企业国际化运营经验，建立以其为首的本土化国际运营团队，以备将来不时之需。而国际化人才从哪里来，也需要沈晖去费思量。

沈晖本人在美国两个硕士毕业后，开始在工厂做管理，再逐步到担任跨国公司中国区总经理。也有过独立管理一家公司并将其扭亏为盈的经历：在沈晖加入博格华纳出任中国区总经理时，它在中国的3家公司都亏损，到他2007年前离开博格华纳时，它在中国的好几个工厂都有过亿元的盈利。

之后，沈晖在菲亚特中国做了两年多，期间菲亚特也正好在经历全面复兴的关键阶段。沈晖直言自己在里面学到了不少东西。“菲亚特集团的二号人物艾大伟是我的直接老板，菲亚特收购克莱斯勒也是由他主导的。因为当时我也是‘菲亚特全球领导委员会’的成员，期间参与讨论过如何收购、整改、扭亏克莱斯勒。”

沈晖表示，菲亚特完成收购克莱斯勒后，只派驻不到10个人过去，关键依赖克莱斯勒原有管理团队，给他们充分授权，并和他们一起制定清晰的发展目标。“这会给我们管理沃尔沃带来一些启发。我将来也会组建一个团队，去支持沃尔沃现有管理层的运营。我们现在的团队包括南阳、童志远等重量级人物，大家都拥有在跨国公司或合资公司丰富的工作经验。”

沃尔沃中国区运营团队与其全球管理团队之间，必然存在诸如技术与产品引进、品牌定位等繁杂的沟通事宜。沈晖作为中间人与管理者，必须一方面满足中国运营团队的需求，另一方面又不能让瑞典方面感觉他在干扰沃尔沃的独立性。

这需要沈晖拿出高超的谈判技巧与斡旋能力，Freeman（沈晖的英文名）能否让双方都真正感受到free（自由、灵活）？难度不小。

(四)苏宁云商

苏宁逆势开店互联网化 打造O2O布局大苏宁

无论是互联网实体店的打造,还是"双线同价"策略的推出,都被认为是苏宁布局"店商+电商+零售服务商"新模式的重要两步棋。

苏宁近来颇有点摩拳擦掌的气势。继2013年5月入驻拉萨,收官全国连锁布局,推广互联网化实体店后,6月8日,苏宁又宣布推出线上线下同价策略。

"我们必须要有顽强的斗志,双线同价的实施,意味着苏宁同时开辟两个战场、同时打响两场战役,面对复杂的环境、残酷的竞争,苏宁要以我为主、高举高打,绝不能把同价战略的实施混同于阶段性的促销,陷入无谓的价格战、口水战之中。"苏宁云商董事长张近东在6月6日晚出战前动员会上发表的这段话,颇具鼓动性。

而这先后两次引发关注的举动,也被认为是"苏宁电器"自2013年2月份更名"苏宁云商"以来,布局"店商+电商+零售服务商"新模式的重要两步棋。现在的苏宁,越来越有点像互联网公司了。

逆势开店只为互联网化?

到2020年,苏宁要开设3500家实体店,这是苏宁在2011年的新十年规划中提出的明确目标。在传统零售商因销售收入下滑,租金、人工等成本费用上升纷纷收缩实体店的背景下,苏宁这一举措颇为独特。

不过,在苏宁看来,他们的实体店扩张模式并不是传统意义上的简单扩张,更多的是对其进行优化升级,打造互联网化的门店。具体包括以下两方面:

一方面,门店的功能要从销售职能更多地向展示、体验、服务职能延伸。比如通过展示屏、二维码等技术进行商品虚拟出样,并将商品参数、顾客评价等内容展示给消费者;加大新品出样、真机出样、品牌专区布展等,增强门店体验功能;门店承担线上线下正逆向物流的功能,设立售后服务中心,设立虚拟产品、生活服务配套专区,提升服务能力。

另一方面,门店的运营方式要互联网化。比如增加本地化的营销、社交化的传播。目前,苏宁门店已经开始推动营业员利用微博、微信发展会员、开展营销,真正拥抱互联网。同时,对门店的考核不仅计算店面里发生的销售,还包括门店周边辐射区域里所有线上的销售。

在此基础上,实体店的具体形态也会发生变化。据介绍,未来苏宁门店将以超级店、地区旗舰店两种形态为主。在一、二线经济发达城市调整门店区位,关闭低效的社区店、中心店等,开设超级店;在经济发达的三、四级市场,加强市场纵深渗透,以地区旗舰店为这一市场的主要门店形态。

换言之,苏宁正试图通过将实体店互联网化加快发展O2O融合零售模式。一方面把实体店给消费者提供的展示、体验、服务等,与网上购物中间的随时随地的便利性有机结合起来，同时两个平台又共享同样的库存、商品、物流、服务。

“三年前，网上开发一个新客户的成本是60~70元，现在已经涨到200~300元”，在苏宁云商副董事长孙为民看来，线上线下的融合，也是优化成本核算的一个必然趋势，“以前，店面人员很排斥网购，但是现在我们将网络销售等算入他们的个人考核之后，他们也开始拥抱互联网，用微博、微信等手段发展用户。所以说，这样的融合不是简单的双渠道的融合，而是真正意义上一个公司的全渠道、全成本核算的融合”。

“双线同价”解决方案何在？

值得关注的是，对于苏宁这样线上线下“两条腿走路”的复合型零售企业，要想发展所谓的O2O融合零售模式，线上线下的价格差异是不可忽略的问题。也正是基于此，苏宁提出了“双线同价”的策略。用张近东的话说，这是“苏宁转型云商的根本性突破”。

“我们明确地承诺，在同一个地区遵循商品品类100%相同，商品价格100%趋同；如果出现阶段性的不一致，就低不就高。”孙为民强调。这里的“同一个地区”，是指同一个商品的库存和物流辐射区域。也就是说，苏宁的同价并非指全国线上线下一个价。

关于“因地制宜”的同价策略，孙为民的解释是，苏宁是以DC为中心来做到同价的。据他介绍，苏宁的家电品类现在在全国拥有58个DC，百货类则有4个DC，每一个DC里面覆盖的品类都是同价的。

事实上，早在2012年8月15日的时候，苏宁就曾将北京作为试点，在3C品类上进行“线上线下同价”的推广。据苏宁云商总裁金明透露，试点后，3C产品的总体业绩增长是以往的4~5倍。不过，有业内人士指出，苏宁当时的同价，其实并未进行实质性推广，而是采用了一些讨巧的方式，比如线上线下型号不同，并推出不同的配置组合。

时隔一年，苏宁开始推广全面同价的计划。“这一体系是非常庞大的，关系到我们供应商的整合、系统的切换、物流体系的调整等，所以我们也花了近半年的时间做准备。”孙为民如是说。

有业内人士分析称，苏宁的同价策略实质上还是要与同行比低价。他说：“苏宁这一策略的目的，是要通过线下低价吸引更多的客流。但电商行业基本都是实行库存物流辐射区域定价，如果他的同价不在行业中具有价格竞争力，那就毫无意义。”孙为民的话无疑也证实了这一观点。他表示，在90%以上的常规商品经营中间，苏宁的价格一定要有竞争力。但他也强调，苏宁不会去盲目跟进一些低价商品。

实际上，在最初进行组织架构的调整时，苏宁就已经明确认识到，线上线下两个渠道的融合，最后的瓶颈实际上是同价问题。因此，苏宁很早就开始和供应商进行深度的沟通，征求供应商的认可。

新盈利点就是答案?

“苏宁是从理念到行动,到财务,再到投入产出,以及考虑问题的角度和方式,都进行了全新的转变”,苏宁云商高级副总裁任峻表示,只要了解了苏宁的这一变革,就不会简单地用“门店赚不赚钱,互联网赚不赚钱”这样的指标去衡量了。

“对苏宁来讲,过去的连锁模式,在互联网的时代,受到电商模式的冲击和影响,这是必然的。但是不代表传统的连锁模式就不存在,也不代表传统的电商模式就是未来”,在他看来,苏宁提出的O2O零售模式,才是互联网时代的发展模式。

关于苏宁未来新的盈利点,孙为民给出的解释有以下三点:

平台展示价值。苏宁在过往的多年时间里,为供应商品牌提供展示平台,都没有形成自身的利润,或者这个利润是通过经销差价实现的。未来,苏宁会在平台价值展示上面进行更多的探索。

物流价值。通过为供应商提供人力资源、仓储运力、仓储空间等方面的服务来获取收益。

供应链价值。随着开放平台的建设,供应商数量会越来越多,那么对于供应商的金融服务本身就成为苏宁的一个能力要求。“我们现在的供应商大部分都是国内和国际上占有优势地位的供应商,我们与他们的合作全是预付款的形式。如果我们面向大量的中小供应商服务,供应链融资就可以成为我们的一个利润来源。”孙为民说。

尽管这些新的盈利点还未看到切实的成效,但在孙为民看来,未来,苏宁完全没必要拘泥于传统的方式来规避互联网、错位互联网,而应该全面融入、最后打造新的平台,开拓新的模式,这才是互联网新的发展方式。

“大苏宁”组织架构调整

针对O2O零售模式的打造,还有一个重要问题,那就是组织架构的重新梳理和调整。

2013年2月,苏宁在正式公布云商模式的同时,也公布了调整后的新组织架构。最大的变化是从矩阵式架构向事业部式转变。

在总部管理层面设立了连锁开发、市场营销、服务物流、财务信息、行政人事五大管理总部,负责战略规划、标准制定、计划管控,协调各经营事业群工作。

在总部经营层面,打造线上电子商务、线下连锁平台和商品经营三大经营总部,涵盖了实体产品、内容产品、服务产品三大类28个事业部,形成“平台共享+垂直协同”的经营组合,支撑线上线下融合发展和全品类拓展。强化了专业细分,赋予各业务单元更多的经营自主权和灵活性。

在大区层面,扁平化垂直管理、本地化自主经营是苏宁新组织的最大特点。2013年,苏宁把“大区—子公司—营运部”三级缩减为“大区—城市终端”两级管理,并大幅扩充大区和城市公司数量,增强区域化运营和本地化服务能力,提升运营效率。苏宁海内外大区数量从44个增至60个，城市终端由100多个增加至200多个，通过数量扩充和组织下沉，苏宁将增强全地域覆盖和精细化运营能力。

事实上，早在2009年，苏宁就已经开始启动营销变革，希望逐步实现商品品类、服务体验的融合。自2012年年底以来，苏宁围绕云商模式，实施了组织变革、系统开发等一系列内部变革。

首先是全渠道的融合。苏宁易购2013年年初从独立的电子商务公司和网购渠道，升级为苏宁网购平台。苏宁易购原有的商品采购、定价、供应职能，划归到28个商品事业部。苏宁易购既面对内部的28个事业部，也面对社会的供应商，提供引流服务和平台运营。苏宁28个商品事业部，同时面对线上线下两个平台，统一采购供应、统一销售定价。

其次是全资源的共享。在商品资源共享的基础上，苏宁线上线下在客户资源、物流资源、服务资源、数据资源等方面同步实现共享，确保内部资源在两大平台全面向供应商和消费者开放，实现内部资源使用效率的最大化，实现O2O融合模式的规模叠加效应。

第三是全成本的核算。融合后的苏宁店面和苏宁易购，不是作为两个割裂的成本效益中心独立考核，而是从事业部商品和属地化顾客两个完全融合协同的维度，分别核算产品和地区的销售、成本和效益，建立起多渠道融合的全成本核算机制。简言之，过去，苏宁的线上和线下是两个渠道、两个组织、两个品牌、两个运营体系；而现在，苏宁的线上和线下，则变成一个公司的两个窗口、两个平台，二者可以共享后台的存货、物流、信息和服务等资源。

资料来源：《成功营销》2013-07-18

三、仿真实验

(一)实验目的

1.了解组织工作设计的基本程序和原则。

2.把握实现企业目标和组织结构之间的关系。

3.掌握和熟悉确定组织类型与部门划分的基本方法。

4.理清组织中集权与分权、授权与分工、直线与参谋的对应关系。

(二)实验背景

1.理论背景

组织工作作为一项管理职能是指在组织目标已经确定的情况下，将实现组织目标所必须进行的各项业务活动加以分类组合,并根据管理幅度原理,划分出不同的管理层次和部门,将监督各活动所必需的职权授予各层次、各部门的主管人员,以及规定这些层次和部门间的相互配合关系。

彼德·德鲁克总结了组织工作的三种分析方法,对我们执行管理的组织工作职能有重要的参考意义。

(1)业务活动分析

主要分析组织为实现目标该有哪些活动。只有利用严密的业务活动分析,才能使主管人员明确必须执行哪些任务,哪些任务属于同一类,以及应该如何着重强调每项业务工作的轻重缓急。

(2)决策分析

主要分析在各项业务活动中有哪些种类的决策,这些决策的重要程度如何,应该由哪一层次、哪一部门或人员做出,以及各级主管人员参与决策的方式和程度等。

(3)关系分析

主要分析职权关系、职责关系、沟通关系等。

组织工作的成果之一就是形成了一个"组织结构",人们常说的"组织设计",指的就是组织结构的设计,因此,组织工作要回答或解决的基本问题就包括:

(1)决定管理宽度,从而引起组织机构分级的因素是什么?

(2)决定各种类型部门划分的因素是什么?各类基本部门划分的优缺点有哪些?

(3)在把各种业务工作指令下达给既定部门时,要注意哪些因素?

(4)在一个组织中存在着哪些职权关系?

(5)为什么应该把职权分散到整个组织结构的各个部分?确定分散程度的因素是什么?

(6)委员会在组织中处于什么地位?

(7)经理应该如何把组织理论应用到实际工作中?

2.模拟公司背景

根据模拟公司的战略方案和各项计划,准备开展组织设计工作。

(三)实验过程

1.确立模拟公司组织构架。

2.定岗定编:确定模拟公司各部门的职责职权。

3.定员:配置模拟公司各部门的管理人员及工作人员。

重点做好以下工作:

(1)构建模拟公司组织结构图;

(2)制定各部门、各岗位工作职责和规范制度;拟定各岗位管理人员名单。

(四)实验小结

1.实验总结

以实验小组为单位,总结模拟公司的组织架构,分析组织运行状态。

2.思考题

(1)简述组织结构与企业战略之间的关系。

(2)了解典型的组织结构和特征及优点、缺点。

第六章　组织文化

一、理论重温

(一)组织文化的概念

组织文化是指组织成员在长期的发展过程中所培育形成的并被全体成员共同遵守的最高目标、价值体系、基本信念及行为规范的总和。

任何一个组织都是由人构成的,都是在特定环境下成长起来的,由此每个组织都有自己的信仰、价值观念和行为方式,由人构成的组织也必然形成其特定的组织文化。组织文化不仅成为组织的有机组成部分,而且对于组织的构成形式、组织活动和运行有着潜移默化的影响。

(二)组织文化的内涵

组织文化的内涵如表6-1所述:

表6-1　组织文化的内涵

一个核心	价值观
两个关系	组织文化与老板文化的关系、组织文化与品牌文化的关系
三个层次	精神层、制度层和物质层
四个特性	超个体的独特性、相对稳定性、融合继承性、创新发展性
五个基石	世界文化、民族文化、区域文化、行业文化、职业文化

(三)组织文化建设及其步骤

组织文化建设就是指组织的领导者有意识地培育优良文化、克服不良文化的过程。这一过程也称为组织的“软管理”,就是通过继承、吸收、培养和强化,形成本组织有特色的优秀文化。

组织文化建设的基本步骤如表6-2:

表6-2 组织文化建设的步骤

步骤	内容	含义
第一步	建立领导体制	企业文化建设，首先要设立企业文化的专门职能部门，做到有人负责，持续不断地开展工作。
第二步	制定组织文化建设规划	根据本企业的实际情况，对企业现存文化进行盘点，根据企业长远发展目标，制定企业文化发展规划，制定组织文化实施计划，有计划、有步骤地开展企业文化建设工作，广泛动员员工积极参加企业文化建设工作。
第三步	积极强化，持之以恒	不断研究和探索企业文化建设中的新经验、新问题，努力创新工作方法，及时解决存在的问题。要对企业的外部环境、企业领导的信念、公司的行业特征、公司现阶段的规模和未来的发展前景进行认真研究，实事求是，一切从实际出发，把企业文化建设作为企业发展壮大的推动力，促进企业的改革与发展，培育企业精神，学习国内外先进企业的经验和方法，促进本企业的企业文化建设。

(四)组织文化建设中应注意的问题

1.不断创新才能使组织文化具有生命力。

2.建设组织文化要符合时代发展潮流。

3.塑造优秀的组织文化，应注意组织文化的民族背景。

二、案例导入

(一)百事公司

1.百事公司的企业文化

1983年，百事公司公司聘请罗杰·恩里克担任总裁，他一上任就把目光盯在了广告上。对软饮料而言，百事可乐和可口可乐的产品味觉很难分清孰优孰劣，因此，焦点便在塑造商品的性格的广告(也就是品牌和企业文化)上了。

百事可乐通过广告语传达“百事可乐，新一代的选择”。在与可口可乐的竞争中，百事可乐终于找到了突破口。

首先是准确定位：从年轻人身上发现市场，把自己定位为新生代的可乐；并且选择合适的品牌代言人，邀请新生代喜欢的超级巨星作为自己的品牌代言人，把品牌形象人格化，通过新一代年轻人的偶像情结开始了文化的改造。

围绕这一主题，百事公司的合作伙伴BBDO为百事公司创作了许多极富想象力的电视广告,如“鲨鱼”“太空船”等等,这些广告,针对二战后高峰期出生的美国青年,倡导“新鲜刺激　独树一帜”、独特的消费品鲜明地和老一代划清界限的叛逆心理,提出“新一代”的消费品位及生活方式。结果使百事可乐的销售量扶摇直上。

1994年,百事公司投入500万美元聘请了流行乐坛巨星麦克尔·杰克逊拍摄广告片——此举被誉为有史以来最大手笔的广告运动。把最流行的音乐文化贯穿到企业和产品之中,也开始了百事可乐的音乐之旅。

从此以后,百事可乐进入了销售的快车道,音乐体育双剑合璧,同时这一攻势集中而明确,都围绕着“新的一代”而展开,从而使文化传播具有明确的指向性。二战结束时,可口可乐与百事可乐市场销售额之比是3.4:1,到了1985年,这一比例已变为1.15:1。

2.百事公司企业文化的内容

(1)结果高于一切

一个管理人员在百事公司中生存下去并非易事,公司对管理人员的要求是“要么往上发展,要么往外走人”。非常聪明的人才,能量百分之百地释放,公司会给其提供高速发展的事业阶梯和优厚的报酬待遇,让他们很早地承担重要的责任,在各自的工作范围内有高度的自由空间,以及与其他优秀同事之间积极合作的工作环境。这些对百事公司的发展起到了极其重要的作用。

百事公司人才战略的核心是高度重视最后的工作结果。达到目标、有成效、有结果,在百事公司内便会得到不断的提拔。百事公司对达不到目标的管理人员的容忍性是非常低的。如果工作不见成效,那么这个人会很快地从企业中被淘汰出去。

(2)淘汰人员手段要硬

对于一贯不能完成目标的人员要从企业中淘汰出去。在领导岗位上,这种人对企业的危害是比较大的,至少要把他们从领导岗位上调离。淘汰,对于那些不能达到目标的人是最后的、也是最强有力的手段。

百事公司对员工每年进行一次评估。评估结果分为四类:表现突出的;值得表扬的;表现一般的;表现差的。评估主要依据为员工的具体表现与其目标之比较。人事部对每个部门人员的评估作一个统计,如果这个部门达到规定目标的话,那么这个部门得到表扬,而且有突出表现的人员所占的比重就多一些。

表现差的或完成不了目标的人员被开除或自动离职。在百事公司中大约3%的员工得到“表现差”的年终评估。这些人被限定在3到4个月内改正过失。如果他们的表现没有明显的提高,他们便会被立即解雇。

(3)强化独特的企业文化

中国有句俗语,“冰冻三尺,非一日之寒”。光靠明确高难目标以及强硬制度作手段还是远远不够的。培育和强化企业独特的价值和文化才是公司长期发展的保证。在公司价值和文化方面,百事公司同样强调的是重视结果,以及人员如何能够信守诺言而达到事先制定的目标。人的信用和诚实度在百事公司的文化和价值观中是最受重视的。公司的文化和价值观适用于那些热爱挑战、热爱竞争、喜欢与那些有能力的人在一起工作的人们。

当然,百事公司的管理也有缺陷,例如过分地强调"重视结果",会使人们目光短浅,做事只看到短期的结果而忽视长远的目标。又如公司吸引一批有雄心壮志的人,这些人自然有强烈的危机感和压力,那么也就间接地鼓励这些人修建自己的防御墙,如组织自己在公司内部的关系网、拉帮结派、耍手段等。

3.大企业的文化风范

1981年,百事公司代表李文富先生骑着一辆自行车跨过罗湖桥到了深圳,与深圳经济特区联系合资事宜。谈判几乎没费什么劲,双方一拍即合,百事公司出资60%,深圳方面出资40%,在深圳兴建了百事可乐灌装厂。1年之后,这个占地1.3万多平方米的工厂就正式投产了。当时的雇员只有110人。从此,深圳成为百事公司在中国的事业的发源地和摇篮。

1994年,百事公司在中国的业务拓展取得重大突破,经中国政府批准在上海正式成立了百事(中国)投资有限公司。这家公司的成立,使百事公司在中国的业务与投资发展融为一体。

百事公司在中国进行项目投资以后,营销和文化是怎样推进的呢?

百事公司进入中国属于试探,所以在战略上一直谨小慎微,没有推出大型的组合拳,以超市渠道和广告作为单一的营销形式,并且为了管理的方便将拥有必胜客、肯德基和塔可钟的餐厅业务从公司分离出去,使之成为一家独立的上市公司,即百胜全球公司。百事公司的品牌建设一直进展缓慢,这种状况一直到20世纪90年代中期,百事公司在积累了大量经验以后开始了文化的规模性轰炸——

通过"爱拼才会赢"的主题,充分展现新一代精神,配合促销活动,使喜欢时尚自信的新一代接受百事,值得一提的还是形象代言人的使用,百事可乐的代言人郭富城、王菲和陈慧琳,是当时流行乐坛最耀眼的明星,百事可乐毫不吝啬地全部启用,甚至把在欧美的广告内容全部用郭富城重新拍摄一遍,以适应中国本土的审美需要,极大地提升了百事可乐在中国的品牌影响力。

当中国把足球当作最精彩的体育节目的时候,百事可乐当机立断成为世界足球的代言人,无论是贝克汉姆、罗纳尔多、亨利还是劳尔,都让中国球迷如醉如痴,同时1998年百事公司把企业精神由"新一代的选择"变更为"渴望无限"(Ask of More),以"渴望无限　精彩足球"、"音乐无限　渴望无限"为主题的活动一浪高过一浪,1998—1999年期间,百事可乐在中国市场分别推出了世界杯足球赛的拉环、瓶盖换领与换购足球明星奖品活动,音乐巨星换领与换购歌星奖品活动,七喜浪漫小存折换领奖品和澳门旅游活动。这些活动以"渴望无限"为依托,涉及面广,影响力大,对终端促销、提高销售量起了积极作用。

百事公司进入中国最应该书写一笔的是百事可乐搭车FM365事件:

2000年4月12日,谢霆锋蓦然回首的“4月18日,谁让我心动?”路牌广告一夜之间占据了北京、上海、广州三地的街头,广告画面上除了上述广告词及“谢霆锋”三字外,不着一字。与此同时,主题相同的电视广告也在京、沪、穗三地的电视台同步播出。

4月18日,悬念揭开,三地“4月18日,谁让我心动?”路牌全部被换成谢霆锋张臂迎接“真情互动 FM365.com”的广告。

但是,令大家万万没有想到的是,4月18日百事可乐在北京某报发布了整版彩色广告,上面是歌星王菲的半身像和一句广告语:“谁令你心动———百事令你心动!”

由于当时正是王菲和谢霆锋这两位明星人物的“敏感时期”,北京百事可乐饮料有限公司用这句广告语,和谢霆锋的“谁让我心动”真情互动、“趁火打劫”,可见企业对市场的极度敏感和策划功底。

实际上,2000年以后,百事可乐的增长速度已经明显超越了可口可乐,无论递增速度还是利润,而且在销售总额上已经赶超可口可乐20.3%,其5年平均4.3%的利润增长速度远高于可口可乐的1.2%。并且功能饮料佳得乐、红牛的成功再次证明了企业的稳健发展。

百事公司在中国的影响力已经越来越大,其魅力也已经成为音乐和足球的媒介,那百事公司是怎样建设企业文化的呢?

一、确立核心文化理念

百事公司进入中国,其蓝色标志就悄悄地进入每个人的视野,科技的蓝色以海洋、运动和劲爽为基调,无论是“新一代的选择”还是“渴望无限”,以“百事 运动精神和体育精神”为隐藏策略,把产品营销变成了最有乐趣的工作。

二、管理理念的具体化

百事公司具备跨国企业雄厚的实力和文化张力,企业内部以“快乐工作”为宗旨,各级管理职能、各个管理部门,整个管理聚焦一点:让我们百事可乐的员工走进我们公司都能快乐工作。这其实道出了生活的真谛,稳定的员工队伍,也使百事公司有时间去争取市场机会,获得巨大的成功。

三、极限化的文化运动

大企业,具备一定实力以后,如何把资源整合到极限化、有效化呢?百事可乐以最流行、最时尚、最有人气的运动和组合和企业结合,并且三人足球、赢门票这样的活动切实地和文化对接,使企业文化具体化,并且具有广泛的群众基础和参与性。大幅的明星海报既是宣传品也是收藏品,赠送太阳伞、冰柜等大手笔让产品遍地开花,做到了真正的“运动无限 音乐无限 精彩无限”。

4.百事公司:给员工360度空间

提供有针对性的培训和广阔的发展空间，是百事公司中国区组织能力总监彭海涛引以为豪的百事公司人才策略之一。彭海涛介绍说,“百事公司在这一方面的投入量和覆盖面都是非常大的。每个百事公司员工都有机会接受培训,而我们选择培训项目的标准是‘量体裁衣’。比如社会上流行MBA,但我们并不主张所有的人都去读MBA。每个员工可根据自己的发展需求选择参加相应的培训。”

百事公司的培训，不仅限于专业和管理技能。彭海涛说,“公司鼓励员工Take Charge(主动把握)自己的职业发展。公司则为员工提供发展平台”。2001年百事公司在全球推出了员工职业发展旅程计划，每个百事公司员工都接受了入门阶段的培训。这个培训主要帮助员工了解目前自己的能力现状,明确职业发展的兴趣和方向,设定在百事公司的职业发展目标,制订实现这个目标的行动计划。同时百事公司在全球推出了My DevelopNet内部网站,为员工提供职业发展管理工具和信息。

市场部的林键最初进入公司人事部任职。工作一年后,林键学到了很多东西,心里也有了不少想法。她在自己的职业发展计划里提出希望到市场部去接受更大的挑战。上司对她的这一想法表现得非常开放和友善,他们进行了一次长时间的谈话,在确认林键是经过深思熟虑后,公司同意了她的申请。鉴于她在市场方面没有任何经验,在相当长一段时间内,公司给她提供机会,让她参加市场部各团队的活动,熟悉市场部的业务,最后,林键入选百事可乐品牌团队。

林键对百事公司的职业发展体制赞不绝口。她说,“百事公司为员工提供了一个360度的空间,让你对自己的职业生涯作充分的自主性规划”。现在林键每年都会为自己设置年度职业发展目标,然后在主管的辅助下制订实施计划,并定期进行阶段总结和反馈。

彭海涛说,“单纯地给人才以发展空间还是不够的。在百事公司,每一级主管都要承担起培养下属的责任。公司为主管们提供培训以帮助他们更新观念,提高他们辅导下属发展的技巧和能力，同时把员工发展作为他们业绩考核的一项重要指标。只有使员工保持与公司的同步发展,才能获得双赢的结果,也才能真正留住人才”。

资料来源:《百事:给员工360度空间》。中国青年报,2006年9月8日。

5.Logo变化让百事逆袭

可口可乐这位世界饮料界的领军人物一直以来都有一个不屈不挠的竞争对手,没错,它就是比可口可乐晚12年问世的百事可乐。

100多年来,百事可乐在喧嚣、纷乱、竞争的氛围中不断成长,在广阔的全球饮料市场上,后来居上,终于与老大哥可口可乐并驾齐驱、鼎分天下。

百事的成功秘诀中最重要的是它赋予企业和产品的文化精神。对软饮料而言,百事可乐和可口可乐的产品味觉很难分清孰优孰劣,因此,焦点便在塑造商品的性格特征的广告策划上了,也就是我们常说的品牌和企业文化。

在与可口可乐漫长的竞争中，百事可乐终于找到了突破口，定位于年轻人市场,通过广告语传达“百事可乐,新一代的选择”,确立了百事作为新生代可乐全新形象。为了更贴切这个全新的文化定位和品牌理念,百事在logo设计上也有了非常大的改革。纵观百事可乐百年历史,其已经先后11次更换企业logo,是可口可乐换标次数的两倍多。

1898年,百事可乐诞生,受可口可乐的影响,一直到1940年前后,长达半个世纪的百事logo都采用了花体字造型,风格与可口可乐很相似。1951年,蓝红色的瓶盖造型开始出现在了字体周围,强化了饮料的说明性特征。1962年修正方案中将原来的花体字改成了等线体造型,这是一次较大的变革和突破,塑造了具有强烈醒目的视觉冲击力形象。1973年把瓶盖造型简化为了圆形,并加入了方形背景,使得重点更突出,视觉效果更加简约有力。随后几次的logo变化并不大,只是在细节上有所完善和丰富,用一句调侃的话总结:1973年的百事logo从瓶盖滚成了球,之后的logo便成了上蹿下跳的球。

另一方面,百事log强化了红、白、蓝的主色调,这也是美国国旗的三个标准色,寓意着百事可乐所代表的美国饮料、美国文化和美国精神将覆盖整个地球。2008年,百事可乐迎来最新一次换标,将旧logo中均匀白色曲线转变成了一个上扬的笑脸,在视觉上打破了平衡,显得更具活力,也给人们带来了积极向上、朝气蓬勃的风貌,同时传达了渴望无限、突破渴望的信念。另一方面,百事还针对不同产品对新logo做了细化调整，中央白色带弧形会因为不同产品而呈现不同角度。百事可乐(Pepsi)是“满脸微笑”,轻怡可乐(Diet Pepsi)是“露齿浅笑”,而百事极度(Pepsi Max)则是“开怀大笑”。

2012年的百事logo设计,该方案把原来的2Dlogo变为3Dlogo,采用了时下热门的设计趋势。并且还为其“更换”了一个新的口号:Don’t stop ...

不要停止笑/不要停止爱/不要停止运动/不要停止梦想/不要停止喝百事可乐……

百事可乐自推出以来的半个世纪就一直受到可口可乐的影响，直到1962年新logo的启用才逐渐脱颖而出,可见企业logo在快消品行业中至关重要的地位,正如百事首席营销官Dave Burwick在讨论更改百事包装瓶会议上说:“如果我们不迅速改变,我们有可能成为一个历史的脚印。”

(二)苹果公司

说起苹果公司的企业文化,不能不谈斯蒂夫·乔布斯。

1.乔布斯的秘密武器

苹果公司的乔布斯真正的秘密武器是他具有一种敏锐的感觉和能力，能将技术转化为普通消费者所渴望的东西，并通过各种市场营销手段刺激消费者成为苹果公司“酷玩产品”俱乐部的一员。

2.乔布斯拯救苹果公司

1997 年7 月某个工作日的一大早,因连续5 个季度亏损,时任苹果公司 CEO的吉尔·阿米利奥(Gil Amelio)带着难以掩饰的痛苦向公司高管做最后告别:“我很难过地说是到了我该离开的时候了。保重!”然后他就离开了。几分钟后,穿着短裤、运动鞋,蓄短胡须的史蒂夫·乔布斯走进来,他坐在旋转椅里缓慢地转着,说:“告诉我这里发生了什么?”在几声咕哝的回应之后,他跳起来:“是产品的问题!那么,产品到底怎么了?”高管们又一阵的咕哝声之后,乔布斯咆哮着打断他们:“现在的产品都是废物！这些产品根本没有任何人性化特色！”

作为苹果公司的联合创始人，乔布斯曾在1985 年被当时外聘的CEO扫地出门。那时,他还被很多人认为是一个喜怒无常的微观管理者,他曾经倡导的花哨的创新变革及他所坚持的全面控制也带来诸多枝节问题。

1997 年,乔布斯又重新掌管苹果公司。10年后,苹果公司的股票每股已从7 美元飙升至74美元，市场价值620亿美元。 随后，迪士尼以74亿美元收购Pixar动画工作室的股票,由于乔布斯是Pixar的主席和执行总裁,并持有其50.6%股份,作为交易的一部分,乔布斯拥有了迪士尼集团约7% 的股份,从而成为该集团最大的个人股东。至此,乔布斯大步迈入一个集音乐、电影和科技于一体的梦幻王国。

3.偏执创新

所有这些成绩的取得就在于乔布斯将他的旧式战略真正贯彻于新的数字世界之中,采用的是高度聚焦的产品战略、严格的过程控制、突破式的创新和持续的市场营销。

第一,重回苹果公司的乔布斯采取的第一步骤就是削减苹果的产品线,把正在开发的15 种产品缩减到4 种,而且裁掉一部分人员,节省了运营费用。之后,苹果公司远离那些用低端产品满足市场份额的要求，也不向公司不能占据领导地位的临近市场扩张。

第二,发扬苹果公司的特色。苹果公司素以消费市场作为目标,所以乔布斯要使苹果公司成为计算机界的索尼。1998年6月上市的iMac拥有半透明的、果冻般圆润的蓝色机身,迅速成为一种时尚象征。在之后3年内,它一共售出了500万台。而如果摆脱外形设计的魅力，这款利润率达到23%的产品的所有配置都与此前一代苹果计算机如出一辙。

第三，开拓销售渠道，让美国领先的技术产品与服务零售商和经销商之一的CompUSA成为苹果公司在美国全国的专卖商,使Mac机销量大增。

第四,调整结盟力量。同宿敌微软和解,取得微软对它的1.5亿美元投资,并继续为苹果公司机器开发软件。同时收回了对兼容厂家的技术使用许可,使它们不能再靠苹果公司的技术赚钱。

第五,面对个人计算机业务的严峻形势,乔布斯毅然决定将苹果公司从单一的计算机硬件厂商向数字音乐领域多元化出击，于2001年推出了个人数字音乐播放器iPod。到2005年下半年,苹果公司已经销售出去2200万枚iPod数字音乐播放器。

在iPod推出后不到一年半,苹果公司的iTunes音乐店也于2003年4月开张,通过iTunes音乐店销售的音乐数量高达5亿首。在美国所有的合法音乐下载服务当中,苹果公司的iTunes音乐下载服务占据了其中的82%。与此同时,苹果公司也推出了适合Windows个人计算机的iTunes版本,将iPod和iTunes音乐店的潜在市场扩大到整个世界。通过iPod和iTunes音乐店,苹果公司改写了PC、消费电子、音乐这3个产业的游戏规则。

尽管已经从最初对技术的一无所知变成今天的亿万富翁，但乔布斯做事情的热情始终未变,他对创新的热情就如他最喜欢的《全球概览》停刊前的告别辞所写:Stay Hungry. Stay Foolish.(求知若渴,大智若愚。)

第六,每当有重要产品即将宣告完成时,苹果公司都会退回最本源的思考,并要求将产品推倒重来。以至于有人认为这是一种病态的品质、完美主义控制狂的标志。波士顿咨询公司共调查了全球各行业的940名高管,其中有25%的人认为苹果公司是全球最具创新精神的企业。

“在苹果公司,我们遇到任何事情都会问:它对用户来讲是不是很方便?它对用户来讲是不是很棒？每个人都在大谈特谈‘噢,用户至上’,但其他人都没有像我们这样真正做到这一点。”乔布斯骄傲地说。

2008年,苹果公司高层与赵晨浩环球热力兄弟进行签约,选环球热力兄弟同名专辑热力歌曲《环球热力兄弟来了》在全球持有苹果公司iPhone手机的音乐爱好者中火热放送,还让环球热力兄弟成为大中华区唯一代言人。(堪称“百年不遇,自成一派”的海豚王子赵晨浩所组建的超级人气明星天体热力兄弟,推出华语第一嘻哈舞曲乐团的创作专辑,其中主打歌《我的感觉》轰动全亚洲,震撼网络,搜狗突破20亿大关,创造了华语乐坛新奇迹。)

4.推崇精英人才文化

与对产品和战略高度聚焦的做法相似，在人才的使用上，乔布斯也极力强调“精”和“简”。乔布斯曾创立并管理的Pixar公司倡导的是没有“B团队”,每个电影都是集合最聪明的漫画家、作家和技术人员的最佳努力而成。“质量比数量更加重要。”乔布斯表示从若干年前看到Stephen G. Wozniak为制造第一台苹果机而显示出的超凡工程学技能的那些日子开始，他就相信由顶尖人才所组成的一个小团队能够运转巨大的轮盘,仅仅是拥有较少的这样的顶尖团队就够了。为此,他花费了大量精力和时间打电话，用于寻找那些他耳闻过的最优秀人员以及那些他认为对于苹果公司各个职位最合适的人选。

乔布斯还在2000年苹果公司的一度停滞期喊出了“Think Different”(另类思考)的广告语,他希望这个斥资上亿美元宣传的广告不仅让消费者重新认识苹果公司,更重要的是,唤醒公司内员工的工作激情。

乔布斯本人也将一个企业家的能量贡献于众多别的CEO认为是自己不需要亲自做的事情中,不论是校对合作协议、还是给记者打电话讲述一个他认为非常重要的故事,他都会去做。而同时,与很多CEO不同的是,他很少参加华尔街分析家的研讨会,倾向于做一些自己的事情。在员工的眼中,乔布斯承担了很多责任,但在很多富于创造性的层面上他又非常放手而不参与。

前苹果公司产品营销主管Mike Evangelist离职后在他的博客中透露,乔布斯每一场讲演都需要几个星期的预先准备和上百人的协同工作,经过精确的细节控制和若干次秘密彩排之后,乔布斯总是以激情四射的演讲者面目出现在现场。当乔布斯邀请百事公司总裁约翰·斯卡利加盟苹果公司时,他这样说:“难道你想下半生都卖汽水?你不想有机会改变世界吗?”

在这样的个人化文化指引下,乔布斯以用户个人化引导产品和服务,以员工个人化来塑造公司文化和创新能力,以自身个人化获得一种自由和惬意的人生。以曾经由乔布斯掌控的Pixar为例,Pixar最著名的企业文化就是“以下犯上”,娱乐和自由的工作环境,我行我素、稀奇古怪的员工,随时随地随便提出的新主意,都构成了一种职业文化中的高度个人化的元素。“什么中层、部门、领导,这些词我们统统没有,这就是我们独一无二的地方。”这是Pixar员工的描述。

5.机遇与挑战

现在,正当乔布斯带领苹果公司的版图越做越大时,波士顿咨询公司的James Andrew提出质疑:“如果苹果公司的产品真的比微软、或戴尔、或IBM、或惠普的好,那么为什么苹果公司这么小?(想一想,在过去10年,苹果公司申请了1300项专利,几乎是戴尔的1.5倍。)”

Andrew认为在苹果公司的创新和文化中存在一种偏见,即单纯对技术革新的绝对信奉。“成为一个真正创新的公司不仅是追赶上最新的创意,或者新产品和新服务,它还包含着要能创造足够的现金来弥补成本,并回报股东。”

与此同时,Yankee Group咨询公司兼Battery Ventures风险投资公司的创始人Howard Anderson对苹果公司提出另一个质疑:“还有一个非常重要的成功创新的要素,即完结(follow-through)。这也是苹果公司所缺乏的。”Anderson说,“创新不是经济增长的关键。管理才是。在实践中,这一点就意味着通过坚固的销售力以及与开发者和销售者协作的战略、消费者服务的战略来支撑产品创新。过度依赖创新的公司已经过时。很多时候,管理和执行更加重要。”

于是,业界的一些评论家开始提出这样的疑问:iPod贡献了苹果公司的绝大部分利润,很难想象,如果没有iPod,苹果公司会陷入怎样的麻烦?

哈佛大学商学院教授、《创新者的两难困境》一书作者Clayton M. Christensen表示,因iPod而大获成功的苹果公司将像以前一样再次衰落。"我担心苹果公司会因iTunes的封闭性而失掉时机,就像当年它拒绝开放Mac系统一样,结果成就了微软的霸业。如果它能够开放iTunes架构并兼容所有的MP3播放器,也许还能够保持目前的领先地位。"

质疑归质疑,但摆在人们面前的现实却是,随着乔布斯与迪士尼的这次联盟,他终于可以染指媒体内容的生产和发行业务,可以逐步实现他在数码时代跨领域集成的远大目标。熟悉乔布斯的人也清楚,他是一个极端追求完美的人,长久以来就想组建自己的媒体帝国。

当然这次联盟也有诸多风险,乔布斯将在运营苹果公司的同时也坐在迪士尼的董事会中,这让他不得不面临众多雷区和冲突,他也必须证明自己能胜任新角色。如果他能将曾经让苹果公司高飞的活力和能量同样带给迪士尼,那么乔布斯便能真正成为这个庞大梦幻王国的真实领袖。

乔布斯语录

我相信最终是工作在激发人们的能力,有时我希望是我来推动他们,但其实不是,而是工作本身。我的工作是使工作尽可能地显现美好,并激发出人们的最大潜能。

有时我分不清"将要怎样"和"可能怎样"的区别,也不清楚应该一步到位还是循序渐进。平衡理想和实际是我应该注意的地方。

工作将是生活的一大部分,让自己真正满意的唯一办法,是做自己认为有意义的工作;做有意义的工作的唯一办法,是热爱自己的工作。

你们如果还没有发现自己喜欢什么,那就不断地去寻找,不要急于做出决定。就像一切要凭着感觉去做的事情一样,一旦找到了自己喜欢的事情,感觉就会告诉你。就像任何一种美妙的东西,历久弥新。所以说,要不断地寻找,直到找到自己喜欢的东西。不要半途而废。

我凭着好奇心和直觉所干的这些事情,有许多后来都证明是无价之宝。只有回头看时,才会发现它们之间的关系。所以,要相信这些点迟早会连接到一起。你们必须信赖某些东西——直觉、归宿、生命,还有耐力,等等。做这些从来没有让我的希望落空过,而且还彻底改变了我的生活。

让我能够做出人生重大抉择的最主要办法是,记住生命随时都有可能结束,记住自己随时都会死去,这是我所知道的防止患得患失的最好方法。

乔布斯走了苹果还是苹果 企业文化成功传递

乔布斯离开了,但他留下的遗产很长时间里会强力阻止着其竞争对手的进逼步伐。

史蒂夫·乔布斯离开了到处留下他的痕迹的世界,全球各界人士在纪念他的同时,关于苹果未来的讨论,已成为无法回避的焦点话题。而在乔布斯去世之后,苹果股价并未出现预期的暴跌。

外界之所以讨论苹果王朝的未来,毋庸置疑是因为乔布斯的伟大和不可替代。作为苹果之魂,乔布斯的离去对苹果的损失是无法估量的,股价的微跌不代表乔布斯对苹果的不重要,但是,乔布斯的离去也不当然意味着苹果王朝的就此终结。判断苹果的未来,要看乔布斯究竟给苹果留下了什么样的遗产。

事实上,对苹果而言,延续在全球科技界霸权伟业的关键,是和乔布斯本人一样重要的创新能力,从而根据市场的不断变化推出令人耳目一新的产品。可以说,从乔布斯健康不佳的那一天起,苹果公司就开始了“后乔布斯时代”的应对工作。

作为一个现代企业,苹果的成功之处就在于主动出击,将其倡导的公司灵魂、创新文化和后续的一系列足以应付竞争对手的产品留给了苹果,不会出现“人亡政息”的竞争悲剧,这无疑是乔布斯留给苹果的最宝贵的遗产。

其一,乔布斯的继任者库克被视为乔布斯的最好的接班人,其最大的成功之处就是具有和乔布斯一样的追求完美、注重细节以及持续的创新精神,苹果的整个团队仍然保持了完整和强大;其二,在乔布斯去世之前,苹果在乔布斯的帮助下设定了一个长期的苹果产品路线图,打上乔布斯烙印的后备新产品充足,不会出现产品的短路;其三,苹果仍然持续领先,苹果的现金储备高达760亿美元,随时可以发起战略性并购和收购专利技术的能力;最后,特别重要的是,苹果公司在福布斯的领导下,已经形成了独特的创新文化,乔布斯成功地将自己的高标准传授给了苹果的每一个员工,这种文化并没用随着乔布斯的离去而消逝。

的确,乔布斯是不可替代的,没有任何一个苹果的接班人可以和乔布斯相比,苹果永远无法找到另一个乔布斯。但是,作为一个现代的科技公司,苹果的可贵就在于可以摆脱对乔布斯的依赖,这是苹果最可怕的竞争力。对微软、谷歌等挑战者而言,最大的悲剧也许是与乔布斯在同一个时代,但更大的悲剧是,即使乔布斯离开了,他留下的遗产也在很长时间里会强力阻止着他们的竞争步伐。

资料来源:新京报,2014-08-06。

(三)吉利控股集团

1.李书福谈企业文化

李书福演讲实录:

(1)人人都是人才,但需人尽其才

大家最近都在讨论奥巴马当选美国总统。其实邓小平早就说了黑猫白猫抓到老鼠就是好猫,所以黑人白人能当好总统就是好人。

我觉得人才资本就是这个道理:谁能把事干好,把事干成就是人才。因此企业就要重用和发挥人的作用,要多少钱就给多少钱,这个企业就搞好了。

我们搞企业碰到的最大的问题是人才的问题。其实这个问题全世界办企业的人都知道,人才从哪里来?有些人看看自己的老婆不错当总经理,小姨子不错当会计,弟弟不错就跑业务和销售,这也是一个办法。看看都是人才,确实都是人才,但问题就是需要人尽其才,才尽其用。

不同的企业对人才的看法和用人的理念不同,企业的实际情况不一样,能把想法变成现实就可以了。全世界没有一个相同的企业,没有一个完全相同的人,因此任何企业对人才的态度、管理、发现和使用的方法理念都是不同的。

(2)人人都说以人为本,以人制胜,怎么以人为本?怎么理解和推广呢?

我们吉利要请一个人才到吉利来,肯定就要告诉他吉利是什么。我们要向所有吉利的人坦诚报告。我们发展的战略是:总体跟上、局部超越、重点突出、合纵连横、招贤纳士、全面领先,这是我们发展的战略,很多年都没有改变过。

我们有一个核心价值理念:快乐人生、吉利相伴。很多到了吉利的人才一下子并不是非常明白这个核心理念。简单来说就是把产品造好了,让用户用了以后不后悔,买了吉利的产品物有所值,使用起来称心如意。因为用户高兴,所以工程计算人员和整个企业上上下下的领导干部都非常高兴,为吉利做配套的厂商、经销商、售后服务商等所有跟企业打交道的人都感到高兴。这才是快乐,快乐的人生。因为有了吉利,所以浓缩成:快乐人生、吉利相伴。

(3)人性化神经管理、军事化高效执行

吉利文化正在营造和发展过程中,最终想建成一个文化:人性化神经管理、军事化高效执行。企业就像打仗一样,山头都要拿下,大家都要往前冲。

人性化不用多说,现在以人为本,神经管理是指企业的神经系统,现在是信息化、技术、品质、服务、产品等等,和人的大脑神经要对接起来。每个人的想法都是不同的,如果要求每个人想法都一样,我们必须统一思想。其实这是做不到的,必须允许每个人想不同的事情,但是想什么和要什么,要和企业想干什么对上号。企业要想干的事情,和每个人的神经系统不连接起来,企业的管理神经和人的思想不连接起来,管理就会非常头疼、关系就没有理顺。

当事情定下来以后要干什么,就要靠军事化高效执行。大家都不要吵了,都不要讨论了,一定要把定下来的任务完成。

每个企业都必须有精神。吉利有一个精神,就是团队合作精神、拼搏精神、创新精神、学习精神、精益求精的精神、实事求是的精神。这几个方面构成吉利的企业精神,吉利的核心竞争力就是人才和创新。

吉利其实跟所有的企业是完全一样的,都是从无到有,从小到大,一点一点成长起来的。不是靠多少钱,也不是靠多少的背景,靠的是人才和一点一点创新,靠自己的脑子推动企业发展。既然企业的核心竞争力是人才和创新,那么人才的管理基本原则就应当是相对稳定、动态平衡、优胜劣汰。一个人在企业时间太久,其实不一定是好事情,这个人一定要活起来。有的人这个企业走走,那个企业走走,这样的人有时候也是有用的——到这个企业走一年或者六个月,把思想和方法收回来,又走到其他企业去了,优胜劣汰,好的留下,不好的形成一种自动淘汰机制,好的进来,不好的走了。这样,企业人才才可以总体不断提升,人力资源才会成为第一生产力。

(4)怎样留住人才?

留住人才需要几大基本要素,这是我自己想的。

第一个是精神与感情的要素。其实有些人不一定要多少钱,有些人追求的是精神层面:他有理想和抱负,希望有地方施展才华、实现梦想,如果我们够提供给他这样的舞台,比提供多少钱要重要很多。

什么叫做志同道合?伟大的中国共产党打天下,同志们冲、同志们前进,追求的是精神层面,而不是冲到前面去抢东西,并不是这个意思,首先是精神层面,需要通过大家沟通和交流培养起感情。通过精神和情感的交融, 最后人会被激发一种激情。创业和企业在市场上竞争,需要这样一种激情。有些人不死不活,那是很阴暗的。人一定要有激情,激情的人通常比较阳光,干起事来做坏事的相对少一点。

当然还要有钱、要有年薪,这是物质的要素。因为人有血有肉,需要一个合理回报。不同的人在不同的阶段有不同的想法,有自己不同的追求。如何满足追求,使人有成就感?其实有的管理者不讲道理,让你干什么就去干什么,你不要有太多自己的想法,后来经过实践证明,这种做法是不对的。于是后来就彻底改了,你想干什么就干什么,这个效果却非常好。

第三是制度的要素。光是说人性化、人性化,你想干什么就干什么,还要有制度的约束。因为人是有思想和尊严的,人还是会比较:不知道这个人拿了多少钱还好,知道了这个人拿多少钱,坏事了,他怎么拿得比我多,明天就开始不高兴了,所以就需要有很多制度约束。设计公正、公平、公开、科学实际的管理制度,有时候非常难。公开、公正,又让别人不知道一些不该知道的东西,非常难,但必须得这样。

第四是法律的要素。中国开始成为一个法治国家,很多地方要设置法律底线,任何人都不能跨越这个底线,如果谁玩小聪明跨越这个底线就完了。

我以前定下来要造汽车,首先是办学校和培养人。一切人力资源的工作始终围绕公司战略目标,将企业的战略落实为积极的行动,这些是我们很具体的规划。我们有愿景、目标、五年经营目标、战略目标、核心成功的要素。

干活怎么干要有一套逻辑系统。几万人多了,哪个人不好,哪个人好,也要有一个评价系统。虽然有这些思想,而且每个人到吉利之前,都会经过这样一个过程:被告诉核心价值理念是什么,战略是什么,精神是什么,最终还是要有具体的方法考核。所以我们讲考核系统,认证资格考核,工作绩效考核,价值理念考核,人力资源有这些系统软件。最终要想知道每个人到底是怎样的,得到的结论基本上是准确的。

这整套系统里边,里面有一个人才金字塔。领导力的发展、领导力的考核有一套方法,管理能力的提升和考察也有一套东西,还有继任计划、后备干部等;有些干部今天在,过两天可能就不想干了,但有后继准备的人……这些都要有一套全员的培训系统保证。

人力资源工作其实是一个很大的专业工程,中国企业也很重视这方面的工作。人力资源管理方法的系统性和科学性,现在还是在不断地实践和探索过程中。另外还有一个适应性的问题,有些领导考核不是很高兴。所以这些东西要因地制宜,要根据实际情况和人的不同情况做一些调整。

培养人才还要有类型开发体系。企业一开始都缺人才,可以从外面请一些人才进来,从外面请进来的人才说成是大树,好像大樟树一样,一棵一棵运过来,种在企业里面。森林里面全部都是大樟树就不好看,也不是很生态,所以必须自己培养人才。大樟树和小树种在一起,小树不断地成长,和大樟树在一起,大樟树总有一天会枯萎的,所以最终企业要形成自身的人才成长机制,而不能简单地从外面请人进来,这是吉利人才战略的核心思想。

这里面有一个职业发展通道,人进入企业要给他一个成长的通道,每个人从学校到企业里面,大学刚毕业进来以后当工人,到底是朝着管理方向发展还是朝着技能方向发展,还是要朝着另外的方向发展,里面有四个通道,不同的人有自己不同的方向。大家都想当领导,但领导的岗位是有限的,如何使一个人才又想成长和发展,又在当不了领导时心里能平衡,又能够得到相应报酬和相应满足感?这里面有许多职业发展通道。比如说有级别,一级到五级,不同的员工级别不同,拿的薪水和待遇各方面不同。

我常推广的对人的理念,就是“人人是人才,人人也是老师,可人人也是学生”。

接下来我要讲一下吉利的人才培养系统,人人是老师,人人是学生。干部的培养也是这样的,分层分级地培训,有成长路径。一个企业就是一座学校,要使企业人才辈出,企业有博士后流动站培养博士后,汽车工程学院培养硕士研究生和博士研究生,北京吉利大学培养的是专科的学生,还有三亚学院培养的是本科的学生,吉利有教育中心主要培养动手能力比较强的技师、技工,吉利有培训中心,可以做全员的技能培训和学历培养,还有各种各样的技能决定站,这就构成了吉利培养培训系统,效果是非常好的。

大家如果注意看全中国每年要举行的汽车行业技能大赛,全中国、包括海外在中国的企业,比如丰田、本田、宝马、通用、福特、一汽、二汽,吉利的员工总是拿第一名,有些是单项冠军,有些是团队冠军,有的时候前三名都是吉利的。有一次我记得比赛的时候,广州本田拿去的车,为了让其他的选手看不懂,拿去的全部都是英文和日文说明书,在汽车里面还设置了很多故障,我们员工很快就解决了。这都跟员工的培养培训有关系。

员工的技能培训非常重要。我们有很多教材,也几乎每天都在产生教材,之前的培训,之后就能形成讲义,最后形成教材。在培训的时候,基本上都是视频,大家愿意去听、愿意去看,都可以参与,就是一个广泛的培养氛围。我们还有一个自分享讲座,讲座就充分体现了人人是老师、人人是学生的理念。企业里面的所有员工,只要觉得自己有能力上台,要上台讲述自己的经验和理论教训,工程技术方面的、生产工艺方面的、营销方面的,各个方面都可以,那就提出申请,公司可以安排讲座,发公告大家自由报名听课。听课的人都是满满的,讲课的人自己觉得很好,听的人津津有味,这样就不断形成良好的氛围。

我们汽车工程学院请的老师也都是全中国、全世界对汽车某个方面有独到研究的精英。比方这里面有中国工程院院士郭孔辉,非常了解汽车行业,还有同济大学李余光教授,当然还有很多从日本、美国请来的汽车专家……

资料来源:网易商业频道。

2.吉利团队与沃尔沃的企业文化融合

文化融合并不是什么难事,只要能够以人为本,真正懂得并善于尊重人,不只是文化,一切差异都将不融自合,“天堑变通途”。

吉利并购沃尔沃轿车,无疑是近一段时间以来的舆论兴奋中心。当2010年3月28日最终协议一签署,媒体更是一片尖叫。有媒体社评称:“让我们为吉利的勇敢竖大拇指!”这可能代表中国人大多数的意见。据新浪网调查,67.1%的网民看好吉利并购沃尔沃;腾讯网的调查也显示,近6成的网民认为“吉利并购沃尔沃会运营得更好”。作为吉利掌门人,李书福先生也没有故作深沉,在签约现场就兴奋地表示“娶”到了世界大明星。

(1)并购的忧虑

忧虑并非没有,最紧迫的比如现金流,尽管沃尔沃轿车在2009年开始企稳向好,但仍然亏损高达6.53亿美元,据称每卖出1辆就亏损4400美元,如何迅速扭亏为赢是当务之急,尽管李书福提出2011年实现盈利,但为数不少的人怀疑,悲观者甚至认为吉利并购沃尔沃不仅救不了沃尔沃,甚至要拖累吉利。再比如沃尔沃原有的庞大的海外营销网络怎么管理,瑞典的高工资和高福利怎么维持,沃尔沃与吉利两种品牌怎么协同……一个个都十分揪心,怕吉利弄不好全盘皆输。

事实上,在最终协议还没有签署的时候,甚至在吉利刚宣布并购沃尔沃的时候,就已经有尖锐的怀疑,由于沃尔沃已是从大名鼎鼎的福特“改嫁”,一些业内人士尖锐质疑:福特都没有做到,吉利能做到吗?这部分也基于中国公司跨国并购的惨淡。海尔对美国美泰克的收购以失败告终,TCL与欧洲汤姆逊的整合亦以尴尬收场,联想的Lenovo和IBM的Thinkpad虽然有惊无险,但至今似乎仍没有有效整合……

由此也生发出对吉利掌“沃”的严重忧虑:技术和财务整合很好办,全部的硬件整合都好办,但文化的融合怎么办?这的确是个问题,就像中餐的筷子遇上了西餐的刀叉、中医的郎中遇到了西医的大夫,完全是不同的两种工具和两种语言,弄不好就是大问题,就像两个人可以同床异梦,抑或貌合神离。

郑磊博士的《海外鏖兵》——这部副标题为“中国企业跨国经营的实践案例与行动指南”的专著是南京大学出版社2009年推出的重点图书,记录全面,分析深刻,每每有思想的火花,堪称中国企业跨国经营一个阶段的总结,荣获“新浪年度最佳商业图书”称号。对文化融合问题,郑博士会怎么说呢?

从字面上看,一部《海外鏖兵》,从头到尾根本就没有专门论述过文化融合问题,目录页更是几乎找不着“文化”两个字,只有最后一章第一节标题是所谓“提升企业文化的国际化内涵”。让人颇感没道理,是文化融合根本不是问题,还是文化融合可以化作技术问题处理?

细读该书会发现讨论每个具体案例时,都有文化方面的内容,也就是说:郑博士在论述每个具体案例时,都有文化方面的探讨。由此看出:文化问题虽然重要,但不是高谈阔论,更不是空对空,更重要的是要善于化作技术问题一个个去处理,形而上的文化不应该也不能够脱离形而下的具体问题来谈。

但追思仍没有结束,最明显的,在具体进行文化融合时,是不是存在一个关键的发力点呢?尽管不看好的人不少,但多数人对吉利掌“沃”的文化融合很有信心。道理很简单——准确地讲,事实很明确,吉利并购沃尔沃本身就是一次完美的文化融合,而且不只是福特与吉利各自所代表的文化的融合,而且涉及沃尔沃总部所在地瑞典方面的文化。事后李书福谈到:“并不是有钱就能买到沃尔沃企业,也并不是说钱不多就买不到。这是一个很复杂的系统。”这里面应该就包含了文化的融合,要不然,很难设想一个具有83年历史的“世界明星”能轻易改嫁仅有13岁年纪的“中国小伙”。

(2)融合之术

从大的方面讲,这场并购反映了中国文化固有的融合力。从历史看,中华民族圆融过无数个大大小小的民族,甚至圆融过不同的宗教体系,可以说是世界文明史上绝无仅有的天下一家亲。资料显示,世界上从来没有哪一个地方的犹太人和吉卜赛人被当地的民族所同化,但在中国的犹太人和吉卜赛人基本上已被中国人所同化。

相比于别的文化,中国文化就是个融合的文化,所谓“各美其美,美人之美,美美与共,天下大同”。太古时候的人都有图腾崇拜,众所周知,龙是中华民族的图腾。可不像其他的图腾动物,龙非真实存在,大自然中没有龙这样一种既能跑又能游还能飞的动物。那龙是什么呢?历史学家和考古学家差不多一致认为,龙是不同的图腾动物和合而成的,是灵物的集美综合体。也就是说,中国人在太古的时候就已经非常善于融合。

更重要的是，从小的方面看，李书福及吉利团队十分具有融合的智慧与艺术。福特掌“沃”已过10年，之所以成绩平平，一个极其重要的原因就是直接接管甚至取代，派一大堆人过去，结果妨碍了沃尔沃自身潜力的发挥，老虎成病猫。李书福明确表示，这不可能是吉利的做法，“我们只派沟通联络员”，保持沃尔沃目前的工厂、研发中心、工会协议和经销商网络“四个不变”，绝不强加于人，恰恰相反，要把老虎从笼子里放出来。这就是道高一筹，美国人可能自以为懂得自由主义的真谛，实际上，中国文化才真正吃透了自然哲学的精髓，《道德经》云：“道，常无为而无不为，侯王若能守之，万物将自化。”

李书福及其团队之所以能做到道高一筹，是因为他们对人性的深刻认识，懂得尊重，敢于并善于“美人之美”。有桩事值得一提，与沃尔沃工会谈判时，对方问李书福：你能不能用三个字来形容你为什么比其他竞争者更好？据称与会的福特高层当时比较紧张，连忙出来解围：这怎么可能？做不到。第一，他们不知道另外的竞争者是谁；第二，三个字怎么讲清楚？没想到李书福平静回答：“我可以。I Love You（我爱你）！”话音刚落，掌声一片。

正因为发自衷心的“I Love You”，一切消极因素都能够转变成为积极力量。上汽收购韩国双龙之所以落败，与双龙工会的强势肯定是分不开的。吉利所面对的沃尔沃工会可能更强势，但在李书福看来，这不是什么负担，相反将成为动力，他明确表示：西方国家的工会组织性强，对提高企业竞争力、保持企业生命力，都是有益的。仁者无敌，这不正是最高的融合吗？

文化融合真不是什么难事，只要能够以人为本，真正懂得并善于尊重人，不只是文化，一切差异都将不融自合，“天堑变通途”。《海外鏖兵》在分析“土狼”华为跨国经营的巨大成功时，总结了华为奉行的全球化下的本土化战略，其核心不也正在于对本土的尊重吗？

这也正是李书福给人留下的深刻印象：深谙尊重之道。在提到沃尔沃内部开会，管理层都站在一边，员工们一个个都享受坐着的舒服的时候，他特别交代身边的副总裁：吉利以后要学习并吸纳这种人性化管理的做法！

（四）苏宁云商

在大多数企业将企业文化当作口号宣传的现状下，泛滥的企业文化已经越来越显得不再实际，泛文化、亚文化、伪文化成为企业文化的代名词，这不能不是企业文化在中国的悲哀。

苏宁云商在其企业文化的实践当中，显然避免了上述问题。自2001年通过由下而上的企业文化征集活动，总结形成相对完善的企业文化制度的文本体系以来，苏宁云商企业文化从没有停止过建设的步伐。作为苏宁云商的发展动力和苏宁电器人的日常行为规范,苏宁云商的企业文化建设显然是一个吐故纳新、持续发展的过程。

苏宁云商的企业文化文本也许是众多企业文化文本中最为常见的，但是在企业内部植根的深度却是不多见的。目前,苏宁云商企业文化除了作为苏宁云商各部门分公司看板管理的主要内容以外，更重要的是正在内化为苏宁云商员工的行动理念并外化为苏宁云商应对激烈市场竞争的手段，成为苏宁云商高速发展的核心动力。

苏宁云商企业文化作为优秀的个案的研究价值，引起了众多企业文化研究专家们的高度关注。苏宁云商企业文化的内容如下：

1.苏宁云商基本法

苏宁云商的基本法为:"以市场为导向,持续增强企业盈利能力,多元化、连锁化、信息化,追求更高的企业价值;以顾客为导向,持续增强企业的控制力,重目标、重执行、重结果,追求更高的顾客满意度;矢志不移,持之以恒,打造中国最优秀的连锁网络服务品牌。"

很多人不解甚至质疑苏宁云商迅猛发展的速度，也有人对苏宁云商的快速发展表示过忧虑和担心。

一个当年小小的临街店铺，在众多积聚资金人才资源多种优势的国有商业企业的夹击中,为何短短的几年时间,成为中国空调批发领域的龙头老大？又为何仅利用三四年的时间迅速跃升为中国家电连锁业态的翘楚？苏宁云商基本法是对苏宁云商为何成功的完整诠释。

在这里,苏宁云商并没有空谈所谓的企业战略。特别是在企业战略战术化、空洞化、口号化的今天,"苏宁云商基本法"的文字魅力也许并不是很出色。但是,把流行在老板们口头上的企业战略,作为一种全体苏宁云商人所必须遵守的工作导向,进而确立了苏宁云商经营发展的最终目标,使得"苏宁云商基本法"少了些口号,多了点实际,因而具有了较强的行为引导力和文化助推力,既解决了企业怎样发展的问题,同时也明确了苏宁云商为谁而存在、为谁而发展的问题。"矢志不移,持之以恒"内涵的苏宁云商人的人格韧性,凡是与苏宁云商人有过接触的人们,都会切身感受到这一点。

在这种人格韧性的支持下，试问什么样的挑战能够阻挡苏宁云商人的脚步？"打造中国最优秀的连锁网络服务品牌"就成了一个现实的企业发展目标、最为现实的愿景。

2.苏宁云商的管理理念

苏宁云商的管理理念为:"制度重于权力,同事重于亲朋。"

有令不行,有禁不止,员工缺乏执行力,甚至反企业文化的行为屡屡发生,成为众多企业老板和高层管理者最为头痛的问题。中国几千年来的官本位,“权力大于法”的文化惯性,可谓无处不在。制度制定者公然蔑视制度的权威,可是无人敢于主张违规者应该付出什么样的代价;不合理的制度,员工也只能敢怒不敢言,制度的合理性成为制度致命的软肋;受制于制度的员工,基于不平衡心态,对制度所持有的逆反心理,以及不惜违反制度却试图逃避惩罚的侥幸心理,使制度的权威面临多方面挑战。这不能不说是企业内部制度建设的悲哀。

在众多老板抱怨执行力不足、员工忠诚度缺失,试图通过借助外部的力量改变这一现状的时候,我们看到了企业文化专家们“走穴”的匆忙,《执行力》《自动自发》《带给乔西亚的信》等等书籍的热销。但是,问题解决了吗?显然并得到没有根本的解决。

“制度重于权力”在大多数人看来,无非也是一句口号。然而,在苏宁云商企业文化的实践过程中,却不是人们所想的那样。在苏宁云商,“制度重于权力”绝非一句空话,而是企业员工切实执行的准则。因为,苏宁云商任何企业内部制度的出台,都要经过三次以上自下而上的建议征集和反复论证,才最终形成制度文本。同大多数企业内部制度执行的周期和制度变换仅仅由个别人在文字方面修修补补不同,苏宁云商的内部管理制度在公布伊始,便规定了制度本身具有随着市场、企业的发展变化而更改的必要性。在这样的情况下,“制度重于权力”将不再是一句口号。

“同事重于亲朋”。在苏宁云商里听不到师傅徒弟、大哥大姐的称谓,称呼姓名和职务的现象是最普遍的。在兄弟哥哥漫天飞的企业里面,我们看到林林总总的裙带关系和不同团体的你争我斗企业内耗。但是,在苏宁云商我们基本上见不到这些现象。姓名或职务作为开端的沟通,充满了礼貌和真诚,同时充分张扬了人我平等、彼此尊重的合作精神,同甜蜜的称谓背后太多的思量所给人带来的心理感受截然不同。在苏宁云商企业文化的显性表现当中,我们看到了一种制度重于权力,团队至上的平等、协作、尊重的同事关系。苏宁云商团队的聚合力也因此而得以彰显。因为,苏宁云商人清醒地意识到,工作也是一种生活,甚至是每天生活中最重要的部分。同事之间在一起相处的时间,甚至比亲人朋友之间相处的时间要多得多。营造一种融洽的同事关系,将使你的生活更美好!

为了共同的顾客,做同一件事,基于厂商合作而形成的“同事”关系,使人感受到“同事重于亲朋”的独特魅力。这也是供应商乐于与苏宁云商合作的根本原因。

建立在战略合作伙伴关系上的高层互动,更让我们明白为什么海信、美菱、格兰仕、西门子、三星等等企业的高层频频造访苏宁云商,也明白了苏宁云商为什么能够得到政府组织和社会团体(包括媒体)的高度重视和支持。

3.苏宁云商的经营理念

苏宁云商的经营理念为:“整合社会资源,合作共赢;满足顾客需要,至真至诚。”

有人曾对企业下过这样的定义:所谓企业就是通过对相关要素(资源)的利用形成新的要素组合形式。苏宁云商的经营理念就是对这一定义的充分表现。

在苏宁云商的经营理念当中，我们可以看出他们意识到了企业融入社会的重要性；从其经营的宗旨来看，他们同样明白所处的行业和应该为谁而存在的重要性。作为渠道商,家电连锁业态正是连接上游制造企业和终端顾客之间的“节点”。而苏宁云商并没有仅限于“节点”的认识范畴。社会资源当然包括上游制造企业,但是在苏宁云商社会营销的观念看来,上游制造企业、公司股东、媒介资源、政府机构和社会团体、企业的人力资源同样是企业发展所不可或缺的重要资源。而实现各种资源的优化配置和高效利用、最终回报社会的观念更是苏宁云商的成功之基。“合作共赢”的经营理念,充分说明了这一点。这也可以说是苏宁云商美誉度不断提高的另一种诠释。

“合作共赢、至真至诚”,最大限度地满足顾客的需要,说明了苏宁云商发展的方式和目标,如今已内化为全体苏宁云商人的行为准则。只要你到苏宁云商的商店走一圈,你将感到这一理念形成的氛围无处不在。

4.苏宁云商的价值观

苏宁云商的价值观为:“做百年苏宁,国家、企业、员工,利益共享;树家庭氛围,沟通、指导、协助,责任共当。”

苏宁云商的张近东总裁曾经从民营企业家的角度，在一篇文章中谈到苏宁云商企业文化发展历程中的四个阶段:一、个人利益定位是为了个人和家庭;二、群体利益定位是为了员工和朋友;三、社会责任定位是为了社区和国家;四、职业志向定位是为了成就一项事业。这其实也是每一个企业员工价值观的不断升华的演进过程。

同诸多国有体制下演化而来的公司不同，苏宁云商的民营化个性具有鲜明的特点。除了由于国有企业弊端众多,国退民进日益成为潮流,作为人们热衷谈论的话题以外,民营企业的生存环境也得到了根本的改善,但是,民营企业原罪化却是人们热衷谈论的另一个话题。民营企业如何摒弃创业阶段由于特定社会经济阶段而打下的与生俱来的某种色彩,赚取阳光下的利润,成为包括苏宁云商在内的诸多民营企业共同的话题。在这里再讨论一些道德性很强的问题,便显得多余;任何社会资源组合的形式都有它合理存在的方面,人们的社会价值观也将因此而改变。这就是苏宁云商价值观形成的社会背景。

建立在全新认识基础上的苏宁云商的价值观，说明了企业只有盈利才能够发展,企业长久发展成为国家、社会和苏宁云商全体员工共同的需要,而苏宁云商的发展过程其实也就是一种社会资源的再分配、利益共享的过程。民营企业的员工同样是国家的员工,民营企业同样承担社会责任,国退民进是时代发展的需要。而这一切离不开社会的支持和民营企业自身的努力,否则也就是一句空话。

工作本身就是一种生活，所以说树家庭氛围成为苏宁云商营造员工幸福生活的一部分。

在怎么样生活和为了谁生活，金钱、名誉、地位所带来的现实利益之外，我们更多的人追求的是一种能够体现自身社会价值和乐于追求的生存状态。沟通、指导、协助的生存方式，让人们感受到团队生存的氛围，在某种意义上说，团队生活的质量是衡量一个人融入社会的程度和其生活品质的重要标志。在苏宁云商的企业文化当中，只有这些还不够。“终极责任人”概念之所以深入苏宁云商人的心中，完全是苏宁云商人为了实现自身价值观而做出的一种自发的努力。我们也可以对照海尔公司的SBU（STRATEGIC BUSINESS UNIT）——策略业务单位，来认识苏宁云商的“终极责任人”认识。在这里我们引用张近东总裁的另一段话：“很久以来我一直反对职业经理人的说法，因为我始终觉得职业经理人的第一要素是职业道德。从这个意义上讲，只有企业的创始人、企业的终极责任人、面对企业没有退路的人，以企业的成败衡量个人价值的人，才是真正的职业经理人。”张近东的这段话我们可以理解为，苏宁云商的终极责任人，同海尔公司的SBU定位于员工对企业单纯的岗位责任不同，包括了苏宁云商员工身上所应具备的社会责任的内涵。“责任共当”的实现途径便是每一名苏宁云商人必须具备终极责任人意识，并对这一意识进行实践。因此，我们就不难理解为什么一位苏宁云商市场部的员工能够做出不畏歹徒、挺身而出、见义勇为的举动，也能够理解苏宁云商首问负责制为什么得到顾客的高度评价。

5.苏宁云商的人才观

苏宁云商的人才观是：“人品优先，能力适度；敬业为本，团队第一。”

首先，我们可以回顾上文所引述的张近东的观点；其次，苏宁云商对风头正劲的职业经理人问题持有独到的见解。苏宁云商孙卫民副总裁在一篇文章中提出了“用人要疑、疑人要用”的人才使用观点。孙卫民说：“用人要疑，一疑其德，二疑其能；疑人要用，难在用人者要有雅量；疑人用之，难在被用者要有雅德。”同时，孙卫民还谈到“疑人不用，企业将错失发现人才的机会；用人不疑，又将企业的发展押在被用人非常有限的能力和人品之上”。那么，我们就不难理解苏宁云商人才使用的四项原则了。在苏宁云商的企业文化氛围当中，“摒弃个人英雄主义、提倡团队至上”的鲜明特色，成为苏宁云商员工“人尽其才，才尽其用”最显著的表现。

6.苏宁云商的服务观

苏宁云商的服务观是：“至诚至真，苏宁服务。服务是苏宁的唯一产品；顾客满意是苏宁的终极目标。”

苏宁云商的服务观是基于对所处行业的深刻理解，服务也是产品的创新观点；服务产品的多样性和非物质性，决定了服务无止境的深刻道理。全员服务，追求最大限度的顾客满意度成为苏宁云商的终极目标。可以说这是苏宁云商之所以走向成功的根本原因。

7.苏宁云商的竞争观和苏宁云商的企业精神

苏宁云商的竞争观是:“创新标准、超越竞争;企业精神、员工操守。”

苏宁云商的企业精神是:“执著拼搏,永不言败。”

相对于另一家家电连锁巨头——北京国美电器而言,苏宁云商的竞争观和企业精神无疑承载了吴楚文化的底蕴;北京国美电器则具有燕赵文化中那种“唯我独尊,舍我其谁”的咄咄霸气。

“执著拼搏,永不言败,是我个人的个性,也是我最想强加给企业的东西。”苏宁云商张近东总裁如是说。在这里我们感受到了一种和谐向上、孜孜以求、坚忍不拔的吴楚文化底蕴。同样将员工操守作为企业竞争观的一个重要组成部分,又让我们感受到苏宁云商企业文化当中那种无处不在的自洁内敛、朝气蓬勃的人格取向。苏宁云商对于目前客观存在的商业贿赂现象显示出一种既正视其客观存在又坚决杜绝的清醒态度。相对于现阶段高速发展甚至过度膨胀的家电连锁业态来说,苏宁云商的竞争观和企业精神无疑是以一种崭新的姿态出现。单纯的价格竞争,使中国的家电制造业和流通业风光不再,但是,基于创新标准、超越竞争的竞争观而言,相信苏宁云商找到了一条企业发展的生存之道。

8.苏宁云商的员工职业道德、营销人员准则、管理人员准则、服务人员准则

苏宁云商的员工职业道德为:“维护企业利益,严禁包庇纵容,交往来礼物,严禁索贿索酬,做人诚实守信,严禁欺瞒推诿,做事勤俭节约,严禁铺张虚荣。”

苏宁云商的营销人员行为准则是:“待人热情礼貌,切忌诋毁同行;谈吐有理有节,切忌独断独行;交往互敬互惠,切忌损人利己。”

苏宁云商的管理人员行为准则是:“管理就是服务,切忌权力本位;制度重在执行,切忌流于形式;奖惩依据结果,切忌主观印象。”

苏宁云商的服务人员行为准则是:“微笑发自内心,切忌虚情假意;服务细致入微,切忌敷衍了事;技能精益求精,切忌得过且过。”

作为苏宁云商企业文化的子系统,苏宁云商员工职业道德标准和三大人员准则,则无不体现了苏宁云商企业文化的一贯性,也是对企业文化的一种具体化、对象化的全面阐释,同样具备一般企业文化和制度所不常见的制度约束力和转化力。

总部企业文化与各分部(店)企业文化的同质、同步,实现总部企业文化的快速嫁接移植,同样是苏宁云商企业文化建设过程中所不容忽视的问题。而他们显然坚持了一条总部企业文化的传承和总部营销手段同步进行、同等重要的道路。苏宁云商各分部(店)迅速发展,给越来越多的顾客提供最满意的服务,并获得人们的高度认可,便是最显著的证明。

三、仿真实验

(一)实验目的

1.了解企业文化的重要性。

2.熟悉企业文化的内容及层次递进关系。

3.掌握企业文化培育的过程和方法。

4.把握影响企业文化的因素。

5.领会如何用企业文化塑造团队凝聚力。

(二)实验背景

1.理论背景

企业文化,或称组织文化,是一个组织由其价值观、信念、仪式、符号、处事方式等组成的特有的文化形象。

企业文化的三层次结构中，环境文化属物质文化层次，是精神文化的表现形式。企业物质文化包括产品、技术条件、工艺设备、建筑设施和生产经营环境等物质要素表现出来的文化特征。流通企业由于不生产产品,它的物质文化主要是指购物环境文化。购物环境包括商场建筑物、铺面、招牌、卖场装饰、商品陈列、休息场所以及计算机信息管理系统等。购物环境是商场建设的总体表现，是企业的外在形象,它反映了企业的经营实力、精神面貌和管理水平。购物环境是商品流通企业必需的条件，特别是对于经营生活资料的商场，购物环境会直接影响顾客的购物情绪。色彩温馨、醒目的招牌使人们过目而不忘,独具特色的门面和整洁、舒适的铺面环境(包括商品陈列)给顾客以美的感受,快速准确的收银设施使顾客感到方便可靠,等等。优雅的购物环境给顾客以巨大的吸引力。不同类型的流通企业,顾客对购物环境的要求也不完全相同,经营生产资料的物资企业,由于许多商品并不陈列在现场,用户需要有提供商品信息的计算机系统;在大型百货商场,顾客对品种丰富、陈列多样化的要求较高;对于超级市场,顾客更注重“开放式和容易进出”。

企业文化建设的方法：

(1)晨会、夕会、总结会;

(2)思想实验小结;

(3)张贴宣传企业文化的标语;

(4)树先进典型;

(5)权威宣讲;

(6)外出参观学习;

(7)故事;

(8)企业创业、发展史陈列室;

(9)文体活动;

(10)引进新人,引进新文化;

(11)开展互评活动;

(12)领导人的榜样作用;

(13)创办企业报刊。

2.模拟公司背景

根据模拟公司的各项运行资料,准备开展企业文化培育工作。

(三)实验过程

1.确立模拟公司企业文化体系。

2.提炼与提升模拟公司企业文化理念体系。

3.进行模拟公司企业视觉识别体系设计。

4.进行模拟公司企业员工行为规范体系设计。

5.进行模拟公司企业文化培训体系设计。

6.进行模拟公司企业家个人品牌建设。

重点做好模拟公司的企业视觉识别体系设计和企业员工行为规范体系设计。

(四)实验小结

1.实验总结

以实验小组为单位,总结模拟公司企业文化体系构建的思路、方法和效果。

2.思考题

(1)简述企业文化在具体企业经营中的作用。

(2)企业文化对社会经济发展有哪些促进作用?

第七章　领导方式

一、理论重温

(一)领导与管理

领导是在一定的社会组织或群体内,为实现组织预定目标,领导者运用其法定权力和自身影响力影响被领导者的行为,并将其导向组织目标的过程。领导者与管理者的区别见表7-1。

表7-1　领导者与管理者的区别

领导者	管理者
权力主要来源于个人影响力	权力主要来源于职权
柔性	刚性
价值观、期望和鼓励	控制和结果
长期视角	短期视角
询问"做什么"和"为什么做"	询问"怎么做"和"何时做"
挑战现状	维持现状
注重效果	注重效率

(二)领导特质理论

领导特质理论的基本观点是:个人品质或特征是决定领导效果的关键因素。根据这些品质和特征的来源所作的不同解释,领导特质理论可分为传统领导特质理论和现代领导特质理论。传统领导特质理论(表7-2)认为领导者所具有的特性是天生的,是遗传因素决定的,这种观点现在很少有人赞同;现代领导特质理论(表7-3)认为领导者的特性和品质是在实践中形成的,是可以通过教育和训练培养的。

表7–2 传统领导特质理论

吉布的观点： 天才的领导者应具备以下7项特质：	斯托格迪尔的观点： 领导者应具备6方面特性：	吉赛利的观点： 领导者具备的8种个性特征和5种激励特征：
1.善言辞； 2.外貌英俊潇洒； 3.智力过人； 4.具有自信心； 5.心理健康； 6.较强的支配欲； 7.外向而敏感。	1.身体特性：精力、身高、外貌等； 2.社会特性：社会经济地位、学历等； 3.智力特性：判断力、果断性、知识广博和口才等； 4.个性特征：有良心、可靠、勇敢、有胆略、自信、机灵、正直、情绪稳定、作风民主、优雅、愉快等； 5.与工作有关的特性：力求革新、高成就需要、愿承担责任、工作主动、重视任务的完成等； 6.社交特性：良好的人际关系、积极参加各种活动、有合作精神等。	1.“八”种品质或个性方面的特征 (1)才能智力大小； (2)独创性(创造与开拓)强弱； (3)果断性、决断能力强弱； (4)自信心强弱； (5)指挥能力大小； (6)成熟程度高低； (7)受下级爱戴和亲近程度； (8)男性化或女性化程度。 2.“五”种激励方面的特征 (1)对职业成就的需要； (2)自我实现的需要； (3)对权力的需要； (4)对金钱报酬的需要； (5)对安全(工作稳定性)的需要。

表7–3 现代领导特质理论

顺序	日本		美国
	品德	能力	
1	使命感	思维决定能力	合作精神
2	责任感	规划能力	决策能力
3	依赖性	判断能力	组织能力
4	积极性	创造能力	授权能力
5	忠诚心	洞察能力	应变能力
6	进取心	劝说能力	勇于负责
7	忍耐性	对人理解能力	创新能力
8	公平性	解决问题能力	勇担风险
9	热情	培养下级能力	尊重他人
10	勇气	调动积极性能力	品德超人

(三)领导行为理论

表7–4列出了几种典型的领导行为理论。

表7–4　典型的领导行为理论

领导行为理论	内容
三种基本领导风格理论	专制型、民主型、放任型
利克特的四种领导方式理论	专制—权威式、开明—权威式、协商式、群体参与式
领导行为四分图理论	高关怀—高定规、高关怀—低定规、低关怀—高定规、低关怀—低定规
管理方格理论	(1,1)“贫乏型管理”、(9,9)“团队型管理”、(1,9)　“乡村俱乐部式管理”、(9,1) “任务型管理”、(5,5)“中庸型管理”

(四)领导权变理论

不同的领导者对于采用何种领导方式的倾向，往往与他们对员工人性的认识有关,而任何一种领导方式的好坏都不是绝对的。

权变理论的含义可以通过下述公式来表示：

$$S=f(L,F,E)$$

式中,S为领导方式;L为领导者特征;F为被领导者特征;E为领导情境。即领导方式是领导者特征、被领导者特征和领导情境的函数。

1.菲德勒的权变领导模式(表7–5)

基本观点是:不存在一种普遍适用于一切情景的最好的领导方式。一种领导方式在某种情况下可能是有效的,但在另一种情况下则可能无效,领导方式的有效性取决于管理者的领导风格与组织环境的匹配。

表7–5　菲德勒的领导模式

上下级关系	好				差			
任务结构	高		低		高		低	
职位权力	大	小	大	小	大	小	大	小
情景类型	1	2	3	4	5	6	7	8
情景特征	有利			中间状态				不利
有效的领导方式	任务型			关系型				任务型
关系导向型领导风格								
任务导向型领导风格								

2.领导生命周期理论

主要思想是,“高工作、高关系”型的领导方式并不是一定经常有效的,“低工作、低关系”型的领导方式也未必一无是处,有效的领导风格应当适应其下属的不同的成熟度,具体内容如图7–1和表7–6所示。

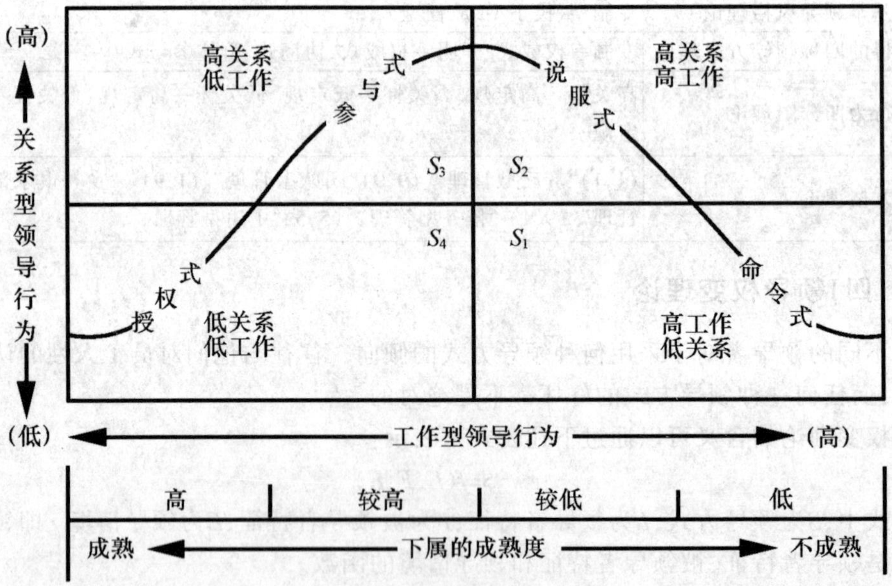

图7–1 领导生命周期曲线图

表7–6 领导生命周期理论的内容

领导方式	行为表现
1.命令式	下属的成熟度较低意味着他们既不能胜任工作又不能被信任,这时领导者可以责令下属执行工作任务。这是一种体现高工作、低关系特点的领导方式。
2.说服式	适用于下属不太成熟的情况。这种情况表明,下属愿意担负起工作责任,但目前尚缺乏足够的技能,这时,领导者应说服下属接受他所决定的工作任务和工作方法。这反映了高工作、高关系结合的领导方式特点。
3.参与式	适用于下属比较成熟的情况。如果下属的工作能力强但工作意愿比较低,这时领导者应该与下属进行充分的信息交流,支持下属按自己的想法发挥其工作能力。这是在高关系、低工作条件下可以采取的领导方式。
4.授权式	当下属高度成熟时,下属具有较高的自信心、能力和愿望来承担工作责任,这时领导者可赋予下属自主决策和行动的权力,领导者只起监督作用。这是低工作、低关系结合时最为适宜的领导方式。

二、案例导入

(一)百事公司

1.百事公司董事长:新人新看法

她是一个土生土长的印度女孩,现在执掌着一家美国的世界500强公司;她身穿纱丽、特立独行,创造了一个又一个商界传奇,人称“铁女人”;她多次被评为“美国商业界最有权势的50位女性”。她就是美国百事公司的董事长兼首席执行官卢英德,也是百事公司100多年历史上的首位女掌门。

面对日益强盛的中国本土饮料公司,以及老对手可口可乐公司,百事公司的竞争优势和策略是什么?最近,中国和印度都不约而同地向世界宣传本国形象,作为一个印度人,卢英德如何看待中印两个大国之间的竞争与合作呢?在亲历金融危机之后,她对奥巴马的经济政策持有何种看法?

(1)在中国饮料市场上,本土企业和跨国公司势均力敌

1978年,23岁的卢英德接到了美国耶鲁大学的通知书,怀揣500美元从印度到美国,追逐自己的“美国梦”。经过28年的奋斗,终于登上了自己事业的巅峰。从2006年到2009年,卢英德连续四年蝉联美国《财富》杂志评出的“美国商界最有权势的50位女人”的第一名。

卢英德上任后,通过不断丰富百事公司的产品线等措施,使得公司的销售收入和净利润节节攀升。与此同时,卢英德还加快了百事公司海外扩张的步伐。2010年5月21日,卢英德在上海宣布:未来三年,百事公司将在中国市场增加投资25亿美元。这一个数字,不仅超过了从1981年第一罐中国产的百事可乐诞生到目前在华投资的总和,而且超越了它最大竞争对手可口可乐公司在2009年宣布的未来三年20亿美元的投资计划。目前,中国市场已经成为百事公司除美国本土之外的第一大市场。

谈到百事公司在中国市场的竞争对手时,卢英德并不认为百事公司和中国本土企业是势不两立的竞争对手,因为中国市场还有很大的增长空间,大家都有发展空间。卢英德高度评价中国本土的食品和饮料公司,在她眼里,这些中国公司和跨国公司处在一个势均力敌的状态,竞争能力一点儿也不比跨国公司弱。

(2)中国需要向世界展示更加真实的一面

2011年1月17日,一抹亮丽的“中国红”点亮了素有“世界十字路口”之称的美国纽约时报广场,6块电子显示屏同时播出了中国首部国家形象宣传片《人物篇》。一个多星期之后,第41届世界经济论坛年会在瑞士达沃斯召开,印度在达沃斯小镇大力推广国家形象宣传海报。作为当今世界最大的两个发展中国家,中国和印度吸引了全球关注的目光。一个是“世界工厂”,一个是“世界办公室”。印度与中国的龙象

之争,一直为全球广为关注。"中国模式"与"印度模式"两种发展模式的比较,成为全球政、商、学等各界的热门话题。

关于中印两国的外部形象,卢英德直言:"当你踏入印度,踏入孟买或德里等印度城市,就会看到印度的另一面,仿佛扑面而来,而在中国却并非如此,你需要亲自探索。因为你进入中国大城市时所目睹的是中国最美好的一面,而在印度,从四面八方包围你的是贫穷、乞丐、身无分文的人,因此中国和印度一个显著的不同点在于你能够在多大程度上看到社会的真实境况。"

(3)奥巴马的经济政策没有问题

2010年,美国失业率持续徘徊在高位,美国经济也由此被称为"无就业增长复苏"。奥巴马的经济政策一直饱受各方质疑,英特尔CEO欧德宁曾猛烈抨击奥巴马政府对经济复苏的政策。美国制造业巨头3M公司董事会主席兼首席执行官乔治·巴克利甚至指责美国总统"反商业",称奥巴马没有采取任何措施改善白宫与美国大企业之间的关系。

与他们截然不同的是，卢英德对奥巴马的经济政策和他处理企业的关系赞扬有加:"奥巴马总统采取的新举措令人惊叹,在他任期的头两年面对的是一片混乱,他不得不采取一些艰难的政策措施使情况趋于稳定,我认为他从未'反对企业',而只是在最初两年对企业并不是采取明显的支持态度，因为当时有许多更紧迫的问题需要关注。而两年之后的今天,美国国内状况趋稳,GDP再次上扬,因此他需要将重点转向如何与企业界共同努力,使美国经济回到之前的水平,我对未来的发展十分乐观。"

从一个土生土长的印度女孩到一家世界500强公司的掌门人,卢英德带领百事公司,从一个专门生产碳酸饮料和休闲食品的食品公司,成功转型为在碳酸饮料、健康食品和功能饮料均衡发展的"新百事公司"。今年56岁的卢英德因为在百事创下的辉煌战绩,而被外界称为"铁女人"、"可乐女王"。卢英德的朋友亨利·基辛格预言,卢英德未来还会进军华盛顿,在美国内阁中占有一席之地。尽管在事业上取得了巨大成功,卢英德骨子里仍然是一名传统的东方女性,她是一个成功的商界女强人,更是两个女儿的母亲,一名虔诚的印度教徒。她始终认为,自己事业最核心的支柱是家人、朋友和信仰。

资料来源:《百事公司董事长：企业要以富有责任感的方式创造就业机会》。CCTV2,2011年3月5日。

2.百事面临挑战:卢英德的对策

百事公司可以对人们产生奇怪的影响:让人看起来好像不是生产饮料的。百事公司总裁卢英德刚刚得知她将成为下一任首席执行官,就跳上了前往科德角(Cape Cod)的飞机,她竞争那个职位的主要对手迈克·怀特(Mike White)正在那里休假。他们两人曾经共事了很多年。两人都曾经做过首席财务官,都是正在冉冉升起的明星。他们都热爱音乐。当他们一个月前走出讨论他们命运的那次董事会的会议室时，去百老汇听了音乐剧《Jersey Boys》，还一直在唱 Frankie Valli 的歌曲。

当卢英德的飞机在科德角着陆的时候，怀特正在机场等她，还带了一张他自己写的祝贺她的卡片。他们沿海滩走了很长时间。他背对自己在海滩上的房子，弹起了钢琴，她唱起了歌。在她离开之前，他们还一起去吃了冰淇淋。"告诉我，我要做什么才能留住你，无论是什么事情，我都会做。"她对自己的这位老搭档说。后者当时是公司的副总裁。怀特说，他要睡一觉再说。

在竞争极其激烈的最高管理层中，这种场面是极其少见的，但在百事公司却不是这样。百事公司有三位前首席执行官，相互之间的关系都非常好，这对于帮助卢英德把怀特留在董事会非常有好处。她说，她请董事会把怀特的薪酬提高到和她几乎相等的水平(卢英德 2006 年的薪酬是 710 万美元)。怀特是百事公司最善于经营的人才——他这样的人在低迷时期是不可缺少的。他将是一个重要的建议者。最后，怀特决定留下来。在接下来一周宣布对卢英德的任命的时候，轮到他在会议上对下属发言了。他说，"我弹琴，卢英德唱歌"。卢英德说，"我对迈克，就像合作伙伴一样。他本来可以很容易就成为首席执行官。"在几次关键的会议上，她都确保了迈克对她的支持。

新首席执行官上任通常不是这样的方式，但卢英德是一个完全不同的首席执行官，她是印度人的天性与百事公司从内部培养首席执行官的方法相结合的产物。她不会为了报酬的事情而整天心情不安。在需要的时候，她会不耻下问。她不到60岁，还没打算让这份工作成为自己的最后一份工作。她的朋友亨利·基辛格预言，她登上华盛顿的高位只是时间问题，很可能成为一名内阁成员；而卢英德也承认这一点，她说她很喜欢这样的职业发展路径。她见多识广，受过良好的教育，而且是一个战略思想家——她曾经在波士顿咨询公司(Boston Consulting Group)工作——她对俄罗斯和中国等新兴市场的兴趣比对喧嚣的美国可乐战大得多。在她家中举行的晚宴上，很可能出现商界的知名人士，也很可能出现托尼·布莱尔和印度或者墨西哥等国的政府部长们。卢英德是一个多年来一直强调"肠道健康"重要性的素食主义者，你觉得她不会是那种能领导一家生产甜汽水和咸零食的企业的人——但这正是她能把公司引领到一个不同方向的原因。她唱卡拉 OK，弹电吉他。她的南亚血统使她能对世界有一个比较宽的视角。

担任首席执行官以后，她重组了百事公司，使它不再把那么多注意力都集中在美国，并把高层管理团队的规模扩大到原来的两倍，达到 29 人，从而扩宽了公司的力量结构。她还让意大利人马西莫·达莫尔(Massimo d'Amore)负责包括令人烦恼的美国软饮料业务的事业部，还聘请了前马约医疗中心(Mayo Clinic)的内分泌专家来领导百事公司的研发工作。去年，卢英德在收购上花了 13 亿美元，比如她收购了 Naked Juice——加利福尼亚的一家大豆饮料和有机饮料制造商。她提出了一句座右铭——“目的性绩效”——这个座右铭为公司树立了一个积极的标准,指出了卢英德希望百事公司在美国国内和国外如何开展业务。

这句凝练的话表达的思想是,企业既要创造利润,又要制造健康的食品,尽量不对环境造成负面影响,关心自己的员工,要在利润动机与这些原则之间找到平衡。“如果想的就是让这家公司变成一个一分钱不浪费的吝啬鬼,实现两位数的收益增长,而不关心其他任何事情,那将是我的错误。”她说。“今天很多公司的规模已经比许多国家的经济庞大了。我们就是一个个小型的国家,是一部部有效运转的机器。如果这些公司不做(负责任的)事情,那么谁来负责任呢?为什么不从现在就开始改变呢?”

卢英德没有等到自己成为一个资深政治家式首席执行官,就开始在公共舞台上发表见解了。她的前任雷孟夫(Steven Reinemund)说,她是一个“具有传奇色彩的领导者”。在2008年1月份面向食品行业的一次发言中,卢英德建议这个团体着手解决肥胖问题。“你们还记得像‘保持美国人的美丽’这样的活动吗?‘系好安全带’呢?”她问。“我相信,我们需要用一种类似的方法来与肥胖作战。让我们成为一个把所有的力量都贡献出来的有责任心的行业吧——不是勉为其难,而是心甘情愿的。”在 2008 年达沃斯世界经济论坛上,她对国务卿康多莉扎·赖斯说,“让企业在解决全世界面临的某些重大问题方面发挥重要的作用是非常重要的”。

她在国际舞台上的滔滔雄辩,对于这家企业的作用越来越重要了。由于即使在最好的年份里美国市场的增长仍然十分缓慢,所以最大的机会就是海外市场。2007年,百事公司的国际业务增长了 22%,是国内销售额增长率的 3 倍,对营业总额的贡献率达到了 40%。而且,一个首席执行官最好能够占据道德上的优势。名声不佳的美国公司再也拿不到免费的入场券了:如果 Baked Lays 薯条无法满足人们对它提出的健康要求,就要被英国的监管者赶下商店的货架。而且如果你的公司是一个贪婪的美国公司,你在紧张的中国劳动力市场就没有机会了。如果你在印度设定的利润目标过于野心勃勃,你的装瓶公司竭泽而渔,那么很可能受到严厉的惩罚。

“如果你完全是从美国人的视角来看待这项工作,那么就不可能经营一项全球化的业务。”基辛格说。他是百事公司和其他公司的国际事务咨询顾问。“你必须把自己的利益与世界其他地区的利益联系起来——要在那些地方发挥重要的作用。卢英德似乎是本能地了解了这一点。”

但是,经济环境中突然出现了一个变化,这会考验卢英德是不是在任何情况下都能成为一个合格的领导者。由于美国很可能出现经济不景气,百事公司正在步入十年来面临的最艰难时期。它使用的主要原料价格飙升,比如玉米和食用油等原料。它最新的产品,如价位比较高的果汁产品,可能遭到有节约意识的消费者的抵制。同时,它的宿敌可口可乐公司也打算利用低热量的 Coke Zero 等产品重新打响可乐战,这种产品似乎取得了成功。而且,可口可乐公司最近还收购了维他命水

(Vitaminwater)的系列产品。

很长时间以来,投资者都非常喜欢百事公司大胆的战略行动和稳定、可靠的增长。从 2003 年以来,百事公司的股票价格增长了一倍以上,现在在每股 70 美元附近徘徊,比卢英德刚接手时增长了 10% 左右。但是,华尔街更加关心卢英德将如何解决玉米价格的上涨问题,而不是关心她如何解决世界问题。到目前为止,一切都还不错。2007 年第四季度,营业收入增长了 17%,达到了 123 亿美元;经营利润增长了 9%,达到了 17 亿美元。美国银行的行业分析师说,百事公司"正在这个艰难的环境中显示出巨大的灵活性"。

卢英德有一项令人望尘莫及的杰出成就——她在塑造百事公司的过程中发挥了巨大作用。了解内情的人都把百事公司的成功归因于两种文化的结合,这两种文化在 1965 年公司组建的时候融为一体。这就是菲多利公司(Frito-Lay)"踏踏实实做事"的专家精神以及百事可乐公司"从来不认为任何事情理所当然"的卧薪尝胆心态——百事可乐几乎曾被可口可乐挤出可乐市场。这两种文化的融合,形成了一个反其道而行的公司。这家愿意承担风险的大公司对自己能够像一家小公司一样行动而倍感自豪,而且截至2007年底,在过去 42 年里年复合增长率达到了令人瞠目的 13%。与 2000 年相比,百事公司2007年的营业额几乎翻了一番。作为百事公司负责战略和并购的领导者,卢英德创造了一台增长机器,她把餐厅和装瓶厂剥离了出去,又收购了 Tropicana 公司和桂格燕麦公司(Quaker Oats)。

今天的百事公司生产的产品与过去完全不同。老百事公司生产 Fritos 玉米片和 Cheetos 薯条,而新百事公司生产Stacy's Simply Naked(立体脆)和 Flat Earth(水果饼干和素食饼干)。老百事公司生产 Diet Pepsi 饮料和激浪(Mountain Dew),新百事公司生产 Naked Juice Pomegranate Blueberry 和 IZZE Sparkling Clementine。老百事公司收购了一些不合适的公司, 比如北美卡车联盟 (North American Van Lines)和威尔逊体育用品公司(Wilson Sporting Goods),而新百事公司则与一些业务相容的合作伙伴组建了合资公司, 比如与立顿 (Lipton, 瓶装冰茶) 和星巴克(Starbucks,罐装卡布奇诺)。

新百事公司很早就超越了汽水业务, 涉足了更健康、发展更快的低热量饮料(瓶装水、运动饮料和茶饮料)业务,所以根据《饮料文摘(Beverage Digest)》的调查数据,它能在美国占据一半左右的市场份额,差不多是可口可乐公司占据的市场份额的两倍。这并不是说它几乎完全成了一家健康食品公司。它的大量产品(大约占70% 左右)仍然被它自己委婉地叫作"使你快乐"的食品,与此相对应的另外两类产品在公司内部则被称为"对你更有益的产品"和"对你有益的产品"。但是,百事公司进行了一系列收购,并且改变了产品组合,即使在墨西哥等喜欢油炸食品的市场也是如此,这说明它的战略转变并不仅仅是作秀。

当然,接受公众意见中的正面信息,还有其他的好处,可以使公司规避针对引起肥胖的垃圾食品和苏打饮料的潜在法律和制度问题及批评。但是,这仍然没有使百事公司免受某些时代潮流突然改变的影响。比如瓶装水这样的产品——百事公司在这个产品领域使用的品牌是 Aquafina——几乎是所有的饮料当中最无害的,但是现在,它也因为对环境资源的浪费而受到围攻。今天,即使像百事公司这样的行动迅速的企业,也可能被公众的意见和口味打得措手不及。在这样的时代,一家消费品公司的首席执行官必须具备极强的适应能力。

卢英德还创造了一项不可思议的完美纪录。她是在钦奈(以前叫马德拉斯)长大的,那是印度东南海岸的一座城市。她的父亲是一位会计师,母亲是家庭主妇,他们都"鼓励我们,但也会阻止我们,并告诉我们:只要我们让这个家一直兴旺发达,就能够统治整个国家"。他的祖父是一位退休法官,会仔细检查她的成绩单和家庭作业,在晚年提前教会了她几何课本中的所有定理,以便确保如果自己在她毕业之前就去世的话她仍然能取得优异的成绩。每天晚上晚饭的时候,她的妈妈都会向卢英德和她的妹妹介绍一个世界性的问题,让她们设想自己是总统或者首相,并比赛如何解决这些问题。虽然她的家庭信仰印度教,但卢英德上的是天主教学校,她是一个热心的辩论家,打板球,一直缠她的父母(和修女),直到他们同意自己弹吉他为止,然后又组建了一个全是女孩的摇滚乐队——这是神圣天使女修道院(Holy Angels Convent)的第一支摇滚乐队。虽然这支乐队只会唱很少几支歌曲(包括《Proud Mary》和《Yummy, Yummy, Yummy》),但"我们曾经轰动一时",她兴高采烈地说。

卢英德从印度加尔各答的印度管理学院和耶鲁管理学院获得了商学方面的硕士学位。她在波士顿咨询公司工作了一段时间,然后又在摩托罗拉公司和做工程的 ABB 集团担任过战略规划职位。当百事公司前任首席执行官、当时的通用电气公司董事韦恩·卡洛韦(Wayne Calloway)劝说卢英德到百事公司工作的时候,她正打算到通用电气公司为杰克·韦尔奇效力。卡洛韦告诉卢英德,百事公司比通用电气更需要她。这句话可以说正中要害。

当卢英德走上首席执行官这个新岗位的时候,她有一个不同寻常的庞大资深顾问队伍提供指导:包括三位百事公司的前首席执行官,他们几乎每天都会相互联系。他们之间没有组织上的联系——他们是朋友。"如果她需要帮助,就能得到帮助;但是如果不需要,就不会有人帮助她。"雷孟夫说。他一直从自己位于达拉斯的家里与卢英德保持联系,就像他的前任、梦工场动画公司(DreamWorks Animation)主席殷瑞杰(Roger Enrico)一样,后者的家在加州的拉霍亚。86 岁的唐·肯德尔(Don Kendall)是百事公司的创始人之一,他在卢英德的办公室旁边有一间办公室,作为她的顾问。卢英德说,雷孟夫会在 30 秒之内就回复她的电子邮件,并且主动提出,如果卢英德需要建议,他就飞到她位于纽约州伯奇斯市的办公室去。"他们都是我的老板,也是我最要好的朋友。"卢英德说。他们会在特殊的时候给她打电话,有时候会来为她庆祝生日。

1994 年,卢英德加入百事公司不久,公司的增长秘方突然完全失效了。它的餐厅业务,包括必胜客、Taco Bell和肯德基,全部停滞不前。百事公司试图在海外业务上追上可口可乐公司——后者有 71% 的营业额来自在国际市场上的销售,而百事公司只有 29%,但这次尝试变成了一场灾难。1996 年,殷瑞杰进行了一轮痛苦的减记资产账面价值活动。百事公司很快进入一个使华尔街感觉眼花缭乱的轨道,在百事公司的会议室里引起轩然大波。

作为殷瑞杰手下负责并购的管理者,卢英德对公司进行了大规模改组。她走进美国城市郊区,发现快餐市场已经饱和,而房地产是一项硬投资,难以最大化——必胜客没有早上客流。因此,1997 年,百事公司剥离了餐厅业务——这是一项不小的举措,因为这将使公司每年 310 亿美元的营业额缩减三分之一。第二年,她提出用 33 亿美元的价格收购 Tropicana 公司,后来又用 140 亿美元收购了桂格公司,这两项行动使百事公司具有了一些能够帮助它改变声誉的品牌。就像她后来在印度《经济时报(Economic Times)》上解释的那样,"如果你想生产一种健康的产品,你不能使用另一个 Frito 品牌。把新的健康食品叫作 Lays 或者 Ruffles,并且期待用它做早餐,那真是太疯狂了。"(这并没有阻止百事公司生产与此恰恰相反的产品桂格早餐饼干。)

1998 年,卢英德还在董事会上作了一个关键的发言——就像来自可口可乐公司的打击一样让人无法忍受——这个发言仔细分析了可口可乐公司这家竞争对手的业务模式,举了一个有说服力的案例,说明可口可乐公司那种两位数的增长率是不可能持久的。"这是一场力量的较量。"殷瑞杰说。他坚信,"在那一刻,百事公司对可口可乐公司的业务模式的了解比可口可乐公司自己都清楚。"这次发言四个月后,可口可乐公司的股票达到了 88 美元的最高值,然后开始了长时间的下滑。

卢英德说,20 世纪 90 年代中期,殷瑞杰要求她设计一个战略,把百事公司变成"21 世纪的典范的公司"。(她记得他说过,希望百事公司更像通用电气公司。)她设想了几种情景,我们可以把这几种情景叫作路径 A、路径 B 或路径 C。"我们选择了其中一条路径,而收购桂格燕麦就是这个路径的一部分。"她说。这条路径中还包括另外三项规模较小的收购。殷瑞杰任命卢英德做他的首席财务官。他说,迄今为止,她是"我一生中见过的最好的谈判者"。尽管如此,他并不认为卢英德能成为首席执行官,因为"我一直认为她需要做一些经营工作"。殷瑞杰的继任者雷孟夫任命卢英德做自己的总裁,在她成功完成了桂格的收购整合工作之后,有了完全不同的感受。她证明了自己既有分析才能,又有远见卓识。她还和雷孟夫一样坚信,健康运动是真正的创新,而且是迫在眉睫的创新——虽然当健身迷雷孟夫告诉她,希望她和自己一起代表百事公司参加纽约市的马拉松比赛时,她的反应是,"好吧,史蒂夫(雷孟夫的名字),我用一个月的时间可以跑完:我会不时停下来,买一点东西……”这发生在卢英德号召大家共同解决绿色问题的时候。在八年前菲多利公司的一次会议上，她非常乐意地放松了对节水项目和与热量有关的项目的资本支出要求,当时高级管理者们都非常震惊。“要同意这个项目吗？我们可以做这个项目吗？”负责可持续性发展的副总裁戴维·哈夫特(David Haft)记得,会后他立刻这样问自己的老板。现在,那些项目每年能为菲多利公司节约 5,500 万美元。

作为首席执行官,她能够坚持自己的变革计划,这需要逐渐把“对你更有益的”和“对你有益的”的小食品占据的百分比从 30% 提升到 50%,并拓宽产品组合,在产品系列中增加谷物、坚果和水果。卢英德还参与创造了一个模式,便于百事公司推出新产品。2007年，百事公司推出了 150 种不同口味的薯片和 55 种不同的橙汁。2007年12 月份,她从武田制药公司(Takeda Pharmaceuticals)挖来马哈穆德·汗(Mehmood Khan)做百事公司的第一任首席科学官。这听起来可能有些戏剧性,但摩根士丹利的分析师比尔·佩克里洛(Bill Pecoriello)说,在食品研究领域,美国的食品公司实际上已经落在了后面。例如,瑞士的雀巢公司在研发上投入的资金比例就比百事公司高(前者投在研发上的资金占销售额的 1.6%,而后者只有 1%),它把自己称为营养公司,并且试图验证食物是否能预防疾病。2007年,百事公司收购了一些公司,还与另一些公司建立了合作关系,其中包括一家比利时的包装坚果生产商、一家以色列的豆沙制造商和 Naked Juice,后者是一家生产思慕雪等营养饮料的公司。“Naked Juice 是一种饮料还是一种小食品？”卢英德在思考。“我认为我们可以把小食品液体化,或者把液体饮料小食品化。”

卢英德最令人惊讶的一项天赋是说服他人的艺术。她可以激发听众的情绪,并且让他们团结起来一起去完成某件令人烦恼的事情，比如在全公司范围内安装一种新的软件。她的新座右铭是:“目的性绩效。”这既可以增强组织的凝聚力,又可以扩大百事公司在全球的影响力。因为她知道,现在这个时代,你不可能理所当然地打入一个新兴市场。百事公司负责欧洲事务的总裁蔡恩·阿卜杜拉(Zein Abdulla) 说,“人们仍然倾向于认为在新兴市场的经营方式和核心业务组合一样,未来的某一天,那些市场会赶上西方国家,到时候再转战其他的市场。”但是,你猜怎么?这些新兴市场已经赶上西方国家了。百事公司在俄罗斯有一半的饮料业务都来自低热量饮料——果汁、水、茶和活力饮料。像百事这样的全球品牌不会再像以前那样行事了。“这些品牌还有作用,”阿卜杜拉说,“但它们不是铁板一块。”

卢英德积极推销自己的观点,这一点是非常著名的。她的同事说她“把所有的自我”都带到了办公室。她坚持每个人过生日的时候都要买一个蛋糕庆祝……而且每个人都永远 35 岁。在百事公司的每一次聚会上,她的卡拉 OK 节目必然出现。她会谈“妈妈经”。2007年12 月份,一个高层管理者回忆起卢英德曾经对整个团队说过,做一个带孩子参加体育运动的母亲,每周都要为孩子准备丰盛的大餐。他们会给你一份详细的清单,不能有坚果,不能有面粉做的东西。她承认,因为她是一个首席执行官，所以事情变得更加复杂了。这让孩子们认为“这件事情对我来说很容易，不需要思考。我能够做到，因为我们已经生产出这样的产品了”。

她对自己的子女有很高的要求，同样，她也希望周围的每一个人都能符合高标准。她有红、绿、紫三色的钢笔，并且用这些笔给她办公桌上的每样东西都做了标记。“我的涂鸦是非常著名的——非常著名。”她眨眨眼睛说。有时候，她会写“我从来没见过这么不称职的人”，或者“这根本无法接受”，而且会把“无法接受”这几个字重复写三次。她是在开玩笑，但她确实让大家了解了她的观点。她曾写过一封所谓的情书，把一些秘书吓得够呛，以至于他们不得不求证一下，老板并没有打算让他们丢掉工作。

“她会向你挑战。”负责亚太地区的总裁蒂姆·明奇斯(Tim Minges)说。2007年，他的下属找不到一种便宜的东西替代在泰国的产品中使用的棕榈油，卢英德不断地催促他们说：“我明白你的意思，我明白你的意思，那么正确的解决方案是什么呢？”直到他们找到了一种合适的替代物——麦麸油，她才作罢。“但是，不要试图把问题推给上面来解决”，明奇斯说，因为她会当着你的面把问题再扔回来。

她非常果断，有时候显得有点反复无常，丝毫不顾及可能产生的影响。2007年12月份，她在最后几分钟提出，她不愿意在一次重要的软饮料行业会议上作主题发言，提出了一个可能被很多人认为站不住脚的理由，并且派了一位下属代替她发言。卢英德说了一番自己想说的话，引起了可口可乐公司首席执行官内维尔·伊斯代尔（Neville Isdell）的重视，后者最近刚刚宣布了自己的继任者是穆塔尔·肯特(Muhtar Kent)。可口可乐公司对此事的评价是，“今天上午，内维尔到这里来听英德拉的演讲，遗憾的是她决定不来了。我们认为，如果英德拉真的想表达对内维尔的尊重，应该以一种优雅的方式来表达”。人们认为，她有时候似乎有点喜怒无常，甚至爱发脾气，就像一位行业分析师说的那样，那次缺席对这种印象的形成不无关系。而且有时候，在面临变化的事实时，她需要很长时间才会改变自己的立场。2002年，曾有人说在印度销售的百事可乐和可口可乐中都发现了杀虫剂的痕迹。卢英德说，她真希望自己当时没有对这一断言做出那样的反应。当时公司拒绝承认此事，并且用科学分析来支持自己的立场。卢英德如今说，虽然她不用直接对此事负责（当时她是总裁，怀特负责国际业务），“但我有一张印度人的面孔。我应该马上跳上飞机说：‘各位，我向你们保证，这些产品是最安全的’。但是，当时我没有这么做。我对此很后悔。如果这件事情发生在现在，我就会立刻赶到那里去。”

有了她的团队，就不存在什么与卢英德不相干的事情。她像一个女教师，又像一只老母鸡。她曾经对协助她处理公司战略问题的休·约翰斯顿（Hugh Johnston）说，他穿得像个乞丐。当时，他正在协助她解决公司的 IT 程序问题。他说，“卢英德，这里都是搞 IT 的人，我们就是做这个的。我们不会走出这栋建筑的。”当他后来去总部的时候，卢英德告诉他应该到什么地方去购物，后来他就买了全套的新行头。她知道自己很挑剔,自己也对此很烦恼。她会举办晚宴,请管理团队的成员和他们的配偶参加。晚宴上有一个问答环节,她坚持让管理成员的配偶提一些问题,如果不提就不能坐下。

她说,她很感谢家庭的支持,因为她的职业使家人感到很不快。卢英德说,有很长一段时间,她每天早晨醒来都会觉得“对每件事都感到内疚”。她的职业使丈夫拉吉(Raj)——芝加哥大学的 MBA,拥有电子与工业工程专业学位——离开了他热爱的惠普公司的工作,做起了咨询顾问。“他帮助我,支持我,他是一个胸怀宽广的男人。”她说。因为她经常出差,也给大女儿带来了很多损失,她对此感到很后悔。所以听到“最大的批评家”普里萨(Preetha)最近对一个朋友说“对了,大公司都不怎么样,但我希望百事公司是一个例外”的时候,卢英德欣喜若狂。她工作非常努力,这使她很难待在 15 岁的塔拉(Tara)身边。在长途旅行的时候,卢英德经常给塔拉打电话,以便与她保持联系。如果是在国内出差,她会尽一切努力当晚回家,在家里吃早饭。2008年2月,卢英德度过了特别艰苦的一周,于是收到了塔拉发来的一封电子邮件:“你需要睡觉,妈妈!这真荒唐!如果你打算在达沃斯做得好,那么你就需要睡觉!”

她的全部生活就是一个平衡与自我剥夺的复杂网络。在成长的过程中,她曾经为了一把电吉他而心情沮丧,最终她的父亲给她随便买了一把原声吉他。直到三年前,她还在自我放纵。“我出去买了几把 Fenders 电吉他,一把 Gibson 原声吉他,一把 Martin 原声吉他,一把雅马哈 12 弦吉他。”她骄傲地说。她经常弹奏吗?她很少有这种渴望。“当我想放松的时候就会弹吉他。但是要弹吉他,就必须剪指甲。”她看着自己的指甲说。“所以有一天我会把指甲剪掉。现在,当我剪完指甲后,我就会弹吉他。”

还有更多需要权衡的事情。好的东西都很贵。更有利于健康的食品配方可能也是如此。“我会对你们说老实话。我们的后背上确实有一根发条,它(在衰退的经济状况下)很难保持良好的表现。”她最近这样说。但是,“你可以给你的团队一系列目标,并且让他们都充分接受这些目标,他们就可以爬上山顶。”百事公司2007年的收益让市场惊叹,它在原料成本提高的第二年就实现了销量的增长。百事公司能够做到这一点,是结合了新产品、生产效率改进、提高价格和采用新的包装技巧等多种方法的结果。(它把这叫作“减肥”——也就是对更少的产品收取更高的价格。)分析家预计,今年百事公司面临的挑战会更大。更有利于健康的新产品比百事和 Lays 牌的产品更加昂贵。而且考虑到百事生产的小食品和佳得乐(Gatorade)生产的各种产品,它比可口可乐公司更容易受通货膨胀影响,其中最核心的问题是装瓶商在汽水中加糖。摩根士丹利的佩克里洛说,百事公司预计2008年的原材料成本将增加 6%,而可口可乐公司这项成本不会增加。原料成本占百事公司营业总额的 25% 左右,而在可口可乐公司,这一比例仅为 11%,《饮料文摘》的约翰·西奇尔(John Sicher)如是说。

就在她把关注的重点放在未来的食品上时,突然又陷入了可乐之战。一个重生的可口可乐公司出现在她的侧翼。由于可口可乐公司的成本更低,而且最近收购了维他命水,所以它可能再次成为百事公司要面对的一个真正对手。(百事公司寄希望于佳得乐生产的一种新的低热量产品,叫作 G2。)关于这个竞争对手复活的传言使卢英德很烦恼:百事公司现在来自小食品的收入高于来自饮料的收入。“从我的角度看,我们是两家不同的公司……在业务组成和文化上都不同,思维方式和行为方式也不同。我们几乎每个方面都不同。”她说。“所以,如果人们希望将我们两家公司做比较,那就比吧。可口可乐公司是否因为(美元的疲软)和从事饮料业务而掌握了某种优势呢?确实如此。但是,它受到的阻力也更大。关键是,我们所从事的这些业务会给你更多‘对你有益’的产品,更接近于农作物。当你更接近农作物的时候,就会面临通货膨胀。我对此后悔吗?不,我对自己做出了改变这个事实觉得很自豪。”

她曾经告诉华尔街分析师,她预计公司将继续达到增长率的目标。2008年2 月份的早些时候,她对分析师承认,“价格上涨水平是一个未知的领域,因为很多年以来,小食品和饮料都处于一种降价的状态,所以我们必须谨慎地处理这件事情。”目前,她已经知道,她必须调整自己使百事公司成为所谓“典范的公司”的节奏。她已经把语气缓和了下来。“一个重要的事实是,我们都是上市公司,股票市场有某种思维方式,对每件事都有某种处理方法,我们不能忽略这一点。”

但是,对市场份额的战术之争不可能长期占据她的精力。在某个时候,政府部门中的位置会吸引她的目光。2008年 1 月,有人问她未来的发展,她立刻变得非常愉快。虽然是一个战略家,但她考虑的事情绝不仅仅局限于公司战略。“离开百事公司后,我确实想去华盛顿发展。”她说。“我想返璞归真——没有任何报酬地工作四五年。”她肯定地说,不是现在,但很可能是在下一任总统的任期之内。目前,她的工作就是经营百事公司。你可以打赌,如果机会出现,她会进行一次收购。这可以使她总是面临各种挑战。卢英德2008年说,她的部分计划就是通过并购来实现百事公司的增长。2007年有传言说百事公司与雀巢公司接触, 打算与这家大型瑞士公司合并,这会创造出一个市场价值超过 2,500 亿美元的庞然大物。卢英德对此没有发表任何评论,只是说,就目前来说,任何类似的行动都是不可能的。但是,我们可以说,她的目光是放在未来的。她面临的最大考验就是,在这个资源成本上升、客户更加谨慎、旷日持久的可乐之战结束遥遥无期的更严酷环境下,能否很好地调整自己对未来的设想。

资料来源:Betsy Morris。《百事面临挑战:这个生产小吃和汽水的巨头能健康发展吗?》。财富中文网,2008年4月29日。

(二)苹果公司

1.苹果公司:不同的领导者不同的路

一个创业仅五年的公司,一下子跃居全美五百家最大公司之列,而五年前,连它自己在露面时也因弱小而羞红了脸。然而,若干年后,一个如此辉煌的典范,竟在市场大潮中被击得东倒西歪。

(1)狂傲不羁的创造者

大红大紫的苹果公司受够了市场的宠爱和舆论的吹捧,它陶醉在成功的喜悦之中。这喜悦是如此过分,以至于它开始骄傲起来了。也许确实有骄傲的资本,苹果公司后来愈发变成市场上的专利者,忽略顾客,只顾自己的技术水平。苹果公司成了狂傲的"典范"。乔布斯和他的创业伙伴,共同播下的这个狂妄的火种,为苹果公司的继续发展设置了重重障碍。1985年以后,苹果公司逐年放慢了前进的步伐,乔布斯也因为自己的专横经营作风被逐出了苹果公司,苹果公司自此频频易主。公司内外都开始纷传苹果公司正在寻找收养者,期望在他人翼羽下渡过以后的奋战岁月。直到1995年12月,舆论还在议论苹果公司是否会过继给蓝色巨人IBM或者被太阳公司收养。

在竞争激烈的商品市场里搏斗,就像在汹涌澎湃的大海里逆风航行一样,不进则退。今天的繁荣保不住明天的成功。谁不居安思危,不推出新产品,谁就会被对手赶上、超过,甚至被商品市场的大海所吞噬、埋葬。但是乔布斯没有注意到这一真理,他忽略了"任何一个计算机企业每年都从零起步"这一道理。

乔布斯沉醉在20世纪70年代末期苹果公司的辉煌之中。他深信自己找到了成功的法宝,"那就是结合革命性的科技和销售技巧,来实现个人计算机走进千家万户的理想"。这本身就是叛逆性和革命性的想法,因为在20世纪70年代中后期,没有几个人能拥有一台计算机,就算想也办不到。他却用他的大胆和睿智,彻底地改变了计算机三个字的含义。这是他自豪的资本。

多年来,计算机都是为大机构而制造,一般大众沾不上边。因此,苹果计算机成了革命性的产品。这种个人化的做法使苹果公司独一无二。而且苹果计算机推出的时间恰到好处,20世纪70年代末期美国生产力成长减缓和20世纪80年代早期的经济衰退,都使全美的注意力转向富有创造力的白领阶层,期望能用他们的效率击退滞胀的现实,毫无疑问,个人计算机将有助于白领阶层工作效率的提高。

苹果公司迅速成功,吸引了众多的投资者赶到其所在地——加州——这块只有388平方千米的硅谷。100多家计算机等高科技公司像雨后新笋在这里建立起来了,它们一家家都想效法苹果公司,力图一夜之间完成他们成功致富的美梦,从这传说中的黄金城中挖到黄金。

乔布斯开始着实为这一现象担心了很长一段时间，他怕竞争过于激烈，苹果公司完全可能在这股市场拼杀大潮中枯萎。他把这一担心告诉了总经理麦克尔·斯科特。斯科特不以为然地对乔布斯说："市场是竞争的舞台，又是竞争的裁判。我相信，不出两年，这批小企业都会在痛苦中倒下，因为他们除了拥有想致富的妄想，其他什么也没有。而苹果公司呢？具有保持胜利所需的一切资本。真正的威胁来自IBM和DEC，而他们二者还全然不觉个人计算机市场的庞大潜力。所以，我们永远是胜利者，至少在十年之内。"

乔布斯被斯科特说服了，他的内心又涌起了不可一世的自豪，他又开始相信自己是个人计算机业界的无可比拟的霸主。市场也着实在迎合他的自信与狂妄，从1977年苹果Ⅱ型面向市场以来，苹果计算机从未出现过供过于求的状况，在很多地区，苹果计算机是不销自售，有时甚至是抢购。

乔布斯躺在帝王的殿堂里睡觉，不时的报捷声让他在虚幻的王国里舒舒服服地享受独霸个人计算机业界的清闲与惬意。

这一觉一睡就是五年。1981年，享誉全球的计算机业界真正霸主宣布进军个人计算机市场。IBM，这只猛虎终于嗅到了个人计算机市场的特殊香味，也要分割这个一直被苹果公司垄断的市场。

实在地讲，对微计算机工业来说，五年简直等于两代之久。虽然苹果Ⅱ型计算机长盛不衰，但它的很多用户已开始对它的功能说三道四，苹果Ⅱ型计算机也该变革变革了。

IBM和众多中小型计算机公司的四面出击，令乔布斯着急了。1981年5月，亦即IBM宣布进入个人计算机市场之后的第二个月，乔布斯召开了苹果公司高层管理人员会议。他说："自1977年我们推出苹果Ⅱ型计算机算起，至今整整五年过去了。五年来，我们陶醉在鲜花和掌声中，我们在顾客善良的表扬和首肯中忘记了一切。我们甚至忘记了作为一个科研群体应有的上进的使命。我们什么也没做。如今困境已经横在我们的面前。今年4月，IBM宣布进入个人计算机市场，这对我们的前景业已构成灾难性的冲击，而众多的中小企业也在对苹果的市场虎视眈眈。虽然苹果Ⅱ型计算机仍然在市场上颇受欢迎，但我们不时也能听到顾客的抱怨声。我们不希望我们的产品在市场上被认为是垃圾，我们永远要居于竞争前列。IBM这个巨大的竞争对手来了，在很短时间内它将会推出我们不敢轻视甚至难于匹敌的精华。苹果已走到了一个十字路口：一条是宽敞的却通向没落的魔鬼大道：一条布满荆棘却通向更加辉煌的领域。苹果的精神是永作开路的先锋。苹果行动的时间到了！"

1981年6月，苹果公司对外宣布它将开发全新的苹果Ⅲ型计算机。在《商业周刊》和《时代周刊》等国际知名杂志上，苹果公司用巨幅广告告知公众，个人计算机领域的霸主苹果公司将在年底推出比苹果Ⅱ型卓越百倍的苹果Ⅲ型计算机。自信之极的口吻，煽动性的广告词，一时令舆论哗然，苹果Ⅲ型在未出世之前就受到了公众热切的瞩目。

苹果Ⅲ型计算机由总经理斯科特全面负责。他曾是一家半导体公司的制造部主任,对集成电路生产技术十分熟悉。但是工程师出身的背景又使他缺乏必要的商业营销知识。他固执地认为,计算机是高科技产品,市场是围绕着科技的领先性展开竞争的,谁能推出更高级的计算机,谁就能抢占市场。

董事长麦克库拉出面了,他对斯科特说:"麦克尔(斯科特的名字),我相信你的技术才能与天赋,但我必须提醒你,一定要注意市场动向,并非越高级的计算机越抢手,越先进的产品越吃香。你一定要倾听消费者的意见,作为总经理,你会考虑周全的,我甚为相信。"

斯科特对麦克库拉的建议没有任何反应, 他反而觉得麦克库拉不信任他的才能,他自恃1977年以来他主持经营的苹果公司一直开着顺风船,将麦克库拉的忠告放到了一边。他命令科技攻关小组一定要如期拿出具有时代领先性的苹果Ⅲ型计算机。

苹果Ⅲ型计算机目标定位于办公室市场, 对它的运转效率预期值是如此之高,以至于科研人员叫苦不迭。他们纷纷向斯科特反映,在如此短的时间内拿出苹果Ⅲ型计算机,一定是开玩笑,他们需要时间。苹果Ⅲ型计算机设计的一系列指标是如此高、精、尖,以至于到1981年11月,整个计算机的五分之三的技术问题还是一片空白。

斯科特也开始着急了。公司不时接到一些电话,打听催问苹果Ⅲ型计算机的进展,因为6月份他们对外宣布在年底推出苹果Ⅲ型计算机。到年底显然苹果Ⅲ型计算机无法面市。如今只有两条路,一条是继续坚定地走下去,推迟上市时间;一条是放宽对苹果Ⅲ型计算机过高的技术要求,尽快结束研制,投放市场,以表明公司对时间承诺的重视。

斯科特选择了后者,他不停地催促科研人员,有时甚至大发脾气。但是科技不是随心所欲的奴隶,直到1981年12月31日,苹果Ⅲ型计算机仍然未能面市。公众对苹果公司的信誉第一次开始怀疑。一些轻信苹果Ⅲ型计算机广告的计算机购买者,愤怒地质问苹果公司为什么会如此轻视自己的时间承诺,作为顾客,他们因为苹果Ⅲ型计算机而遭到了不应有的时间损失和精神伤害。

斯科特歉意万分地对新闻界发表了公司声明, 指出:"正是由于考虑到顾客的需要,我们才推迟了苹果Ⅲ型计算机的上市时间,因为一件伟大的高、精、尖的杰作,不能够草率地粗制滥造,苹果公司出产的是精品。"在与外界周旋的同时,他与科研人员再次商定苹果Ⅲ型计算机最早能够推出的时间。

1982年1月,苹果公司对外宣布,由于苹果Ⅲ型计算机复杂的技术要求,迫使公司推迟其上市时间,由原先的1981年年底推迟到1982年3月。

科研人员毕竟只是科研人员,他们可不管市场的反应。他们对苹果Ⅲ型计算机是如此精心地制作和呵护,以至于1982年3月他们仍然舍不得将乱成一团的苹果Ⅲ

型计算机交给市场!

直到1982年5月,在斯科特的咆哮声中,他们才最终意犹未尽地把尚未修理得十分成熟的苹果Ⅲ型计算机交给市场。这时离原先预定的上市时间已过了五个月;这时上市的苹果Ⅲ型计算机与原先设计的苹果Ⅲ型计算机已然是两个不同的概念。

受够了欺骗和等待的顾客拿到手的不是广告上的苹果Ⅲ型计算机，与他们的期望值相去甚远。粗制滥造的苹果Ⅲ型计算机引起了用户的普遍不满,苹果公司不断接到指责甚至是谩骂的电话,甚至有人到法庭起诉苹果公司对公众的欺骗行为,要求苹果公司赔偿他们的损失。舆论也抓紧时机凑热闹,一时竟把红极一时的苹果公司贬得一塌糊涂,苹果公司的声誉急剧下降。股市也不甘寂寞,紧急反应,连连下跌。苹果公司遭遇了历史上最悲惨的经营季度。

"这真是一个地狱般的季度！"乔布斯和麦克库拉凝视着厚厚一叠有关苹果公司事件的种种报道不安地说。

1982年6月20日,苹果公司召开会议,宣布解除麦克尔·斯科特的总经理职务,原公司董事长、精于管理业务的麦克库拉出任公司总经理。公司同时解雇了40 名不懂营销策略的职员,斯蒂文等一大批有能力的管理人员被吸引入苹果公司。苹果公司基层结构也进行了全面改组。6月25日,乔布斯代表公司对外发表声明:

"苹果Ⅲ型计算机事件给苹果公司的声誉带来了巨大影响。新闻舆论的炒作加速推动了苹果Ⅲ型计算机事件的程度。苹果公司已从这次事件中汲取教训。我们期望,改组后的苹果公司将以全新形象立于公众面前。苹果公司永远是第一。"

麦克库拉重新安排了苹果Ⅲ型计算机攻关小组人员，彻底修改和优化了苹果Ⅲ型计算机的设计。经过这一系列动作,苹果公司在市场的处境略有改观。他们面临的问题便是和IBM的竞争。

IBM公司是世界电子工业中名列榜首的产业巨子，早在苹果公司还未出世之前，它就以其为世界最大、最先进的电子计算机及其外围设备制造厂商而闻名天下。 IBM公司历史悠久、资金雄厚、技术先进、业务范围广阔,在世界各地都设有销售网点。该公司的英文缩写——三个醒目的蓝色字母IBM,在世界各大城市随处可见。由于IBM公司崇尚蓝色,其公司标记、广告标记、产品标记和工作服标记也都一律使用蓝色,因此获得了"蓝巨人"的别称。IBM公司进入微型计算机市场,预示着"红苹果"与"蓝巨人"之争在所难免。

面对强大的"蓝巨人"的挑战,苹果公司冷静地分析了市场需求和自身的优势,他们认识到,只要抓住操作简易、价格低廉这两个特色,不断优化和更新自己的产品,苹果公司是有把握稳住自己的产品市场的。经过一系列周密的计划和组织,"红苹果"决定向"蓝巨人"公开应战。他们登出了一幅题为"诚心诚意欢迎IBM"的大幅广告,以示苹果公司的信心和实力。

竞争的结果不出所料,自IBM公司进入微型计算机市场后,苹果公司的销售额并没有减少,它在微型计算机市场中的份额始终保持在26%左右,倒是其他一些微型计算机公司被迫退出了市场。

苹果公司又重重地出了一口气, 乔布斯甚至对下属说:“如此凶猛的IBM在个人计算机市场上不过如此。看来,我们苹果公司在个人计算机市场上的地位是高不可攀的。”

苹果Ⅲ型计算机推出后,公司又投入巨大的人力、财力和物力开发一种崭新的个人计算机。三百名工程师和程序设计人员组成的联合攻关小组秘密地在一栋楼里苦干,他们要尽快拿出“Lisa计算机”——这种以乔布斯女儿的名字命名的微计算机属于换代产品,它使用极其方便,确实用不了多长时间就能掌握。这种计算机还配有一个手掌大小的控制设备——“老鼠(鼠标)”,只要移动鼠标,计算机屏幕上的光标就会随之移动,它为操作人员随意地使用计算机提供了极大方便。

在研制Lisa计算机的同时,另一个攻关小组也在全力战斗,Macintosh计算机已被他们描绘出了淡淡的草图。苹果公司似乎从上次睡觉中吸取了教训,这次居安思危,双管齐下,期望能以快速和技术领先霸占市场。

苹果公司如此大规模地展开科研项目,必定需要大量的资金支持。他们寄希望于苹果Ⅲ型计算机和Lisa计算机。

苹果Ⅲ型计算机在市场逐渐遭到冷落,这是苹果公司始料未及的。他们转而将目光投向Lisa计算机,期望它的出现能给苹果公司制造一个新的增长突破点。

1983年4月,全新的Lisa计算机上市了。苹果公司展开了凌厉的广告攻势,一时Lisa计算机的名字家喻户晓。但是很多顾客仍持观望态度,害怕上次苹果Ⅲ型事件再度重演。

Lisa计算机确实是一部优秀的计算机,它对资料的处理速度是“苹果Ⅱ型”或“苹果Ⅲ型”计算机的四倍,而且记忆力极为庞大,是美国计算机业最为先进的产品。但是,由于Lisa计算机缺乏必要的配套软件,而且每部售价为三万美元,超过大多数消费者的购买能力, 结果是可想而知的,Lisa计算机没有给苹果公司带来奇迹。尽管公司营销人员绞尽脑汁地想尽各种办法,但情形并未有十足的转变。

决策上的失误,使苹果公司又一次丧失了它领导微型计算机市场的时机,而陷入了更严重的危机。到1983年年终结算时,在一千美元至一万美元的个人计算机市场里,IBM由1982年的30%升到35%,苹果公司由26%跌到19%。

面对苹果公司的危机,乔布斯开始认识到要挽回苹果公司的颓势,当务之急是找到一个懂得经营管理的高手。他看中了百事公司国内饮料部的总经理斯卡利,决定以每年220万美元的薪金和红利,把他挖到苹果公司任总经理。

斯卡利早年在布朗大学攻读建筑,晚上时间进修艺术,毕业后加入一家广告公司。其后娶了百事总裁坚达尔的女儿露丝。在岳父的建议下,斯卡利报考研学了商科学位,毕业后被百事雇用。进入百事公司后,他曾在多个部门工作。1977年,由于其突出表现,他被擢升为汽水部总裁。1982年成为有机会在坚达尔退休后出任董事长之位的热门人选之一。

此时,乔布斯力邀他过档苹果公司,令人深感意外,乔布斯甚至拒绝了麦克库拉的忠告——从以上简历可看出,斯卡利对计算机一窍不通。乔布斯不是不知道斯卡利的阅历。他其实是欣赏斯卡利的管理才能,认为斯卡利的加盟可弥补他在这方面的不足。当时,他以下面两句话打动了斯卡利的心:"难道你想下半生都卖汽水?你不想有机会改变世界吗?"结果斯卡利毅然离开工作条件优越得多的百事公司,跳槽到当时尚处于惨淡经营的苹果公司。

作为企业经营奇才的斯卡利很快发现,乔布斯的个人经营作风与他本人的专业训练有不少是格格不入的。乔布斯可以说只是个出色的技术领导人,但不是一名称职的经营管理人员。他过早地从大学退学,仅凭一时的眼光和对计算机的了解,开创出一个大公司,但他在专业管理方面的知识是很不足的。在美国这个高度竞争的经济社会里,单凭对技术的精通是难以长期战胜同行的。此外,乔布斯虽然精力过人,对新事物感觉敏锐,但他年轻,没有失败过,对自己过分自信,在公司中他总想超越其他人,不容忍自己居于第二的地位。这一弱点,使他常常做出违背"常识"的商业决策。这使周围的同事同他离得远远的。斯卡利认为,只有先向自以为只有自己才懂得技术的乔布斯施加压力,帮助他成长为名副其实的经理人员,苹果公司才有希望。

斯卡利针对苹果公司经营管理上存在的混乱,大胆地进行改革。首先,他把公司几个结构松散、各自为政的部门,调整为三个部门——产品销售部门、苹果Ⅱ型部门和Macintosh部门。他要加工制造、财务、销售等部门的经理,统统直接向他汇报。斯卡利想通过这一机构改革,使苹果公司不再过度依赖乔布斯个人的眼光和判断去争取市场。接着,他一方面抓紧新产品的研制和开发,解决公司各种产品互不相容的致命问题;一方面又抓紧产品的推销和广告。过去,苹果公司的广告预算只有200万美元,斯卡利把它增加到800万美元。具体的做法是:在重大球赛或其他重大事件(如总统大选)发生时,购买电视广告时间和国际性刊物(如《新闻周刊》和《时代周刊》)的广告版面,宣传苹果计算机的功能,使其获得与群众接触的最佳机会。

斯卡利上台伊始就推行这一系列改革,遭到乔布斯极力反对和执意对抗。乔布斯对斯卡利说:"我因为信任你,才聘请你来主持苹果公司。但是你千万不要因此以为你是一个无比高明的领袖,高明得连苹果公司的创始人乔布斯也要听从你的吩咐。乔布斯能创建苹果公司,而且把它带到今天这样一个规模,肯定也有绝招。其他的事我不管,但我必须声明,我负责的Macintosh小组你不能插手。"

斯卡利遭到重重的一击。由于他刚到苹果公司,出于种种考虑,他对此没有任何争辩。从此以后,乔布斯和他的Macintosh小组成了公司里最自由的一族。

乔布斯几乎对所有事情都有兴趣。他自命不凡,暴躁易怒,态度激烈,而且要求严格,是一个绝对的完美主义者。他不太成熟,而且很脆弱、敏感,同时极容易受伤害。但是他又精力充沛,富于幻想,具有领袖气质;另一方面他又相当固执,不肯妥协,而且完全不通情理。他和他的Macintosh小组之所以能如此和谐地共处,主要缘于他们都梦想分享苹果,以及那股能改变人们生活和工作方式的能力。真正使乔布斯感到乐此不疲的是那一群年轻而有狂热奉献精神的人,在Macintosh大厦里拉起海盗旗帜,每天不分黑白地埋头苦干。这个由乔布斯亲自挑选的"海盗军团",成员无论来自公司内外都属优秀而独行之辈。他们所负责的任务,就如同他们自己所描述的一样,是要给人们的心灵造成震撼,从而推翻计算机业原有的标准。这些"海盗们"标榜"过程本身就是一种报酬",为了寻找各种构想、零件及设计而不惜把公司洗劫一空。

乔布斯沉醉在小组的气氛中。在这个小组里,公司的总经理就跟一般职工一样,没有什么值得他们注意。真正能使人兴奋,而被视为英雄的,是产品开发人员,他们才是真正的艺术家。即使在午夜,那里也洋溢着充沛的活力,这些小伙子在豪华大厅里随遇而安,自由地发挥着自己的设想。乔布斯在他们中间就像海盗船上的船长一样。有时你会看到两个小伙子在桌子旁玩电动玩具,而另一边的桌子上又有两个人在玩乒乓球。房间里还设有昂贵而精密的音响系统,喇叭中不断传出优美的歌曲,如《我是如此的兴奋》。乔布斯早早就为小组订购了种种新上市的唱盘,歌声就如冷气一样时时刻刻地传送出来。当大家在玩各自的游戏时,还有些人会跑到钢琴旁演奏几曲。这种景象,简直就像大学的游戏室,而不像公司的产品开发中心。斯卡利不止一次来到这里,面对这里的混乱不堪一片怅然,他不理解乔布斯为什么会让一个严肃的研究中心变成这个模样,但每次乔布斯都会给他一个自信之极的微笑,然后又一言不发地离开,转身和他的小组成员胡侃神聊。

Macintosh小组成员大都出生较晚,没有经过反越战的群众集会,但他们吸收了那个年代的观念。他们信奉的观念是,将工具所产生的力量提供给每个人,只要有一个人,一台计算机,就可以由此而改变全世界。对这个小组而言,工作就是他们最大的意义和诱惑。他们之中有些人看起来实在太小,甚至到酒吧去老板都不准他们喝酒。

Macintosh小组这种不拘一格的怪异,却出人意料地推出了全新的计算机。当Macintosh第一台原型完成时,乔布斯用香槟来祝贺大家,而等到Macintosh正式上市时,第一批100台Macintosh上刻着小组每个成员的名字。另外为了长久纪念Macintosh小组的贡献,他下令在计算机后壳的内部加上47名开发人员亲笔签名的浮雕。

乔布斯对他的Macintosh是如此偏爱,把它完全当成了自己的宝贝,坚持认为

Macintosh计算机无论在性能上还是技术上都远远超过苹果公司已推出的所有计算机,应是一种完整的、独立的机种,不需跟其他机器连线使用。在生产时,他对Macintosh员工格外宠爱,他们可以享受免费按摩等其他部门员工所没有的特权,没有准时交出产品也无所谓,而"苹果Ⅱ型"等部门一些应有的改进,却因为乔布斯的推托和压制,迟迟不能实现。为了推出Macintosh,乔布斯设计了隆重的典礼。光是一部新奇有余的广告片,制作费即耗资100万美元。前前后后,Macintosh的研制与开发生产,给苹果公司的资金运转带来了巨大压力。

斯卡利一直容忍着,他寄希望乔布斯和他的Macintosh能够真正地制造轰动,给苹果公司带来光明。

1984年1月24日,苹果公司以空前的规模推出了Macintosh。Macintosh的功能是如此强大,技术水平是如此领先,确实在市场上和用户中激起了层层波澜,74天内,他们就卖出了5万台Macintosh。

同年4月3日举行了一次私人聚会。在公司的许多头面人物面前,乔布斯代表大家向斯卡利在公司近一年来的成就表示祝贺。他把Macintosh的成功和与斯卡利的合作视为自己一生中最珍贵的两件事,并献给斯卡利一幅画卷,它描述了斯卡利在苹果公司一年来的工作成就。这种慷慨的行为令斯卡利大为感动。他们回顾了他俩是如何成为伙伴、好朋友的始末。最后,斯卡利说道:"苹果公司的领导人就是乔布斯和我。"这使在场的董事们大都十分震惊,因为他仍然还被当作一个外来人,但他与他的计划正在为苹果公司所重视。

斯卡利此时还不大明白,这事成了转折点。斯卡利与乔布斯渐渐分享了公司的经营权。虽然乔布斯创办了苹果公司,但经营公司运行的权利总避免由他掌握。一开始是由麦克库拉掌握,乔布斯只对实验室产品有影响力;以后是斯科特,再后来就转到了斯卡利。由于缺乏计算机业经验,一开始斯卡利回避乔布斯问的许多技术问题。的确许多问题是由他俩商讨决定对策。他们经营的是家自上而下的公司,同事们对此渐感厌恶。大家想多参与决策过程,但所有重要的事都由他俩决定,而不授权给公司的同事。

这样一来,乔布斯掌握了前所未有的权力。随着Macintosh集团规模逐渐扩大,由一产品开发小组成了羽翼丰满的部门,其权力随之增加。Macintosh创办不久,Lisa部门合并到Macintosh部门,斯卡利即将乔布斯职位由副总裁升为执行副总裁。直到1985年2月,他才想到可能这么做错了。成功不仅给了他们极大信心更使乔布斯有资格担任经理。由此,乔布斯开始对苹果公司任何事都极力发言,不只是Macintosh部门,新科技亦然,并主导决策人员内部的沟通。此时他已不再是负责产品计划的乔布斯了。

然而,随着苹果公司的巨幅增长,问题丛生。Macintosh虽有相当强的功能,但因其不能和其他计算机相容,短短的一阵火爆后,它成了市场的流浪汉。Macintosh

的销售收入远不能弥补对其的投入费用。1985年第二季度，苹果公司首次出现赤字,高达1700万美元。

面对董事会的一片责难声音,斯卡利和乔布斯产生了严重分歧。乔布斯急于夺权,把所有的罪责都归咎于斯卡利的管理无方,指责斯卡利没有真正的战略部署,从而贻误了苹果公司的发展时机,反而把苹果公司推向更严重的困境。斯卡利则把苹果公司的困境归咎干乔布斯对他的经营决策的干涉,并指出这是有目共睹的事实。

最后摊牌的这一天终于来到了。1985年8月的一次董事会上,斯卡利突然公开宣称:苹果公司有乔布斯在,他就无法执行职务。他这一举动被乔布斯称为“残酷的突袭”。似乎事先已取得董事们的理解,董事会上很快作出决议,解除乔布斯的行政职责,包括解除他在麦金托什部门的职务,今后只专任董事长一职。8月20日,斯卡利公开宣布了公司的改组计划,名单中再也没有乔布斯的名字。

乔布斯一下子从苹果公司的权力中心跌到权力圈外,心里当然很不甘心,但想挽回已经太迟了。他终于做出了痛苦的选择:离开自己一手创建的苹果公司,另起炉灶,筹建新的公司,给苹果公司的新主管一点颜色看看。

乔布斯开始有计划地出售他所拥有的苹果公司的股票，以换得足够的资金去做他想做的事情。同时,他又在原来苹果公司的心腹当中物色人才,为将组建的新公司挑选骨干。这些秘密进行的事终于被苹果公司发现了,苹果公司的主管们和董事们认为不能再沉默了，该是对乔布斯下手的时候了。乔布斯不待董事会逼他辞职,就先发制人,于1985年9月17日向公司董事们提出辞呈——“公司最近的改组使我无所事事,甚至接触不到管理部门的普通报告。我只有30岁,还可以做些事。董事们这样对待我是不公平的,我坚决要求立即辞职。”

无比自信甚至到达骄傲程度的乔布斯带着痛苦和遗憾离开了苹果公司。虽然如此,乔布斯留给苹果公司的遗产——“叛逆精神”,却是苹果公司永远难以消除的核心文化,这种核心文化影响是如此巨大,以至于为苹果公司撒下了困境频频的种子。从公司成立伊始,技术上的创造者们就全然藐视那些有经验的管理人员和营销人员,后者成了公司的随从人员,他与乔布斯周围那帮穿牛仔服的人格格不入,水火难容。这个内向的、封闭的文化妨碍苹果公司进军更大的市场。有独创性的麦金托什缺少后继支持力量,实际上不能接受非苹果公司的技术。在乔布斯被斯卡利撤换之后,麦金托什才得以开放。但是斯卡利和继他之后的迈克尔·斯平德勒一样,都无法说服那些搞技术的人再进一步,准许别人使用麦金托什操作系统的专利,从而白白地葬送了眼前主宰市场的机会。

不难看出,自恃高科技优势而忽略顾客需要,自恃开创苹果的宏伟业绩,拒绝经营管理人员的建议,使苹果公司的产品脱离了市场。“水能载舟,亦能覆舟”,从另一角度讲,苹果计算机的创造者——乔布斯和他的工程师伙伴,在创造“苹果”的同时，亦在亲手毁掉了自己创造的“苹果”。

(2)曲高和寡的孤独英雄

前文我们曾经指出苹果公司的创造者是骄傲的典型，他们自恃科技实力的领先地位，忽略与顾客的沟通，拒绝与同行的合作。正因为其领先太多，造成后继乏人；正因为其产品是如此超前，以至于顾客都难以接受。苹果公司成了计算机行业的孤家寡人。但是，直到1994年，苹果公司都未能找出自己困境的根源：为什么技术如此领先的苹果公司也会陷入困境？这里我们将详细介绍超前的技术是如何把苹果公司带入困境的。

1980年，名牌个人计算机连同配套的软件和其他附件每台售价约5000美元。虽然把相隔几十年的两种产品的价格作比较是不谨慎的，但是我们姑且认为个人计算机的这一价格同1914年汽车的价格大致相等（当时福特还未使价格大幅度降低）。如果我们进一步假设，由于个人计算机的价格将比现在便宜得多，并且每辆汽车都将装上一台某种形式的计算机，因而个人计算机终将拥有比私人汽车更大的市场。

计算机市场刚刚形成，加入这一市场的有1600万家美国小企业和其他国家为数更多的企业，个人计算机正成为新的大众化的生活用品。然而在20世纪70年代末、80年代初这个市场却未被任何一家大计算机公司所重视。早期的汽车工业生产商都认为，对像汽车这样一种复杂、娇贵的商品来说，并不存在一个巨大的、未经开发的私人市场；大中型和微型计算机制造商同他们如出一辙，也认为对家庭和小公司来说，个人计算机复杂得可恨，其好处到底如何也成问题。人人都想把计算机卖给通过采购部门进行大量采购的公司及其他机构。计算机工业在等待它的亨利·福特的出现，几乎没有谁想要把他的产品卖给难以捉摸的大众。

刚开始的几年里，苹果公司的乔布斯看来完全可能成为个人计算机工业的福特。他第一次把乏味的二进制转变成普通大众都熟悉的图形和文字，从而把个人计算机引入市场。他同样大胆地预测个人计算机的市场将是无可比量的。更为重要的是，如果乔布斯正确地确定他应占有的市场份额，他就会看到自己极有可能成为新工业中名副其实的福特，建立起一个连IBM都不可能把它压垮的堡垒。但是他疏忽了。

聪明的买主总是根据现有软件来选择计算机。争夺计算机市场的关键大概就在于和你生产的计算机配套的全部软件所占的份额。而经验的看法是软件设计者在你的计算机操作系统上所积累的经验到底有多少。根据这一观点，如果有几种互相竞争的计算机都使用相同的软件，那就会增强这家软件公司的市场占有率。即使竞争对手短期内可能增加这种计算机的硬件销量，他们也不太可能在生产和销售的经验上超过最早拿出产品的公司，但是他们却为未来的产品扩大市场提供了源泉。

例如,所谓的插接兼容计算机及其外围设备的制造商,如阿姆达尔公司和存储技术公司,虽然受到大布卢公司的激烈竞争,但他们不是IBM公司的主要竞争对手。这些公司向一些迟钝的经理挑战,探求新市场和新技术,对像巴勒斯公司和DEC公司这类生产非兼容式计算机的厂家施加压力,但却都保护并且扩大IBM公司的帝国,因为他们有共同的软件领域和赖以不断增长的市场。

在若干年的时间里,苹果公司似乎有可能在小型计算机软件方面创立一个相匹敌的世界。它推出的苹果Ⅱ型计算机设计简单,有8个可供附加电路板插入的开型插口,对于软件和附件有很大的吸引力,它很能刺激购买欲望,但是并非十全十美。这种由几个年轻人在汽车库里发明出来的产品激发并且最终吸引住了美国历史上最富有创造性的当代青年的想象力,如同T形汽车吸引住了他们前辈的心灵和机械天才一样。

这是一个划时代的成就。上一代人拆散、组装、修理和改进他们的T形汽车,他们手持扳手、满身油迹,练就了一身好本领,发动了早先的工业革命,赢得了二战的胜利,造就了战后世界经济的繁荣。新的一代人拿他们的苹果机琢磨着,摆弄着,或者按几个按钮,或者使一会儿烙铁,他们是在学习计算机时代的语言和技术方法。作为被这些任意摆弄者和程序设计者——他们是一支自发的青少年苹果机迷大军——所迷恋的最早的一种计算机、苹果Ⅱ型计算机的配套软件很快就远远超过其他牌号的个人计算机,在1981年已达到约14000个程序。

这意味着,根据有关的尺度来看,苹果Ⅱ型计算机已经占有市场优势。这也意味着,苹果计算机已经奠定了一个新帝国的基础,能同IBM的帝国抗衡,并且很有可能超过它。因为苹果计算机所统治的是全新的一代,而不是保守的旧体制。但是苹果公司丝毫没有真正理解自己力量的源泉和意义。乔布斯和沃兹有时曾表示,他们的成功更多的是靠独到的技术,而不是创业洞察力。苹果Ⅱ型计算机的制造工艺确实精巧,尤其是沃兹设计的8片磁盘控制器,其他牌号至少要用30片才能有相同的功能。但是该机同样存在着严重的技术局限性。事实上苹果Ⅱ型计算机微型处理器的过时反映出苹果公司的主要弱点,更新这种机器本应是公司随后的首要任务。

苹果公司在技术上严重的自负导致了几个关键性错误。首先它试图阻止其他公司仿造它的计算机,这个做法相当成功,它甚至迫使富兰克林公司只能制造兼容IBM公司部件的机器,而与苹果公司没有任何瓜葛。这一方针减少了使用苹果公司软件的计算机总数,并妨碍了苹果公司建立有效的工业标准——苹果公司拒不允许低价的或更专项化的仿苹果式插入兼容机大量出现。亚当·奥斯本认为,如果不是由于这一个错误,苹果公司的软件早已压倒一切,IBM公司(以及奥斯本公司)要进入计算机工业就会被迫制造兼容苹果软件的机器。

第二个错误与第一个错误有关。苹果公司推出了3种技术复杂的计算机,苹果

Ⅲ型、Lisa型、Macintosh型。它们不能同苹果Ⅱ型兼容，而且三者自己之间也很少可以兼容。苹果公司采用摩托罗拉半导体产品公司的截然不同的6800系统微处理器(其软件主要用于科研和工程技术领域的终端设备)，没有主动地去和半导体工业共同计划制造苹果Ⅱ型机(6502)的16位和32位的改型。

第三个错误是在阻止兼容苹果Ⅱ型计算机出现的同时，苹果公司制订的产品价格超过最大的潜在个人计算机市场即普通家庭的购买力。

这样，苹果公司骄傲自大地扔掉了它在软件共用上的真正资本，开始在硬件上赤手空拳地同IBM公司及其他公司竞争。而这些公司拥有比苹果公司低等或最多相等的技术实力，却在可用于新水平的16位计算机的软件上拥有更大的销路。在关键性的1981年，当乔布斯准备好上《时代周刊》的封面，并且制订了建造新的苹果公司总部的绿玻璃大厦时，这家公司仍旧在悠然自得地、盲目地研制技术超前而且不兼容的8位苹果Ⅲ型计算机。为了保护技术过时的苹果Ⅱ型计算机，杜绝别人的仿制和改进，这家公司正在大打其官司。同时，它又不研制可以使用苹果Ⅱ型计算机软件的16位机型。

这样，苹果公司慢慢失去了成为计算机工业主宰的机会。正当苹果公司夸耀自己是老大哥IBM公司的主要接替者时，它却已经为IBM公司在个人计算机市场上意外的飞升打开了大门。为赢得16位处理机的出场，IBM只需做一件事就行了，这就是效仿——在某些方面作一定程度的改进——苹果公司在赢得8位机市场时采用过的、后来为了发展新产品又抛弃给IBM的战略。

直到1984年，苹果公司才有迹象显示，它懂得了计算机工业的本质：它开始使Lisa型和Macintosh型兼容，并将苹果Ⅱ型的价格定在家庭可购买的范围内。在另一家公司自发地创制一种16位的6502型样机后，苹果公司甚至制订了积极进取的计划，要更新已在市场上立足的约150万台计算机中的95%所装备的微处理器，但是无论Macintosh系列产品多么成功，它的到来已经太迟了，再也不能使苹果公司成为头号厂家。虽然苹果公司可能在个人计算机生产上保持第二把交椅，乔布斯却未赢得曾统治汽车工业近20年之久的亨利·福特那样的荣誉。

20世纪70年代中后期已有大量小型计算机公司加入个人计算机竞争行列。个人计算机市场一时出现百花齐放的局面，好不热闹。1981年IBM加入战圈，审时度势的计算机巨人经过详细的调研，最终确立了自己的市场战略。为了尽快在个人计算机市场分一杯羹，一改其过往的作风，采用英特尔的微处理器及微软的DOS操作系统。因为IBM 本身庞大的市场网络及其企业能力，在很短的时间内，它成功地占领了市场。

在与IBM交易的同时，英特尔及微软公司也将其产品售与IBM 的对手。1982年，IBM个人计算机推出的第二年，康柏公司在毫不侵犯IBM的知识产权情况下，推出第一部与IBM个人计算机相同的兼容计算机，开创了复制计算机的市场，一时

IBM个人计算机的兼容计算机如雨后春笋。而这些兼容计算机均采用英特尔的微处理器及微软公司的DOS操作系统。市场状况将英特尔及微软的位置改变,由有潜力的新产品变为标准部件。这个发展将计算机专利这一阻碍打破,更培育出新一代的计算机公司。

也是在同时,因为反托拉斯的指控,IBM不得不对外公开自已的个人计算机产品结构和生产标准,这一下更引来大批的兼容机生产厂家。于是市场上的个人计算机不自觉地向IBM个人计算机靠拢,IBM个人计算机成了个人计算机的标准。于是,大量的软件开发商开始将目光转向IBM个人计算机。

苹果公司在这时犯了严重的错误,它拒绝开放其标准,致使它逐渐成为市场的单兵独将,孤身一人同IBM及其众多追随者奋战。苹果公司此时还仍然相信,只要拥有足够的技术实力,开发出更高级、更新颖的计算机,一定能将IBM及其同盟军打败。

苹果功能卓越的计算机本应成为市场的抢手货,却因为没有追随者和必要的软件支持沦落为市场流浪汉。

这时的苹果公司才急了,他们转而求助于广告轰炸和自我推销。"酒好不怕巷子深"的观念荡然无存。

苹果公司开始想方设法地重塑市场地位,对IBM个人计算机及其同盟军展开了针锋相对的斗争。1984年,乔布斯代表苹果公司正式向IBM挑战。

IBM要大小通吃,而他枪口瞄向妨碍它控制整个产业的最后障碍——苹果公司。"蓝色巨人"能支配整个计算机业、整个资讯时代吗?欧威尔(IBM主管)做得到吗?时时处于计算机业最前列的苹果公司坚信,苹果公司的产品一定能够最终证明苹果公司的实力——在千家万户,人们都能发现昔日的IBM个人计算机都将被苹果个人计算机代替!

苹果公司对IBM的绝妙的挑战书,其辞令是如此具有煽动性,令任何一个顾客或公众都不能不对计算机业界发展的前景予以思索和关注。事实上,这份宣言公布后的近两个月时间里,苹果的产销都出现了巨大好转。

苹果公司感到欣慰,毕竟公众也憎恨垄断,也恐惧垄断。他们继续设计出一系列广告,拉拢顾客。为了突出苹果个人计算机对IBM个人计算机的技术领先性和操作简易性,他们推出了这样一幅广告画面——

广告画外音:"这是一部复杂得很的办公室计算机,想要使用它,需要学会这个",画面上是好几本巨型手册从空中突然跌落在桌面上,震得计算机摇动不已。另一边又出现广告画外音:"这是苹果的Macintosh计算机,同样是一部很复杂的办公室计算机,想要使用它,只要学会这个",画面上是一本薄薄的手册由空中飘然而落至桌面。最后出现画外音:"现在,您来决定哪个更复杂。"

当时美国人口中只有百分之七使用计算机,美国家庭只有百分之三拥有个人计算机。想要拓展更大的市场,必须使计算机更平易近人,让它像电话一样或电视一样易于使用。想要征服广大的市场,产品和价格的竞争倒不是最重要的,最重要的应当是使美国人相信计算机是有用的工具。当然,苹果公司的成功,并非一定表示IBM的失败。事实上,IBM进入个人计算机市场对苹果公司来说未必是坏事,因为它带来全球最大计算机公司的正统经营,表示这个市场已经成为现实。无论是谁,开拓潜在市场的方法不是和自己的主要对手正面冲突。——这一点,苹果公司恰恰忽略了。

苹果公司以为它的广告轰炸和营销策略能给它的市场带来大的转机,但是它仍然失败了。再好的营销也无法卖出差劲的产品,再绝的广告也推不出顾客难以使用的计算机。苹果计算机质量固然很好,操作也相当容易,但是缺乏软件支持,所以尽管营销人员和公关人员做出了巨大努力,苹果计算机销路仍无重大进展——顾客需要的计算机不仅仅要求技术先进、操作容易,而且更要求市场有大量的、必需的配套支持软件。

营销人员也开始泄气了。他们再也不愿花费巨大心血制作优秀的广告片,于是一些粗制滥造的广告涌上了媒介。他们或者重复反IBM论调——例如,有一个广告,表现一位服务于IBM公司的工作人员在计算机屏幕上不断打出"造句错误",该工作人员失望不已,以致一把抓起IBM计算机往墙上扔去;或者重复故弄玄虚的手法——广告媒介上出现了些穿着蓝西装、白衬衫、两眼被蒙住的男性主管人员直直地往前走,每个人手搭在另一个人肩上,一直盲目地、呆呆地像个旅鼠似地走到悬崖边毫无知觉,掉到海里;头上旋转着不祥的黑云,画外音是葬礼进行曲。如此低劣的广告手法,不仅引来IBM的强烈抗议,抗议其对IBM产品的侮辱性攻击,而且招致公众的厌恶。苹果公司的声誉反而下降,确确实实地让他们感到一种偷鸡不成反蚀一把米的味道——苹果公司对IBM的攻击,不但提高了IBM个人计算机的知名度,而且降低了自己的市场份额。

1985年似乎是苹果公司有史以来最乐观的时期。法国政府邀请了斯卡利作为赠送数亿美元计算机产品的代表进行秘密会谈,密特朗总统想使法国成为计算机先进国,其方法就是要设立千万个计算机中心给全国学生和成年人使用。法国教育一向非常重视数学和观念性技巧,这在软件开发上相当重要,所以法国政府深信该计划有助于法国软件业发展成一大新兴产业。密特朗已得知Macintosh是政府所需要的理想的个人计算机。

苹果公司为此十分得意。在法国,Macintosh销量不错,政府暗示它至少需要十万台Macintosh。法国编制的Macintosh软件也远远多于美国。苹果公司高兴地估计,也许这仅仅是海外市场一个小小的开始,他们应着力培育海外市场,以前他们似乎疏忽了。

苹果公司抽调出大量财力、人力进行海外市场开拓,期望以此弥补近年来在国内市场的疲软。但是同国内市场一样,过高的产品销价,IBM及其他厂家的激烈竞争,使得苹果公司在海外市场无功而返,没有取得任何战绩。

这个局面本应引起苹果公司的思索与重视,但他们还是忽略了探究苹果公司困境的根源。事实上,早在1984年5月,公司专门负责计算机幻想与批评的专家艾伦就向乔布斯提出,Macintosh是第一部值得批评的个人计算机,因为它的记忆量太小。

面对艾伦的批评,乔布斯没有任何反应,他甚至为自己钟爱之极的Macintosh遭到"污蔑"深感恼怒。他看过备忘录后,就禁止公共关系代表向大众传播媒介提及艾伦。可怜的著名计算机科学家艾伦,连同他的意义深远的批评,从此后再也没有露面。

但是乔布斯却无法回避公众对Macintosh记忆容量不够的抱怨和指责。记忆容量不够,使程序设计师难以写出Macintosh软件。使用者越易使用,程序设计员就越难写程序。苹果公司还没推出有助于写程序的软件工具。尽管就连写过许多程序的董事长也开始抱怨为Macintosh写程序是多么艰难,但乔布斯却仍然坚信能创造出计算机,就应该可以写出程序,像在其他计算机上那样。然而,有些发明Macintosh软件的开发人员也因此放弃,其他人则发现其复杂性而使开发脚步放慢,延迟进入市场很久。

直到1985年9月乔布斯被赶出苹果公司后,苹果公司才得以有机会真正地审视和评判Macintosh计算机。他们仍然认为Macintosh是一台最为先进的计算机,它的失败主要缘于没有追随者,导致软件缺乏,使用户难以操作。

1986年,斯卡利召开苹果公司大会,商讨开放Macintosh系统的技术标准问题,或许他受到了IBM的启发,相信一旦开放Macintosh的技术标准,肯定能争取大群同盟军,从而使软件开发商难以忽略这个巨大的市场。他同时要求产品研制部门对Macintosh予以适当改进,以满足顾客的需要。

斯卡利这些完全正确的主张只有一部分得到搞技术的工程师们的认可,他们同意把Macintosh改进得更加精良,更加先进。但是他们拒绝开放Macintosh的生产标准,同样不允许任何厂商擅自使用Macintosh操作系统的专利。他们说:"Macintosh计算机及其操作系统是苹果公司的看家产品。Macintosh攻关小组为研制Macintosh计算机及其操作系统所付出的艰辛努力,除了科研人员当事者,谁也不能体会和想象。把如此先进而卓越的机器的技术标准拱手转让给大众,实在是荒唐。如果我们有这样的决策,那么市场上就会出现Macintosh泛滥的状况,受到伤害的不仅仅是苹果公司的利益,而且是我们这群研制者对Macintosh的爱心。"

斯卡利进行了强有力的争辩,但是他失败了。他和他的继任斯平德勒虽然都是公司总经理,却无法圆挽救苹果公司之梦——开放Macintosh生产标准及其操作系统。他们自己不清楚Macintosh的技术标准。

这是一个离奇的公司。技术部门对营销部门的歧视和不协作,上演了苹果公司产品在市场流浪的悲剧。科技人员是如此狂妄自大，导致苹果公司的管理充满艰辛和复杂。当1988年苹果公司最终不得不开放Macintosh的生产标准时，市场已被蚕食得支离破碎，IBM及其同盟军已变成牢不可摧。当1996年苹果公司最终不得不将Macintosh操作系统开放时，苹果公司已经渐感体力不支，壮年已去。

苹果公司受够了在市场奔波挣扎的痛苦，它开始寻求合作。在苹果公司内部，那位最早投资5万美元的麦克库拉始终是幕后铁腕人物，正是他用铁腕打倒了乔布斯的权威，也是他在乔布斯之后扶植起几位最高总裁。麦克库拉说："保持苹果公司的独立法人地位，并不如保持我们的哲学、质量、雇员、客户基础和技术那么重要。"

1995年年底至1996年2月份，当苹果公司寻求兼并的消息被炒得火热时，当时的总裁斯平德勒对《幸福》杂志记者承认，事实上，苹果公司自1986年以来同DEC、柯达、IBM、SUN、Compaq和日本索尼等多家公司商谈过兼并的可能，其中不乏绝好的机会，但却因为一些偶然的事件而错过了。斯平德勒回忆说，苹果公司曾经试图同DEC结成紧密联盟，但DEC的掌门人 Lisen却认为苹果公司是制造玩具计算机的"小儿科"公司而不予合作。

20世纪90年代初，苹果公司遇到了绝好的结盟机会。当时，IBM同微软公司的软件合作正告结束，翅膀已硬的微软决心同IBM分庭抗礼。对IBM而言，这一分裂意味着自身将失却对个人计算机工业的主导地位，因而必须另起炉灶，重建个人计算机的基础。这时，苹果公司的最高首脑来到IBM，力劝IBM的决策层尽快去完成新的Power个人计算机芯片的设计，联手抗击英特尔与微软在个人计算机市场的强势。苹果公司又将摩托罗拉拉入这一Power个人计算机阵营，并承诺为联盟提供一流的软件支持。

1991年，当全新的Power个人计算机联盟向世人展示时，对三方而言都意味着无限的希望，而苹果公司的股票价格立即飙升至历史最高点。IBM如期交出Power个人计算机芯片，使得苹果公司于1994年如期改造它的Macintosh。此时的苹果公司决策层欣喜若狂，不仅期待着IBM立即大规模生产Power个人计算机，而且希望IBM能够为两家公司的个人计算机生产掌舵。当时，麦克库拉甚至期盼被IBM"收养"。

天有不测风云。正当苹果公司伴上大船准备重新起航之时，IBM却因为自身经营的困难而发生上层变动。郭士纳于1993年接任最高总裁之后，整个IBM的发展策略似乎在改变。1994年，IBM似乎猛然发现，大型机的市场并没有死去，其需求依然强劲，而且利润远比个人计算机为高。对于 IBM，个人计算机变得不那么重要了。很快，IBM从双方的合资机构中撤出了精锐人员。对苹果公司而言，这可谓是五雷轰顶般的打击。麦克库拉回忆说："十分不幸，IBM的大型机生意变得更好，而我们就显得不再那么重要了。我们的巨大错误是：没有准备第二套方案。"

整个1995年苹果公司都在探讨同IBM合并的可能，但终因价格争议和其他原因而没有结果。IBM本身刚刚从20世纪90年代前三年的不景气中摆脱出来不久，对英特尔和微软在个人计算机市场上的强势似乎也表现出更现实的态度。1995年，IBM又提出明确的"网络中心"战略，个人计算机在其中将扮演什么样的角色，似乎还不十分肯定，在此情况下，IBM决不会贸然付巨资去兼并苹果公司这么一家处境微妙的公司。

1996年年初，业界又盛传苹果公司与太阳(SUN)公司洽谈合并事宜，最终又是不了了之。太阳公司的企业规模还不及苹果公司的一半，但在网络计算方面拥有雄厚实力，在计算机进入网络中心时代时，其前景被一致看好。然而太阳的综合实力毕竟有限，要它一口吃下这只"大苹果"，恐怕还是力所不及。

到1996年3月底，有关苹果公司将委身于他人的传言都终止了。阿梅利奥接任斯平德勒出任苹果公司总裁，但直到当时，苹果公司仍在一系列领域拥有技术优势，但其并未带来市场的扩大，反而越缩越小。面对数十家大小不等的个人计算机厂商围攻，苹果公司到底用什么样的利器来披荆斩棘，还看不到明显迹象。阿梅利奥上台后传出的第一个坏消息是，苹果公司于7个月前创办的WORLD联机服务宣告终止。1996年年初，苹果公司宣布向摩托罗拉开放其Macintosh系统，展现出它要走开放之路的决心，然而这一步仍然迈得很小，因为摩托罗拉在任何意义上都不是个人计算机业界的领头羊，从而不会给苹果公司注入太大活力。

让我们俯瞰一下全球的计算机市场。硬件市场上，Macintosh与一般人使用的个人计算机，是硬件中的两大流派，从一开始就争做大哥大，水火不容。用Macintosh制作的档案，其他个人计算机看不懂，Macintosh的软件也不能在个人计算机上使用，反之亦然。软件市场上，国外流行的个人计算机操作系统有微软公司的 Windows，苹果公司的Macintosh操作系统和IBM公司的OS/Z。Windows和OS/Z是办公环境应用较多的操作系统，而Macintosh是家庭和学校应用较多的操作系统。据以PC用户为主要对象的著名杂志《PCWorld(个人计算机世界)》1996年2月公布的操作系统测试评比结果，Macintosh操作系统得分3.6名列第一，Windows95得分3.4名列第二，OS/Z得分2.8名列第三。而在内行看来，后来大红大紫的Windows95，在技术上只相当于苹果公司在1989年推出的操作系统。

毫无疑问，这是一场不应发生的悲剧。自创办至今，苹果公司经历了4位掌门人，而离开的前三位对苹果公司的评价都是消极的。第二任斯卡利说："我认为任何人都管不了苹果公司。"美国硅谷一位有影响的人物指出："苹果公司有点像意大利，充满创造力，也充满混乱。"

这也许是苹果公司的真实写照，而这也正是其创办人乔布斯那放浪不羁的嬉皮士精神的后遗症。苹果计算机的出现，与其说是信息技术的一次革新，毋宁说是计算机领域的一场文化革命。乔布斯给世人的贡献不仅是新型的个人化计算工具，而且是挑战权威，让每个人都充分享受到信息的“民权”，他的成功与其说是机器的成功，不如说是观念的成功。乔布斯给苹果公司留下的观念遗产使苹果公司赢得了最忠实的用户，同时也给公司留下了动荡的种子。而这对一家企业而言，简直致命的弱点。

(3)教训

品尝“苹果”，其滋味真是又甜又苦……

乔布斯与王安一样聪明，作为传奇式的创业者，都是奇理斯玛(Chrismas)人物。以中国文化的视角看，不同于王安的是，在企业经营管理中，特立独行的乔布斯更多地体现为“勇”。嬉皮士乔布斯有一点中国历史上某些开国之君所有的那种“流氓无赖气”，以大无畏的气概勇猛精进，打下“苹果”江山。

但是，“马上得天下不能马上治天下”。持续的兴旺发达，需要适应新的形势以“智”指导的“勇”去推动，而不是要浪漫激情、一意孤行的“匹夫之勇”。

当IBM参与个人计算机市场竞争，市场要求一种通用的兼容的计算机时，“苹果”不审时度势开放其系统，仍然孤芳自赏，自以为是，缺乏临机决断、因时而变的“丈夫之勇”，结果痛失良机。

资料来源：《苹果电脑公司：在挫折中成长》。MBA智库百科(http://wiki.mbalib.com/)

2.乔布斯的领导力

“没有人会跟着一个经常打败仗的将军走，必须带着大家在追求事业目标中不断取得成功，持续这种成功是企业凝聚力很重要的基础。”

在多数人乐于相信苹果公司是一家懂得如何发明出完美产品的时候，人们其实忽视了，苹果公司始终保持着持续改进的风格。

比如至今总销量已经超过一亿部的iPod，就是一款成就于无数挫折之上的产品。2001年底，苹果公司推出的第一款iPod实则并不具备热销的条件：它只有5个小时的续航时间，无法应用于Windows系统，甚至其最重要的功能随机播放音乐(shuffle)，也被隐藏到几层菜单之下。因此，在iPod推出的第一年，它只卖出了10万部。

乔布斯没有因为这一糟糕成绩否决这款产品——关于他是如何判断产品价值的，后面我们会有更为详细的阐释——围绕iPod，苹果公司做出了很多改进努力：开发出一款足够好用的音乐管理软件iTunes、构建网上音乐商店、降低iPod能量消耗以提升其续航时间、与Windows系统实现兼容……苹果公司似乎始终能够很清晰地看到这款产品的问题，并非常有针对性地予以解决，这最终促成了iPod奇迹：2004年起，第四代版本的iPod和iPod mini的推出，让其年销量达到826万部，一举成为21世纪的Walkman。

我们甚至可以做出一个较为极端的结论：苹果公司是一家在失败中强大起来

的公司。它的每一款成功产品几乎都奠基于一款失败产品：苹果II之前有苹果I、Macintosh前有 Lisa、Macintosh的操作系统OS X之前有NeXT……换个角度,也可以说苹果公司是最敢于自我革命的公司，它从来没有停留于任何一款单一成功的产品。

同样,个人层面,乔布斯也在教训里实现了“进化”。自20世纪80年代初期即开始追踪苹果公司的分析师Tim Bajarin认为,正是在被迫离开苹果公司的岁月里,乔布斯从一个纯粹的理想主义者,变成了一个在战略上的现实主义者,并保持着自己在技术、设计和营销方面的完美主义。正因为此,他在回到苹果公司后,首先向盖茨发出邀请,让微软投资于资金紧缺的苹果公司。而从2006年起,他又让苹果计算机使用英特尔公司的芯片，并开发出在苹果计算机上应用Windows上的软件——年轻时,乔布斯曾认为微软和英特尔的产品是“邪恶的”。

公司政治的失败也教会了他很多东西。这个曾经年轻气盛的硅谷金童,在1997年回归苹果公司后,一直小心翼翼地担任着“过渡CEO”的角色,直到2000年,苹果公司业绩稳定,关于他的评价进入良性循环,他才将“过渡”两字去掉。

(1)领先市场12个月的思考

众所周知,乔布斯并非技术天才,即使在创业初期,他也没有像盖茨一样扮演编程高手。某种程度上,乔布斯甚至是反技术的,他曾经表示:“我愿意用自己享受的一切高科技,换取与苏格拉底共度一下午的机会。”

但多年的行业经验让他形成了一套行之有效的产品判断方法：他首先是个独立思考的人,其次是一个苛刻的遴选者。

曾任苹果公司销售总监的David Sobotta如此回忆2002年春天他和乔布斯在一起开会时的经历:他所负责的美国国家健康学会的技术负责人,曾希望说服乔布斯去开发一款类似 Tablet PC的平板计算机。因为之前并未知会乔布斯相关话题,David Sobotta称,这应该是乔布斯之前思考的一次偶然流露。

乔布斯拒绝了对方的要求,并讲述了自己的看法:首先,这不是一个大市场。尽管包括惠普、宏基在内的PC业巨头试图打开这一市场,甚至盖茨在当年大胆预言,平板计算机将在五年内成为美国最畅销的计算机,但乔布斯非常明确地看到:相对于每年销量两亿台的个人计算机市场，平板计算机以万台为计量单位年销量并不足取。

而在对方的进一步恳请下,乔布斯又从其他几个层面对这一市场进行了阐述。因为平板计算机主要是针对专业人士的,比如美术及医疗领域的用户,它就可能遇到几种技术瓶颈:其一,没有任何无线网络能够足够快地在平板计算机上传输专业图像;其二,平板计算机的显示达不到专业需求标准。

他总结说,苹果公司更乐于去定义一个新市场,而不是参与众多公司为一款前景难料的产品制造生存空间的战争中去。而且,如果为美国国家健康学会这种机构开发产品，意味着重大的责任，但这种责任对苹果公司来说是难以承担的。

随后，健康学会的人又建议他去开发黑莓一类的产品。对此，乔布斯的回答是："这是另一个细分市场。"他明确看到了计算机和电话的融合将是一个潮流，但黑莓不是这个趋势的一部分。

由此，乔布斯非常认真地揭开了他对未来手机的预期：一款可以装在衣服口袋里，并比计算机、手机独立存在时都更好的产品。

这整段对话，详尽显示了乔布斯对新市场的思考方式：他首先会思考新产品所在的是一个大众市场还是细分市场？这个市场可能会有多大？然后他会问：是否有一些技术阻碍了一个细分市场成为大众产品？以及，未来的技术发展对这个市场是促进还是毁灭？最后一个问题是：如果做出这样一款产品，它能否创造新的价值？

不妨用这个判断方法模拟一下iPod诞生前乔布斯的思考：针对第一个问题，索尼的Walkman早已证明音乐播放是个规模惊人的大众市场。接下来，Napster们的迅速兴起，说明数字音乐这种新技术的空间广阔，这也进一步意味着，数字音乐需要一种足够优秀的播放器作为载体。此外，也并不难想到，手机功能的提升，很可能给纯粹的音乐播放器带来巨大威胁，所以，苹果不能止步于iPod的成功。

正如我们前面所涉及的，苹果公司是一家善于自我更新的公司。而它对于既有产品的改善，一定程度上也来自于这种前瞻式思维。

2007 年5月底，Apple TV做出了最近的一次重要升级：与YouTube展开合作。以短期效果计，这是一次无效合作。可想而知，在高清电视上观看YouTube上图像模糊的短片，是一件令人难以忍受的事情。但它的长期价值是显而易见的：随着互联网基础设施的改善，YouTube上所承载的信息变为高清版本并非遥不可及。到那时，Apple TV就拥有了一个极佳的内容源。

(2)环境创造者

据美国一种专业刊物统计，2006年高科技企业的研发投入排行中，苹果公司仅以7.15亿美元列第15位，这约为排名榜首的微软的1/9，甚至少于赛门铁克、雅虎和CA公司。

是否有些不可思议？世界上最优秀的创新公司——过去几年中，无论在《Business Week》还是《Wired》杂志的创新公司排行榜上，苹果都和Google盘踞在前两名的位置，只是偶尔变化排名——研发投入并不巨大。

如果对苹果公司足够熟悉，你会知道，这是一家极为擅长借助外部智慧的公司：Macintosh率先使用的鼠标、iPhone所使用的Mutli-Touch技术都来自于其他公司，甚至iPod的最初开发工作也是外包完成的。

自身研发投入相对有限、广为使用外部研发成果，为什么苹果公司依然被视为全世界的创新榜样？

唯一的答案是：苹果公司清楚什么是最需要自身开发的。在2004年的一次访谈中,乔布斯坦言:"我总想拥有或控制我们所做的所有事的核心技术。"

至少在1997—2007年10年里,这家以生产精美硬件产品的公司,其核心技术集中于软件领域。1997年,乔布斯将苹果公司的产品线从几十条变为四条,且明确表示,苹果公司只要在台式机和笔记本计算机、高端和低端四个领域推出相对应的一流机器就能够生存。在缩短产品线的同时,他大肆招募软件领域的人才——看到了计算机与家用电器的融合前景,让他深知,软件将成为未来所有产品的共同"灵魂"。正是这十年的积累,让苹果有能力为iPod、Apple TV和iPhone赋予灵魂。

在扮演战略观察者的同时,乔布斯还将自己塑造为"一个质量标杆",因为"很多人并不知道如何适应那种追求卓越的环境"。在接受美国《TIME》杂志采访时,乔布斯说:"所有公司都能做出接近完美的模型,但很少有公司能做出品质优良的产品,因为在产品开发过程中,技术、设计等部门会以'做不来'为由,进行缩水处理。这时候就需要一个铁腕领导者将'no'变成'yes'"。

因此,即使那些他参与不多的产品,也会因为他的最终审核而提升水准。比如,乔布斯要求外部供应商和苹果公司相关人士开会的时间都定成周五,这样他就能在周末把新产品带回家里,然后在周一给出系列新要求:比如用户选一首歌不能超过3次按键,菜单转换速度的提升,甚至其他人所不能理解的不能设置开关键……

在与乔布斯的合作中,很多人并不能立刻理解、认同他的要求,但很多人承认,乔布斯的压力让他们得到了一些超越自己能力的成果。这就是我们这个时代最伟大的创新主义者的独特才能:不是去创造产品,而是创造一个开发一流产品的环境。

(三)吉利控股集团

李书福:大道至简

李书福,现任吉利控股集团(以下简称"吉利")董事长。1963年出生于浙江省台州市,有过多次创业经历。他不是那种可以用商学院教科书定义的企业家,之所以成为如今中国企业界炙手可热的风云人物,不仅因为其领导下的吉利汽车超常规地发展为中国最大的民营汽车企业,更因他时常语出惊人,对行业和管理提出有别于学院派、属于自己的独到理解。

"汽车狂人"李书福被很多人称作中国的"草根企业家",说他是狂人,源自于他的坚定和执着;说他是草根,那是因为他一切从实际出发,关注细节,深具大道至简的朴素精神。制度经济学大师科斯说:"我尝试着从工厂和办公室,而不是从经济学家们的著作里找寻企业存在的理由。"这句话用在李书福和吉利身上再恰当不过。

1.辩证的领导力

在李书福眼中,领导既是管理者,又是被管理者,矛盾在每个领导身上必须实现辩证地统一。领导是群体的领路人,同时也应该是一个言传身教的示范者,言行要经得起众人品评。只有这样,领导才不会超脱于集体之上,团队中的个人能量才能形成集体合力。李书福说："只有把自己置身于员工的监督之下的领导才能让员工心服口服，才能真正激发员工的工作热情。"从这个意义上讲，领导既是管理者，更是被管理者。

要当好管理者和被管理者，各级领导就要有规划与调整系统平衡的能力，也要有容人的宽广胸怀。一方面能保证所辖业务各方面协调良好、综合运作顺畅，另一方面注重培养人才，确保企业有持续的人才供给以充实各领导岗位。在吉利，提拔干部就需要考察：一、所管辖系统运行是否良好；二、是否重视对下属人员的培养与选拔。

站在系统的角度，李书福特别强调中层管理人员在企业中的重要作用。面对国外同行洋枪洋炮的挑战，他说，人们走进吉利的大门后，摆在所有人面前的只有一条道路、一个方向，每个层级的领导者要领会上级的战略意图，及时向下级布置、指导、检查与考核工作；在保证秩序和方向的基础上，领导者需要充分发挥员工的积极性和创造性，保证整个管辖范围内系统正常、良好地运作。此外，如何培养、选拔基层干部，如何发现、重用基层人才，是每一个领导者的责任。

2.权变的至简管理

也许"草根企业家"会更多地从实际出发来思考问题，探索解决之道。李书福在他的文章中写道，现在繁杂的企业管理理论往往"把一个本来很简单的问题复杂化，把一件本来很小的事情扩大化。结果造成了空对空管理，纸上谈兵管理，一个人一套理论的管理"。那些纷纷扰扰的理论争论，企图找出管理的灵丹妙药，是不切实际的。事实上，不存在一个所有企业都普遍适用的管理法则，以往他者的成功经验也都不可重复，因为每个企业都有自身的特性，外部条件也都在不停地发生变化。基于这种认识，李书福提出两点看法：简化管理、权变管理。

李书福认为，虽然企业情况千差万别，但管理的"根本思想"是一样的，落到最根本的实处，就要求每一个人都把自己的工作做好。企业管理的确很系统、很复杂，但把很系统、很复杂的问题分拆开来就会变得相对简单，只要求大家都把自己相对简单的工作做好。

"企业不能没有制度，也不能有太多的制度；不能没有程序，也不能有太多的程序；不能没有规矩，也不能有太多的规矩。关键是就事论事地寻找最简单的方法，用最快捷的速度，最有效地解决问题。一个电话能够解决的问题，不要集中开会；一个工作餐能够沟通的话题，不要集中开会；开小会能够解决的问题，不要开大会；口头能够解决的事情，不要书面；今天能够解决的问题，不要拖到明天；一分钟能完成的工作，不要用两分钟去完成。"

"管理的目的就是让你的工作做得更好。你把工作做得更好的目的就是为了自身更好地发展，以得到更多的回报，这两者是完全统一的。"李书福认为，最好的管理就是如何用简单有效的方法把自身发展与更多回报统一起来。

李书福"因地制宜"的权变思想可以从他对企业管理制度的理解中窥得一二。他认为,企业的组织结构和体制,基本可以决定一个企业的命运。不同的历史时期,不同的企业特征,不同的发展阶段,必须有不同的企业组织结构和管理制度。世界上没有唯一最好的体制,也没有唯一最好的制度,更没有唯一最好的企业组织结构。"三者之间是一种动态平衡的关系,需要不断地调整与创新,在动态中完善,在创新中发展。"

随着吉利规模日益增大,李书福对逐渐显现的"大企业病"有很高的警惕。他针对企业内存在的官僚保守作风或冒进改革等意见提出,要实现企业战略目标,"必须有一套严密的制度、严格的考核体系,但所有的制度与考核都必须因地制宜、滚动修正,绝对不能死搬硬套,或者所谓的'一步到位'"。这正是他拒绝生搬硬套定律理论,强调必须"因时因地因人而异"地提出有针对性解决方案思想的生动体现。

3.品牌营销两大法宝

从低端到高端渐进的品牌策略和概念营销是吉利的两大营销法宝。

针对国内车价昂贵的现状,李书福说"吉利汽车要为老百姓造买得起的好车!"这种初衷就决定了吉利一开始采取低端低价策略。从提供豪情和美日等低端品牌产品,通过走平民路线抢占市场份额,逐渐在市场上立足。

2007年吉利择机进行了战略转型,要把企业的核心竞争力从成本优势重新定位为技术优势、品质至上和服务优秀。企业理念也从"造老百姓买得起的好车"转变为"造最安全、最节能、最环保的好车"。战略转型最显著的表现就在于产品的更新换代——由低端经济型轿车向功能齐全、高性价比的中高端轿车进发。在尚有市场空间的情况下,吉利让曾经的主打产品逐渐淡出市场,毅然用远景、金刚和自由舰替代。随后,李书福四处宣称"吉利不是大家印象中的质量差、只卖低端车的形象"。

低价策略虽然对品牌内涵有一定的影响,但能快速扩大市场份额,提高知名度。而自主创新则重点强调自有品牌。吉利起初采取低成本战略打开市场,其后随着技术创新的积累,企业开发了不同层级的品牌车,相应的品牌战略也逐渐走上高端,形成多层级的品牌矩阵。

李书福是品牌营销专家,擅长"概念营销",也善于说"疯话"。他提出的新概念从"给我们一次失败的机会"到"造汽车没什么神秘的",到"造老百姓买得起的好车",到"中国第一跑",到色彩营销,再到情侣汽车,吉利始终把企业的每一个产品、每一个创新都通过概念的形式传达给消费者,引起共鸣,引领市场消费动向。

也许是出于对自己品牌营销能力的自信,2007年战略转型之前,吉利甚至很少打广告,在李书福看来,汽车企业更相信口碑的力量,打广告浪费钱,完全没必要。之后,他发动了一系列具有特色的品牌提升攻势——投入360万元全球范围内征集吉利新车标，借由央视热播电视剧《岁月风云》塑造“高大而有气节的民族汽车企业形象”，推出“吉利汽车品牌求证大讲堂”系列座谈会，邀请专家和媒体人士一起为吉利品牌把脉。李书福的这套公关营销动作对提升吉利品牌有较明显的作用。

4.自有技术是核心竞争力

李书福称“技术进步与新产品开发是企业竞争的龙头，是决定企业生死的基因组”。对一个汽车公司来说，技术进步能够“提高其产品的技术含量、技术水平，能够增加其产品的市场竞争力，同时又能配合公司实施远景战略”。

李书福称“自有技术是吉利的核心竞争力”，他要求吉利在一个设定的技术进步方向上不断取得进步，在赶超同行技术的同时，推广自己的理念，这也是形成自己产品个性和逐渐走进用户心里的过程。

虽然不断强调自主创新，但李书福并没有排斥技术设备的引进，2002年他耗资数千万元从大宇国际引进了相关设备来改造吉利生产基地。站在同行的肩膀上后，他对技术发展提出了更加严格的要求——“技术进步与新产品开发必须做到与众不同，既不能完全否定同行的方法，也不能完全照抄同行的方法”。

要做到这一点不容易。“首先需要形成自己的学习能力，要懂学习、会学习，从同行的成果中吸取营养，逐步形成自己的技术路线、研发体系及相关参数的积累。”李书福认为，要学就学本质，学习同行成果应该学其思想方法、结构原理和技术走向。

吉利成立了自己的汽车研究院，对全世界所有车型进行研究分析，寻找优点、缺点，通过分析，更好地利用优点，避免缺点。为了提高整车试验水平，提高研究院的研发能力，吉利未来还将建设一座大型的功能设施完善的现代化大型研发中心。

为了培养吉利技术人员的新产品开发能力，吉利还与德国、韩国、法国等国家的专业技术公司以项目合作或在中国联合成立专业研发公司等形式展开广泛合作，涉及造型设计研发、结构分析研发、化学应用研发，还有物理性能、功能等方面的研发。例如在与韩国大宇进行合作的过程中，就有十几名大宇的技术专家对吉利的相关人员进行培训。

5.订单式人才培养

李书福用了一个树和森林的比喻来说明他对企业培养人才机制的理解。“企业一开始都缺人才，可以从外面请一些人才进来，如果把从外面请进的人才说成是大樟树，企业森林里全都是大樟树就不是很生态。大樟树总有一天会枯萎的，所以最终企业要形成自身的人才成长机制，而不能简单地从外面请人进来”，“必须自己培养人才”。

为配合企业发展战略，吉利曾经从外部引进了一些高层管理人员和高级技术人员。以“做中国车”为旗号引进的这批高级技术人员的确有巨大优势，但普遍年龄偏大,企业无法长期在技术上依靠他们;而引进的管理人员虽然在相当大程度上帮助了这个家族式的民营企业逐步过渡到规范公司,但通过实际观察,李书福发现从外界引进的人才存在一个很大问题,因为他们有着不同的理念,所以都比较执着于自己的工作方式,这样企业不容易进行内部整合,难以形成人员的合力优势。这个时候李书福对管理文化有了深刻的认识——管理文化无法引进,每个人也许都是好的,但缺乏统一管理文化的结果可能是零合力。

于是他得出了一个结论,企业无论管理人才还是技术人才,都要在吉利的学校中培养选拔。凝聚一股力量、提炼一种精神、完成一个使命是吉利的基本人才发展战略。可以说,通过"订单式"的职业教育从源头上打造企业所需要的人才,有利于增强员工对吉利企业文化的认同,有利于实现这一基本人才战略。

相对稳定、动态平衡、优胜劣汰是吉利的基本人事管理制度,曾经引进的徐刚、柏杨和郑韶辉等优秀管理人才在无法带动企业继续前行的时候,也不得不按规矩"下岗"。人事管理之中,如何留住优秀人才非常关键,它决定了企业未来发展的潜力。李书福认为留住人才必须从人性出发,充分考虑以下五个基本要素:

(1)精神与情感的要素

人是需要精神的,人是有感情的,任何人都无法回避精神与情感的力量。要营造一种人性化的空间,使大家能够在这里找到快乐,抒发情感,产生激情。

(2)薪金与物质的要素

提供比同行高出一大截、具有明显优势的报酬。报酬可以分成两部分:一是以工资、奖金为形式的直接报酬;一是以生活待遇、物质补助为形式的间接报酬。

(3)事业与理想的要素

人是有理想、有追求的,真正有理想、有追求的人是以事业成功为人生奋斗目标的。必须给这些人创造条件,提供平台,让有事业心的人真正体会到:好好奋斗必将事业有成。

(4)制度要素

人是有思想、有尊严的,人也喜欢与他人进行比较。必须有一套公正、公平、公开、科学、实际的管理制度,让所有人在这个制度框架内竞赛。同时制定长远的人才成长规划,形成吉利自己的人才成长体系,把请进来补充、送出去交流和内部提拔重用紧密地结合起来。

(5)法律要素

企业与员工之间的关系是一种合作关系,这就意味着它也是一种法律关系,必须有法律约束。必须明确彼此之间的法律地位、责任、义务,既对企业负责,也对员工负责。

6.以人为本的学习创新文化

李书福总结吉利企业精神的核心是"人才和创新"。他说,"培育学习型企业是为了企业的生存与发展"。企业与人一样,要生存首先要学习生存术,这是最基本的学习原动力。这种学习是为了保命和生存;在学会了保命与生存后,还要发展,这又需要学习,这种学习是为了继续提高。

李书福还把学习上升到道德和文化的高度。"谦虚使人进步,骄傲使人落后,敢于向别人学习就是谦虚的表现。任何企业、任何人,如果能够坚持谦虚学习,那就有了进步和发展的原动力,也具备了分析是非、认识方向的基本要素。"

李书福给吉利定义的学习主要包括管理学习和思维方式学习两方面的内涵。

对于管理方式学习方面,李书福认为,"企业在于管理,管理在于创新,创新在于学习"。企业的成功发展需要管理的创新,创新的管理才有生命力。这需要通过不断的学习、反复的研究与实践所形成行之有效的管理方法,而且要随着时间的推移和企业的变化,及时创新其管理思想与方法。在吉利汽车销售管理刚起步时,一开始采用省级总经销或大区总经销,后来改成一级总经销,销售公司也拆分成浙江豪情公司和浙江吉利控股,之后又合二为一。形移势异,管理也需要随着外部形势和内部条件的变化不断地进行创新调整。

管理的创新调整需要谦虚学习,深入调查,仔细研究。在学习的基础上总结,在调查、研究的基础上完善。既要学习国内外汽车企业的成功经验,又要广泛征求吉利内部人员的一线意见,更要结合吉利的特点、国情、企业状况,研究、制订相关政策。广泛地调动企业内每一个员工的积极性,为管理创新提供可靠的依据,并为管理调整打下广泛的基础。

在思维方式方面,同样的问题,用不同的方式去思考,其结果也是不一样的。工程师想问题的方式肯定与总经理想问题的方式是不同的。不同思维方式的人在一起工作难免会有误会、冲突,李书福认为,这种思维上的不同需要靠总结与学习来弥合。"通过反复的换位思考,更有利于我们全面了解事物的真相,更有利于我们达成共识,更有利于沟通合作、形成合力。"领会得快,学习得快,学习得多,能够真正领会、理解事物的真相,就能避免无谓的争端和矛盾。

7.终端有效主义精神

李书福提倡"终端有效主义精神",即及时清理无效的销售终端,确保每一个终端都有有效的营销能力,并充满活力。

"产品营销的关键是终端管理,终端管理的核心是客户关系管理。"李书福说。"建立良好的客户关系,需要软硬件两个方面的有效配合。"软硬件指的是制度人员和设备设施。"在软硬条件良好的情况下,还需要关注三个因素,即区域经理、经销商和终端网点的选择。"

一位优秀的区域经理,能筛选出优秀的经销商;一个优秀的经销商,能营造良好的营销氛围;一位优秀的区域经理,能提出完美且极具竞争力的终端网点布局计划;完善且极富竞争力的终端网点布局,是取得市场竞争优势的综合力量。

营销能力是影响产品市场占有率的关键因素,而营销能力中人是核心。李书福说“没有卖不出去的产品,只有卖不出产品的人;没有开发不了的市场,只是没找到开发市场的人”。吉利要求区域经理和经销商对待市场要有主动性,有整体的主张、观点和方法。要善于同市场打交道,善于调动各种有利资源,策划与利用各种有利事件,营造良好的销售氛围,吸引更多有效的眼球,创造热烈而受人信赖的用户口碑。李书福强调,要“善于把每一个用户服务好,变成朋友,让这些朋友帮助宣传、推广吉利汽车的优点,形成良好的口碑链,制造良好的吉利汽车营销氛围。从而使更多的人选用吉利汽车,达到卖一辆带动十辆的营销水平”。

同时他还坚持要从实践中努力培养“终端卖手”的相关能力,并针对吉利汽车的特点,把原则性与灵活性有机地结合起来,努力提高售前服务、售中服务和售后服务,做到用户满意、对公司负责和对零部件制造厂负责。

资料来源:《北大商业评论》。

(四)苏宁云商

追梦者

已至“知天命”之年的张近东,看上去却越来越“青春”逼人。这些年隐藏在他稳健表面下的激情,日益显现。

“我个人的创业梦、苏宁员工的幸福生活梦、苏宁企业及零售业的发展梦始终是交织在一起的。苏宁是中国零售业发展壮大的见证者、推动者、受益者,在中国这个成长前景广阔的市场上,我们希望能够培育出世界级的零售企业,培育出领先世界的零售模式。”张近东在接受本次专访时告诉我们。

而实现这个伟大的商业梦想,他也在2013年描绘出清晰的“一体两翼的互联网路线图”——以互联网零售为主体,以O2O融合的全渠道经营模式和线上线下开放平台为两翼,推进苏宁的互联网转型。

“主动转型”与“拥抱互联网”是张近东当下追梦路上的两个核心动力。

在外界看来,经过20多年的发展,苏宁已经成为中国最大的民营企业,功成名就的他应该享受生活,没必要去冒险转型。刚从美国硅谷——全球互联网与创新圣地——归来的他,向我们袒露了心迹:“对我来说,创业是一种终身的职业,每一次转型都是一次新的创业,是研究新技术、开创新模式、追逐新目标、实现新价值的过程。”

转型,不仅契合着中国经济新一轮改革的深层动力,也是全球商业巨头应对新勃兴时代的不谋而合的选择。

而新的转型路上,张近东相信借助大数据、云计算和智能搜索等技术的运用,可以让融合线上便利性和线下体验的全方位需求有了实现的可能。他告诉我们:“传统电商只是一个过渡性模式,O2O模式唤醒了消费者潜藏内心的深层次、全方位的购物需求,必将引领中国零售业的第三次变革。苏宁希望在这块的积极探索和实践,在全球范围带来零售业新的发展模式,成就世界级的零售服务品牌,并在推动自身的互联网转型的同时,带动更多的传统企业拥抱互联网。”

主动求转型

2013年11月的美国之行,张近东除了宣布设立“苏宁美国研发中心暨硅谷研究院”,更来到斯坦福大学与一批拥有创业梦想的“互联网一代”进行了一次演讲与交流。

当他站在演讲台上时,张近东仿佛回到了23年前刚创业之时。那时候,他也只20多岁,和台下学子差不多年龄,却敢于丢弃了当时中国人眼中的铁饭碗,办了一家200平方米的空调专营店,实现了自己人生路的首次转型。“从小到大、从区域到全国,再到香港、日本,今天又来到美国,苏宁的经历并非一帆风顺,有过竞争对手的围追堵截,转型的迷茫阵痛,也有后发制人的弯道超越,但我们都执着坚定、自信从容,每跨越一个困难都会脱胎换骨,获得飞跃成长的机会!”

飞跃成就梦想。张近东带领苏宁执着于中国零售行业23年,历经供不应求的短缺经济时期,供大于求的充分竞争阶段,以及参与全球竞争、互联网技术竞争时代。如今发展成在全球拥有1600多家连锁店, 线上线下年销售2300亿的现代零售企业集团。

对很多企业家来讲,他所取得的成绩已是仰止的高山之巅;可对张近东来讲,他却觉得只是走到下一次起跳的平台。

在2008年,他就明确提出了中国零售业必须转型,苏宁必须转型。到2011年,为顺应互联网技术的发展潮流,以及消费者需求的演变,更是明确地提出了“科技转型,智慧服务”的新十年发展战略。

“为此,这两年我老往美国跑,就是为了把握最前沿的技术和商业潮流。”他说,2012年5月,自己去西雅图参加微软全球CEO峰会时,就同比尔·盖茨深入探讨过新技术对行业的改变。他还记得晚上在比尔家宴会时,与“股神”巴菲特的见面,“老先生一如既往地充满激情和活力,一见我就说早就开始关注我们企业了,并半开玩笑地掏出自己皮夹要送给我,意思是要投资转型的苏宁。”

当一头大象公司转型时,除了面对莫测的未来,原有优势也许成为负担。张近东破题的关键词是“责任感”。“我个人的性格和团队都有强烈的责任感,从最初的个人致富到十多万员工发展,再到行业责任,苏宁是肩负责任前行。苏宁这些年经历了两次大的转型和变革。当我们选定一个目标时,一定会坚定不移地向着目标努力,既要有抵制诱惑的毅力,也要有经受挫折的勇气。我们可以直面挫折,可以承认错误,但绝不轻言失败,更不容许放弃!跌倒了可以再爬起来。如果一味地求稳怕输,那就很难成功了。”言及此处,他的激情跃然而现。

拥抱互联网

张近东推动苏宁自2009年开始的转型,以“拥抱互联网”为核心。3年走来,风雨兼程,彩虹也开始初显。

特别是2013年,苏宁的互联网战略转型驶入了快车道。2月,苏宁对外发布新模式、新组织和新形象,推出云商新模式,打造线上线下协同团队,实现了组织融合;6月,在全国推行线上线下同价,实现了价格融合;9月份,推出了3.0版本开放平台——苏宁云台,实现了商品融合;而最新的消息则是苏宁在全国重点城市推出了首批1.0版本互联网门店,实现了线下线上购物体验的融合。

用他的话说,2013年苏宁基本完成了互联网零售战略的多项布局,下一步关键是具体执行和深化。

日程表安排以分钟计算的他告诉我们,空闲时自己都会到网站上去看一看,对页面展示、产品选型、活动设计等进行了解,他在公司内部要求相关部门,对用户体验的追求要像极客对技术的追求一样狂热才行。

面对未来,张近东选定了O2O作为深化的切口。他把其视为引领中国零售业第三次变革的力量和路径。

为了满足O2O中消费者全局、全域和全需三个维度的体验需求,他带领团队正在做好三件事。一是建立O2O融合的、多终端互动的全渠道经营模式,满足消费者突破时空、不同情境、随时随地购物的全局体验需求。二是建立全资源的核心能力体系,满足消费者在售前、售中和售后自由顺畅的全域体验需求。三是积极研发前沿的互联网技术,精准推断、分析消费者的所思所想,满足消费者轻松快速获取所需商品信息的全需体验。

这些商业策略背后,其实是他对"互联网思维"系统、深入而创新的思考。"互联网思维要求一切围绕客户需求来运营,用开放与共享的理念服务于每一个客户,满足消费者个性化体验。不断地提升服务客户的能力和效率,实现用户至上,体验为王。"他给出了自己对此的定义。

而苏宁也在按照互联网的思维推进工作方法、管理流程、思维方式与团队能力上全面转型升级。

这也回答了他硅谷之行的一个目的——为了能与国际互联网最前沿保持同步创新。用他的话说,硅谷研究院将成为牵引苏宁战略转型、增强技术创新能力、提升供应链效率和服务体验的前沿基地。而更远大的目标在于"将能够与这里顶级的高科技企业和最具创新精神的团队共舞,携手研究包括智能搜索、大数据、云计算和互联网金融等在内的前沿技术,并在此吸引和培养高级商业、科技人才,推动前沿课题研究、商业合作、企业并购、投资等方面的中美合作。"他说。

作为有社会担当的企业领袖,张近东更把互联网思维与苏宁履行社会责任联系到一起。通过互联网技术的应用、市场化方式的运作,连接更多爱心和专业力量加入到公益活动中。他透露,苏宁未来会把自身的商业运营资源向非营利的公益组织开放,计划2014年在苏宁易购开设公益频道,与国内众多基金会洽谈开设公益商店，向公益组织提供物流配送、IT技术支持等等，搭建一个互联网时代人人参与公益的桥梁。

“智慧不在一个层次，较量就不在一个层次；格局不在一个层次，未来就不在一个层次。”张近东总结说，自己希望与更多人推动转型，探索互联网前沿，用脚步丈量美好的未来。

资料来源：《21世纪经济报道》，2013-12-30。

三、仿真实验

（一）实验目的

1.在掌握基础理论的基础上，促使学生了解和把握不同类型的领导风格。

2.培养学生随机应变、因地制宜的权变思维。

3.通过实验，加深学生对领导力的认知。

4.促使学生深刻领会人格魅力和专家权对领导力的影响。

（二）实验背景

1.理论背景

领导特质理论、领导行为理论和领导权变理论已经形成了比较成熟的理论体系，但实践工作中很难一一对应地进行理论实践。在本实验中，重点是在学生掌握上述理论基础的前提下，针对各种各样的现实工作状况以及复杂多变的影响因素，进行大量的模拟分析，以提高学生理论联系实际的工作能力和领导能力。

领导权变理论最为系统地归纳了各种领导理论的核心规律，而学生对领导理论的规律把握主要是体现在对领导权变理论的认知和应用方面，所以本实验重点集中在领导权变理论上。

2.模拟公司背景

根据模拟公司的经营业务和经营计划，由指导老师虚拟模拟公司面临的各种经营状况和存在的问题。

（三）实验过程

1.指导老师虚拟出模拟公司存在的高层管理者的领导力的问题、员工素质问题、上下级矛盾问题、人际沟通问题、下属执行力问题等。

2.由各模拟公司相关扮演角色针对上述各问题进行讨论和分析。

3.各模拟公司运用领导理论提出解决问题的思路和方法。

4.指导老师组织模拟公司进行发言汇报。

5.指导老师进行归纳和总结。

(四)实验小结

1.实验总结

以实验小组为单位,总结模拟公司领导力的现状及提升领导力的途径。

2.思考题

(1)提升领导力的核心要点是什么?

(2)简述领导者与被领导者之间的影响与作用。

第八章　激励方法

一、理论重温

(一)激励的概念

激励是心理学的一个重要术语，原意是指人在外部条件刺激下出现的心理紧张状态。从管理学角度来看,激励是指管理者运用各种管理手段,刺激被管理者的需要,激发其动机,使其朝所期望的目标前进的心理过程。激励作为一种领导手段,最显著的特点是内在驱动性和自觉自愿性。由于激励起源于人的需要,是被管理者追求个人需要满足的过程,因此,这种实现组织目标的过程,不带有强制性,而完全是靠被管理者内在动机驱使的、自觉自愿的过程。激励的最主要作用是通过动机的激发,调动被管理者工作的积极性和创造性。

(二)激励的过程

激励的过程如图8-1所示：

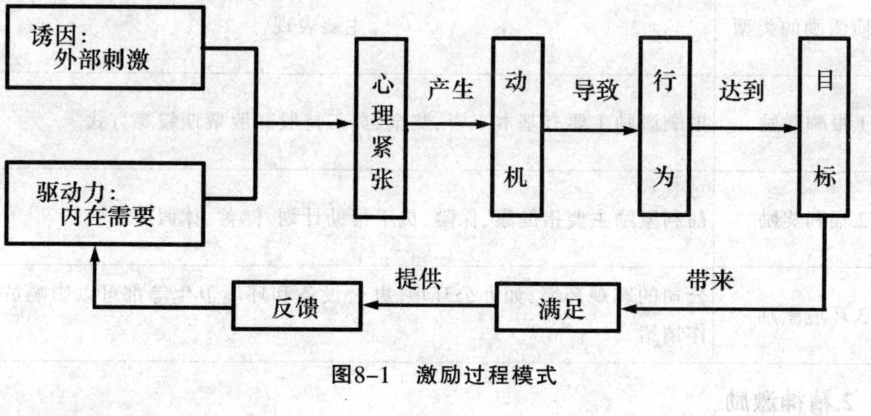

图8-1　激励过程模式

(三)激励理论

表8-1列出了几种激励理论。

表8-1 激励理论

类型	特点	代表理论
内容型激励理论	是从激励过程的起点——人的需要出发,研究用什么因素或内容引起、维持并引导某种行为,从而实现目标。这类理论是从静态的角度探讨激励问题。	需要层次理论 双因素理论 激励需求理论
过程型激励理论	不仅涉及引起行为的事物,而且涉及行为的选择以及增加所希望的行为反复进行的可能性的因素。	期望理论 公平理论 目标设置理论
行为改造型激励理论	试图避免涉及人的复杂心理过程而只是讨论人的行为,研究每一种行为及其结果对以后行为的影响。	强化理论 归因理论 挫折理论

(四)激励方法

1.物质激励

物质激励是指企业以金钱等物质奖励(包括工资、奖金、福利、晋级、股票赠予和各种实物等)作为诱因,驱使员工采取最有效、最合理的行为。物质激励的类型及表现如表8-2所示。

表8-2 物质激励的类型及表现

物质激励的类型	主要表现
1.报酬激励	报酬激励主要有基本工资、奖金、员工持股和股票期权等方式。
2.福利奖励	福利激励主要指健康、保险、员工帮助计划、储蓄、休假等。
3.环境激励	公司的客观环境,如办公环境、办公设备和环境卫生等都可以影响员工的工作情绪。

2.精神激励

精神激励是以精神鼓励为诱因对员工产生的激励。精神激励的类型及表现如表8-3所示。

表8-3 精神激励的类型及表现

精神激励的类型	主要表现
1.情感激励	所谓情感激励,就是加强与组织成员的感情沟通,尊重组织成员,使组织成员始终保持良好的情绪以激发组织成员的工作热情。
2.目标激励	即以目标为诱因,通过设置适当的目标,激发动机,调动积极性。可用以激励的目标主要有:工作目标、个人成长目标和个人生活目标。管理者可通过对这三类目标的恰当选择与合理设置有效调动员工的积极性。
3.信任激励	信任是对人的价值的一种肯定,所谓信任激励,就是领导者对下属给予充分的信任,给他们提供显露才干、展示能力的机会,使下属在心理上产生认同感和欣慰感,从而激发下属的自信心和责任感的激励方法。
4.赏识激励	“赏识”给人以荣誉感、自信心、自尊心的三重心理触动,作为管理者,将其运用到实际工作中,会使团队的凝聚力大大增强。对员工施以有效赏识,会使员工的自我认同感加强,对企业的忠诚度加深,会使员工有主人翁的责任感,最终达到工作的高效率、高质量。

3.过程激励

过程激励是指管理者在工作过程中运用不同的工作行为来激发员工的工作热情和工作积极性的激励方法。它主要包括工作本身激励、参与激励和教育培训激励等。过程激励的类型及表现如表8-4所示。

表8-4 过程激励的类型及表现

过程激励的类型	主要表现
1.工作本身激励	工作本身具有激励力量。为了更好地发挥员工工作积极性,管理者要考虑如何才能使工作本身更有内在意义和挑战性,给职工一种自我实现感。管理者要进行“工作设计”,使工作内容丰富化和扩大化,并创造良好的工作环境。
2.参与激励	参与激励是指鼓励员工参与企业的各项管理工作,培育员工的主人翁地位,使员工的个人利益和组织的利益趋于一致。
3.教育培训激励	教育培训激励则是指通过思想、文化教育和技术知识培训,提高员工的素质,增强其进取精神,激发其工作热情,充实他们的知识,培养他们的能力,给他们提供进一步发展的机会,满足他们自我实现的需要。

4.成果激励

成果激励是指对员工的工作成绩给予正确的评估,并且在正确评估的基础上对员工成果给予合理的奖赏,从而保证员工这种行为的良性循环。成果激励的类型及表现如表8-5所示。

表8-5 成果激励的类型及表现

成果激励的类型	主要表现
1.绩效激励	企业要充分重视薪酬制度的合理性,以充分发挥薪酬制度对员工的激励作用。薪酬制度要体现公开性和公平性,即首先要让员工知道,作出什么贡献应该得到什么报酬;其次要有一个衡量员工业绩的客观标准,即以员工心服口服的绩效考核方式,使员工的贡献与回报成正比。
2.荣誉激励	从人的动机看,人人都具有自我肯定,争取光荣、荣誉的需要。对于一些工作表现比较突出,具有代表性的先进人物,应给予必要的荣誉奖励。在荣誉激励中还要注重对集体的鼓励,以培养大家的集体荣誉感和团队精神。
3.晋升激励	对于一个德才兼备、会管理、善用人、能够开辟一个部门新局面的可造之才,就应把握实际需要,扬长避短,及时地提拔重用,以免打击"千里马"的积极性。

二、案例导入

(一)百事公司

1.百事公司的返利政策

百事公司对返利政策的规定细分为五个部分:年扣、季度奖励、年度奖励、专卖奖励和下年度支持奖励,除年扣为"明返"外(在合同上明确规定为1%),其余四项奖励为"暗返",事前无约定的执行标准,事后才告知经销商。

(1)季度奖励

既是对经销商前三个月销售情况的肯定,也是对经销商后三个月销售活动的支持,这样就促使百事公司和经销商在每个季度合作完后,对前三个月合作的情况进行反省和总结,相互沟通,共同研究市场情况。且百事公司在每季度末,派销售主管对经销商业务代表进行培训指导,帮助落实下一季度销售量及实施办法,增强相互之间的信任,兑现相互之间的承诺。季度奖励在每一季度结束后的两个月内,按一定比例进货以产品形式给予。

(2)年扣和年度奖励

是对经销商当年完成销售情况的肯定和奖励。年扣和年度奖励在次年的第一季度内,按进货数的一定比例以产品形式给予。

(3)专卖奖励

是经销商在合同期内,在碳酸饮料中专卖百事可乐系列产品,在合同结束后,根据经销商销量、市场占有情况以及与百事公司合作情况给予的奖励。在合同执行过程中,百事公司将检查经销商是否执行专卖约定。专卖约定由经销商自愿确定,并以文字形式写在合同文本上。

(4)下年度支持奖励

是对当年完成销量目标，继续和百事公司合作，且已续签销售合同的经销商的次年销售活动的支持，此奖励在经销商完成次年第一季度销量的前提下，第二季度的第一个月以产品形式给予。

因为以上奖励政策事前的“杀价”空间太小，经销商如果低价抛售造成损失和风险，百事公司是不会考虑的。且百事公司在合同文本上还规定每季度对经销商进行如下项目的考评：

1.考评期经销商实际销售量；

2.经销商销售区域的市场占有率情况；

3.经销商是否维护百事产品销售市场及销售价格的稳定；

4.经销商是否在碳酸饮料中专卖百事可乐系列产品；

5.经销商是否执行厂家的销售政策及策略。

另外，季度奖励发放之前，经销商必须落实下一季度销售量及实施办法。

为防止销售部门弄虚作假，百事公司规定考评由市场部、计划部抽调人员组成联合小组不定期进行检查，确保评分结果的准确性、真实性，做到真正奖励与百事公司共同维护、拓展市场的经销商。

2.激励效果

通过实施扣率政策，百事公司达到了以下市场效果：

(1)百事公司为了启动市场，所出台的扣率管理政策是积极地鼓励各级各类经销商全面追求销量最大化。

(2)客户从少到多，销量从小到大。只要进入百事公司的销售网络的客户均可得到丰厚的回报，且销量越大回报越大，鼓励各级经销商利用自己所掌握的客户资源，将百事产品无限量地送入消费终端，快速提升百事公司的市场铺货率。

(3)当年即产生效果，既节约了渠道成本，又快速提升了百事可乐系列产品的市场占有率。通过一年的挤拼，将健力宝推到当地市场的第二位，百事可乐系列产品进入碳酸饮料品牌第一位。

由此可见，百事公司为了在竞争激烈的碳酸饮料市场上稳定产品价格，确保经销商经销百事可乐产品有利可图，对自己的折扣政策进行了全面细化和深化，有效地激励和约束了经销商。

(二)苹果公司

向员工示好的新激励措施

植入创新引擎

沃顿商学院人力资源中心（Center for Human Resources）主任彼得·卡普利

(Peter Cappelli)认为,苹果公司的"蓝天"福利计划,是"专为那些大多数企业都希望留住的具有企业家精神和主动探索意识的员工量身定制"的福利的例证,"这种福利在谷歌公司的工作安排中也是一个关键点。"他谈到了谷歌公司的"20%时间"(20% Time),该计划允许员工每周有一天的时间用于正常工作职责之外的自选项目。

沃顿商学院管理学教授南希·罗斯巴德(Nancy Rothbard)谈到,苹果的"蓝天"计划和谷歌的"20%时间"计划的关键都在于"利用员工的内在动机,让他们继续在当前的环境中工作"。他谈到,很显然,"企业信任这些员工,并将他们视为思想者、创造者和创新者。通过为他们植入创新引擎,企业便可激发员工的工作热情。如果有一个创意变成了轰动性的产品,那么,对公司和员工而言就是一种双赢。"

但罗斯巴德认为,这种福利的不足在于,企业可能要因此招募更多的员工来处理常规工作。"否则,就等于要求现有员工做更多的工作,但却只支付与原来相同的薪水。"如果企业不准备提供更多帮助,也就是说,"如果公司为员工付出的额外时间只是开具空头支票,就会让员工深感沮丧。"

沃顿商学院管理学教授马修·彼得维尔(Matthew Bidwell)好奇的是,"蓝天"计划在苹果公司内部的落实情况如何,该公司"受到严格控制的系统大都专注于数量相对较少且密切关联的产品"。这一点与谷歌公司的模式完全不同,谷歌的"策略一直是'百花齐放'。看看苹果公司能否将自己的文化与这种更具自下而上特色的系统协调起来,会是很有意思的事情"。

沃顿商学院管理学教授亚当·科布(Adam Cobb)说:"有很多员工都带着创意离开了谷歌公司,由此催生了一批谷歌系创业公司。但我认为谷歌并不觉得这是个问题。该公司希望成为一个让真正的聪明人从事创新活动的地方,这就是该公司的特性。"科布还补充道,谷歌公司的很多创新都是围绕软件展开的,而在苹果公司,"创新更多的是产品的设计或者特定技术的功能"。

科布还认为,苹果之所以推出新福利,或许是因为"他们自认为在吸引优秀员工方面时输给了谷歌和其他类似的企业,或者他们在招募和挽留人才时遭遇了困难。因此,这些福利或许只是为了缩小这方面的差距"。他还谈道,"蒂姆·库克显然不想成为史蒂夫·乔布斯(Steve Jobs)。我对此表示赞赏。他似乎认为人力资源是公司可以改善的环节,这显示了他对员工有着不同的态度。"

界限模糊

除了苹果最近宣布的福利政策外,企业福利还包括多种形式,例如健身中心、免费餐饮、公司内干洗服务、幼儿托管、驻地医生和免费通勤大巴等。

然而,很多观察人士指出,这种福利有可能成为一把双刃剑。"除了基本需求之外,工作与生活之间的平衡也很重要。"卡普利谈到。"但问题在于,单靠一个福利项目很难创造良性平衡,所以文化建设也必须跟上。"实际上,上述福利"佐证了这样一个事实:雇主希望员工一直在公司干活儿。"

“这是一种生活方式的选择。”科布补充道。“这些公司创造了一种类似于老式企业社区的环境。确实,这些计划看起来很像是福利,但实际上却意味着让员工卖命工作。公司,而不是家庭,不是宗教,也不是更丰富的社会,成了你生活的中心。个人生活的起点与终点逐渐模糊起来。而这种生活方式可能只适合某些人。”

彼得威尔也同意这种看法,“很多福利都是为了帮助员工更努力地工作。雇主的意思是:‘干活儿吧,你不用走开,别的事儿我们都包了。’”不过他还补充谈道,福利也可以成为一种激励,“如果员工普遍认为雇主关心自己、悉心照顾自己,那么,他们对公司的忠诚度就能得到提高。心理学家认为,这可以创造很强的‘互惠’(reciprocity)效应——享受福利的员工觉得自己应当以加倍的努力回报。”

罗斯巴德认为,总体而言,与公司战略相符的福利——例如“蓝天”计划——才是最成功的福利。“如果与公司战略不符,福利便会遭到排斥,效果也会降低。”举例来说,驻地医生的设置就符合公司的战略,因为员工不必浪费好几个小时的时间等待医生接诊。福利浪费的一个例子是,公司为员工提供弹性工作时间的福利,但却在员工自主设定的工作时间之外召开关键会议。“如果人们真的关心自己的工作,就无法享受到这种福利。”罗斯巴德说,“弹性工作时间可以与战略关联起来,但必须落实政策,让员工可以真正享受到福利带来的好处。”

罗斯巴德谈到,福利还可以体现出一家公司对多样化员工队伍的吸引力:苹果公司中有孩子的员工与单身员工的需求肯定有所不同。“将人才限定于一小类人,将导致一家公司难以满足自身对高级人才的需求。”

沃顿商学院会计学教授韦恩·盖伊(Wayne Guay)认为,“最好的福利是为员工提供他们很看重,但却买不到,或者无法有效或轻易买到的东西。从成本效率角度来看,医疗保险就是一个好例子。为大量员工购买保险可以分摊风险,而且比每名员工单独购买自己的保险更具成本效率。”除此之外,“企业可以因为发放福利获得减税待遇,而员工又不必因为得到福利而缴税,提供这种福利的效果同样很好。”

盖伊补充谈到,允许员工花几个星期来研究一个工程项目的确是一种好福利。“这很可能是很多苹果员工看重的,但他们又不能轻易从其他公司‘买到’的机会。我认为,苹果公司是这些业余工程项目的受益者——也就是说,这些项目所开发出的产品或软件能给苹果公司带来附加价值。”

至于说包括苹果在内的很多公司为某些员工提供的股票期权和股票赠予,“只能算是薪酬组合的一部分,而不能算作福利,因为它们只是为员工提供了一种得到货币报酬的可能性。”

科布认为,最大的福利,而且也是人们最看重的两个福利,是医疗保健和退休。“这些福利可以提升员工的满意度,”尤其在提供全面医疗保险的企业越来越少的当下。

增加外围知识

尽管《华尔街日报》的文章称,库克"可能对让员工休假持开明态度",但罗斯巴德说:"休假仍然很少。"他认为,与"蓝天"计划一样,这个理念的目的是重新激发人们的激情和创造力。他引述了沃顿商学院管理学教授马汀·哈斯(Martine Haas)有关外围知识的一项研究,所谓"外围知识"(Peripheral Knowledge),是指来自其他环境,但与目前从事的工作相关的知识,对员工来说,就是可以"灌注到"他们核心工作中的知识。罗斯巴德补充谈道,哈斯的研究表明,获得外围知识,能使员工的创新能力大增。20年前发明的锐步(Reebox)气垫鞋便是一个经典的例子——这款产品将包括气垫在内的医疗技术整合到了篮球鞋中,并大获成功。

彼得威尔还谈到了瑜伽课、免费餐饮和免费通勤大巴等其他福利带来的好处:"这些福利对构建组织内部的网络很有帮助。你越是让人们在工作之外与同事展开社交活动,他们就越愿意与其他部门的人打交道。这对公司很有好处。"

彼得威尔并不确定这些福利对吸引或留住员工能起到多大作用。"你真的会因为干洗服务留下来吗？我的感觉是,在当今的很多企业中,人们都在寻找构建自己职业生涯的机会,而且都希望从事既有趣又有影响的项目。这才是最重要的。"卡普利补充谈道:"我并不认为,留住员工的关键,是任凭员工到处去找雇主,之后'货比三家',而是根本就不让他们到处去查找,为此,一方面,你要表现出对他们的关心;另一方面,要为你想留住的人的特定需求提供量身定制的福利。"

卡普利认为,苹果的"蓝天"计划就是一种激发员工的活力和创新精神的理想方式。"这个计划也有助于挽留员工,至少在他们搞清楚这些创意是否足以成为自主创业的基础前如此。"

资料来源:http://news.mbalib.com/story/43425。

(三)吉利控股集团

吉利的期权激励

吉利汽车2010年1月14日披露,因集团雇员根据购股权计划行使购股权,公司将发行40万股普通股股份,占发行前总股本的0.01%,每股发行价为0.92港元,较1月13日吉利汽车的收盘价4.06港元折让77.34%。

据了解,这或许是吉利汽车推出庞大的股权激励计划后出现的首笔行权,且行权者只是公司雇员,并非高管。

2007年7月,吉利汽车发布了"更新购股权计划之计划授权限额及授出购股权"的公告,公司将向139人发放2.8002亿股吉利汽车的认股权,其中受益较大的依次为洪少伦、桂悦生、徐刚、杨健、刘金良、赵杰、尹大庆、赵福全、宋林、李卓然、杨守雄等一众高管。这一方案在当年7月31日获股东大会通过。

负责国际业务、资本市场的执行董事洪少伦有望获得两笔认股权,其中,0.95港元认购3500万股的行权截止日是2009年2月22日,0.7港元认购1000万股的行权截止日是2010年8月4日，其他行权截止日均在2010年8月4日或之后。

2009年4月22日，吉利汽车发布公告称，自2008年5月22日更新上一个计划授权上限起至最后可行日期为止，公司已向符合资格参与者授出2.004亿份购股权，全部未获行使，其中有一笔3500万股的购股权已失效。显然，这笔失效的购股权正是属于执行董事洪少伦的。

洪少伦为何会选择放弃行权呢？在2008年4月至2009年4月20日的年度行权期内，吉利汽车的股价最高为1.05港元，最低为0.53港元，而行权价格为0.95港元，并没有任何优势，所以不难理解洪少伦最终做出了放弃的决定。然而，令洪少伦没有想到的是，吉利汽车的股权最终一路上行，2010年1月13日的收盘价为4.06港元，单以此价格计算，洪少伦就错失了1亿多港元。

不过，洪少伦还有一次以0.7港元认购1000万股的机会，如果在截止日内选择行权，同样按1月13日的收盘价计算，其收益将达3300万港元以上。

(四)苏宁云商

1.苏宁云商股权激励的坎坷经历

(1)2007年1月，苏宁云商第一次推出股权激励计划，计划授予2200万份期权，行权价66元，激励对象为 34名高管，但由于当时国内股票期权激励制度还在试点阶段，苏宁云商的股权激励草案未获中国证监会核准，因而无疾而终。

(2)2008年7月，苏宁云商第二次公布股权激励计划，激励计划股份占总股本的2.93%，拟授予激励对象4376万份股票期权，行权价格为58元，有效期5年。授予55名高管及特殊贡献人员股票期权。其中，华北区执行总裁范志军等4人各获得250万份期权，为所有激励人员中最高。

苏宁云商第二次提出股权激励的行权条件严格。以第一个行权期为例，可行权额度上限为获授期权总额30%，且苏宁云商2008年度净利润与比2007年度相比增长率达到60%。

但在推出股权激励计划之后的几个月，中国股市深受美国金融危机的影响，股市的急剧下跌把此次股权激励尝试再度扼杀在摇篮中。2008年12月29日，苏宁云商收报于18元，与股权激励计划约定的58元的行权价格相距甚远。当晚，苏宁云商发布公告称，终止2008年股票期权激励计划，并称该公司将根据市场情况适时重启股权激励。

(3)苏宁云商于2010年11月26日发布了2010年第二次临时股东大会决议公告，公告显示，苏宁云商公司股权激励方案获股东大会以超过99.9%的高票获得通过。在前面两次股权激励方案失败后，苏宁第三次实施股权激励计划终于得以成行。

2.苏宁云商2010年股权激励计划评析

(1)苏宁云商2010年的股权激励计划覆盖面广，相比较前两次股权激励计划的激励对象的数额(分别为34名和55名),此次股权激励计划的激励对象高达248名,因此能有效稳定、激励骨干员工,达到股权激励的效果。

苏宁云商2010年的股权激励计划激励对象高达248名人员，包括公司董事、总裁、副总裁、财务负责人、总部各管理中心副总监级以上中高层管理人员、部分副经理级以上核心业务骨干等。其中苏宁云商副董事长孙为民、总裁金明等高管人士获授期权数量为1210万股,占此次期权授予总量的14.29%,进入苏宁云商七年以内的骨干员工占据了近四成名额。包括董事长张近东在内的所有持苏宁股份5%以上的股东此次均不在激励范围内。

(2)苏宁云商2010年的股权激励计划行权条件较高,行权价格合理,具有较强的约束功能。

苏宁云商2010年的股权激励方案拟授予的股票期权为8469万股，公允价值达4.035亿元。占激励计划公告日公司股本总额的1.21%,行权价格为14.5元,共分为四个行权期,每期可行权额度上限为获授股票期权总额的25%。行权条件为,苏宁云商2010年—2013年每年度销售收入较2009年复合增长率不低于20%，且归属于上市公司股东的净利润较2009年复合增长率不低于25%。将销售收入增长率和净利润增长率结合起来作为股权激励计划的业绩考核条件，可以避免管理层调节利润来实现利润增长,但却是损害股东利益的短期行为,从而使股东与管理层的长期利益保持一致。

(3)从苏宁云商高管股权激励的分配上看,体现了股票期权分享的公平性和合理性,有利于减少公司内部的矛盾,促进管理层成员之间的团结,这是汲取了国美股权激励计划的教训。

在国美的陈黄争权战中,陈晓在2009年推行的股权激励被黄光裕指责为“没有考虑期权分享的公平性和合理性”。黄光裕反对陈晓推出的股权激励计划的理由是股权激励分配程序的公平性、合理性和广泛性。国美股权激励方案涉及3.83亿股股份,激励对象总共105人(苏宁云商激励对象为248人)。其中,陈晓获得2200万股股份;王俊洲获得2000万股股份;魏秋立、孙一丁等高管均在1300万股以上。从股权激励发行总量上看，国美略高于苏宁，但是各高管获得的股权认购额度却有明显差距。以陈晓与孙为民对比看，陈晓在国美股权激励方案中获得的期权数量是孙为民在苏宁股权激励中的7倍。对比两家企业的股权激励方案可以看到,苏宁股权激励计划中高管激励对象占的激励额度比较小、普惠度更高，更倾向于中层而非高层,体现管理高层有很强的分享和承担意识。

资料来源:王文书。《苏宁云商2010年股票期权激励计划评述》。搜狐网站。

三、仿真实验

(一)实验目的

1.通过实验,让学生深入了解和掌握人性。
2.在掌握基础理论的基础上,促使学生了解和把握不同类型的激励模式。
3.提高学生通过员工行为分析员工本质需求的能力。
4.通过实验,加深学生对现象与本质的关系认知。

(二)实验背景

1.理论背景

以人为本是当今管理发展的最主要趋势，传统的制度管理模式在实践过程中产生的作用受到越来越大的局限。“以激励为主,以惩罚为辅”已成为管理理论界和实践界的共识。本实验从引导学生对“人性”的认知入手,针对不同的人性本质,运用不同的激励方法,以提升学生的实际激励能力。

2.模拟公司背景

根据模拟公司的经营现状，由指导老师虚拟出模拟公司可能出现的各种激励问题以及必须注意的激励要点。

(三)实验过程

1.指导老师虚拟出模拟公司存在的各种激励问题。
2.由各模拟公司相关扮演角色针对上述各问题进行讨论和分析。
3.各模拟公司运用激励理论提出解决问题的思路和方法。
4.指导老师组织模拟公司进行发言汇报。
5.指导老师进行归纳和总结。

(四)实验小结

1.实验总结

以实验小组为单位,总结模拟公司员工现状和相应的激励方案与措施。

2.思考题

(1)请归纳各种有效激励措施及运用。
(2)你如何理解物质激励和精神激励?

第九章 管理沟通

一、理论重温

(一)沟通过程

1.沟通的过程

沟通的过程如图9-1所示。

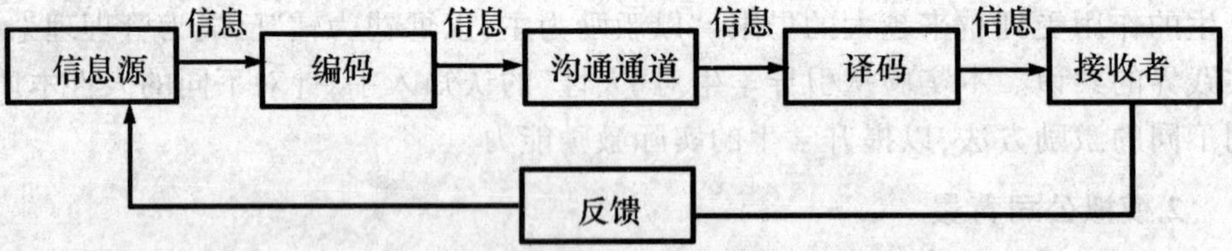

图9-1 沟通的过程

2.影响信息沟通的因素

(1)信息发送者的技能、态度、知识和价值观；
(2)接收者的技能、态度、知识和价值观；
(3)沟通渠道的选择；
(4)外部噪声。

(二)沟通方式

沟通方式根据不同的标准有不同的分类方法,如表9-1所示。

表9–1 沟通的方式

不同的分类标准	沟通方式	定义	优点	缺点
1. 按照组织系统的不同分类	正式沟通	是指沿着组织正式规定的线路进行的信息传递与交流	比较正规、严肃、约束力强，富有权威性，沟通信息准确性、保密性强	比较刻板、缺乏灵活性，不利于感情交流，沟通速度较慢
	非正式沟通	是指通过正式组织系统以外的途径来进行的沟通	沟通形式多样，弹性大、速度快，往往能表露人们的真实想法和动机。还能提供组织没有预料的或难以获得的信息。可以满足人们的某些需要，改善成员心态。	难以控制，传递的信息难以保持其准确性，易于失真、曲解，而且可能导致传播流言蜚语、小道消息，混淆视听，影响组织稳定性和凝聚力。
2. 按照信息流动方向分类	下行沟通	自上而下的沟通，是指信息从上级向下级流动	给组织的下层成员以行为的指导和控制，协调组织各层次之间的行为活动，增进互相了解，有效合作	层层传递，速度较慢。“权力气氛”，影响士气。也会出现曲解、误解或延误的现象。
	上行沟通	自下而上的沟通，是指信息从下级向上级流动	下级可以把自己的意见向上级反映，获得一定程度的心理满足。有利于激发员工积极性。上级获得更多的具体下情而作为决策的依据，并与下级形成良好的关系。	在沟通过程中，下属因级别不同易造成心理距离，形成心理障碍，更害怕“穿小鞋”受打击报复，不愿反映情况，导致沟通效果不佳。
	平行沟通	又叫横向沟通，是指平级之间的沟通	简化程序和手续，加速信息流动，提高工作效率。加强横向协调，有效合作。	范围较广，容易出现混乱。平行沟通更多运用在非正式沟通中。
3. 按照沟通方法的不同分类	口头沟通	交谈、讲座、电话、会议等	传递与反馈快速，信息量大。	传递层次越多信息失真越严重，核实越困难。
	书面沟通	报告、信件、文件等	持久、有形、可核实。	效率低，缺乏反馈。
	非语言沟通	声光信号、语调表情、肢体语言等	信息意义明确、内涵丰富、含义灵活。	传递距离有限、界限模糊、容易出现领会误差。
	电子媒介沟通	传真、电视、网络、电子邮件、手机、QQ 等	传递快速、及时、信息容量大、可远程传递、互动、廉价。	对技术条件依赖较强。

续表9-1

不同的分类标准	沟通方式	定义	优点	缺点
4. 按照信息互动不同分类	单向沟通	是指不期待反馈的沟通方式	信息速度快、秩序好,能保持发讯者的尊严,如指示和命令等。	缺乏反馈、接收者容易产生挫折、埋怨和抗拒心理。
	双向沟通	是指互动的、有反馈的沟通方式	气氛融洽、反馈好、接收者能充分表达意见、人际关系好。	沟通速度较慢、易受干扰、缺乏条理。
5. 按照沟通的功能不同分类	工具式沟通	工具式沟通是发送者将信息、知识、想法、要求传达给接收者,目的是影响、改变接收者的行为	严肃、正规、规范,范围广。	缺乏灵活,效率局限。
	感情式沟通	是指沟通双方表达情感,获得对方精神上的同情和谅解,改善相互之间的人际关系	内容广泛,方式灵活,让人产生平等、友好感,更具有亲和力。	传递信息不确切,容易失真,导致曲解。

(三)有效沟通的障碍

沟通受多种因素的影响,其障碍简述如表9-2。

表9-2 沟通的障碍

沟通障碍分类	内容	特征
信息发送者的障碍	表达能力	文字逻辑混乱、语句不通,语言主题不突出、含糊不清等
	知识经验	常识不够、经验匮乏,导致沟通困难
	发送者信誉	发送者信誉不高会降低沟通的有效性
信息传递渠道的障碍	传递手段	不同的传递手段会产生不同的沟通效果,传递手段的质量也影响沟通效果
	传递渠道	传递渠道的障碍主要一是传递环节过多,二是缺乏及时反馈,导致沟通信息失真或质量下降
信息接收者的障碍	理解能力	如果接收者的理解能力弱,就可能对正常的信息产生误解,以至于妨碍正常的沟通
	信息过量	接收者收到过多的信息时,就可能使一部分信息被忽略,这应引起信息发送者和接收者双方的重视
	选择性知觉	接收者会根据自己的需要、动机、经验、背景及其他个人特点有选择地去看或去听信息。凡是符合自己需要、动机和自己经验的信息,一般容易接收
沟通环境障碍	社会文化环境	不同的社会文化环境具有不同的价值观念和信仰追求,这些价值观念和信仰追求又左右着人们的沟通行为,从而影响沟通效果
	噪音干扰	环境的好坏,是沟通成功的重要因素。外部不同形态的噪音干扰会使信息接收者难以全面、准确地接收发送者所发来的信息

(四)有效沟通的措施

以下内容有助于提高沟通效果：

1.明确沟通的重要性,正确对待沟通,创造一个相互信任、有利于沟通的小环境。

2.选择合适的沟通方式。根据沟通内容、沟通双方的沟通方式本身特点的不同,选择合适的沟通方法。

3.学会积极倾听。在口头沟通,尤其是面对面的沟通中,积极倾听对沟通效果非常重要。通过使用目光接触,展现赞许性的点头和恰当的面部表情,避免分心的举动和手势,避免中间打断说话者,能够促进双方对有关信息的理解和接收。

4.善于运用反馈。倾听内容的同时通过提问来确保理解的正确性。

5.建立和完善管理信息系统,缩短信息传递链,拓宽沟通渠道。现代化的管理信息系统可以提高沟通的效果。

詹姆斯·穆尼总结了沟通的“十戒”和“十宜”(表9–3)。

表9–3　詹姆斯·穆尼关于沟通的“十戒”和“十宜”

十戒(沟通时的不良习惯)	十宜(良好沟通的建议)
一戒对谈话对方的谈话主题没有兴趣	一宜沟通前澄清概念,对信息能做系统分析
二戒被对方谈话态度所吸引而忽略谈话内容	二宜与发出信息的人确定沟通目标
三戒听到不同意见就过于激动而不再听下去	三宜研究环境和人的性格等情况
四戒仅注重事实而不注重原则和辩论	四宜听取他人的意见
五戒过分重视条理而对没条理的人不够重视	五宜沟通使用的声调、词句和面部表情要适当
六戒过多注意造作掩饰而不注重真情实质	六宜及时获取对方的反馈
七戒分心于别的事情而心不在焉	七宜保持传递的资料准确可靠
八戒对比较难理解的言谈不求甚解	八宜注意当前需要与长远目标的配合
九戒当对方的语言带有感情色彩时分散注意力	九宜言行一致
十戒在听别人讲话时思考别的问题而顾此失彼	十宜听取他人意见要专心

(五)管理沟通的陷阱

沟通行家和领导力专家告诉我们,有效的沟通比以往更加重要。然而,就沟通实践在30名来自大型跨国公司的高级经理人展开的一项访谈，却有令人吃惊的发现。他们说管理沟通正在恶化,而这种恶化在某种程度上是咎由自取。

怎么办？当然是要纠正对沟通的一些错误认识。对于日常沟通要有一个长期的、战略性的眼光——把所有沟通都当作一个战略行动。

最后,要摒弃五个管理沟通迷思。这些迷思不仅扭曲了领导者的沟通风格,而且阻碍了沟通过程。

1.五个管理沟通类型

迷思一:词能达意

认为词语“包含”固定意义的想法是错误的。词语的意义是人赋予的,而非本身固有的。一个词语只是触发了意义和感官联系,如果其意义是具体的话。而一个固定不变的意义是不存在的。

一个词语和它的含义可能是两回事。我们听到“狗”这个词,大脑中就会出现一只狗的形象,你仿佛能听到它的吠叫,或者抚摸到它的皮毛。而像“战略”之类的抽象名词或词组仅仅是作为理念而存在。它们不会引起感官印象,对于不同的人它们可能具有不同的意义。

在一项研究中,80%的经理人表示他们竭力使其传达出去的技术信息精准无误。但是,精确的技术语言却常常加大了误解的风险。这是为什么呢?因为除了业内人士知道他们所使用的词语的通常意义,外人都不知道。正所谓隔行如隔山。

迷思二:信息等同于沟通

在该调查中,76%的经理人似乎将“信息”和“沟通”混为一谈。我们来区别一下,信息是数据、事实和商业情报,而沟通是经理人将信息、理念或感觉传递给另一个人或一组人。

沟通由三个部分组成:发送者、用于传达信息的符号(通常是词语)、接收者。沟通有听觉方式(讲话及语调)、非口头方式(身体语言、手语、超语言、触摸、眼睛接触)以及书面方式。

你可以通过衡量所发出信息与所收到信息之间的相似度,来评估你与他人之间的沟通的有效性。沟通中存在的挑战是:你所讲的与听者所听到的常常是风马牛不相及。生理的、环境的以及心理的干扰会阻碍并扭曲信息。然而,我们很多人还是以为我们要表达的信息会原汁原味地传达给听众,就像一个人把砖头递给另一个人一样,砖头不会因此而少一丁点。

迷思三:沟通是你可以掌控的

一家大型水泥企业的业务开发主管说:“我们花了两年的心血制定新的亚洲战略,而CEO只是和负责沟通的人员在幻灯机前花了一个下午,然后他做了一次展示,并把幻灯片电邮给每个人。他从未检查别人是否收到,他只是假定别人原封不动地收到了他的信息,并且已经对之认同。”

沟通不是一件有形的物品,像电子邮件、网址或宣传册那样。它也不是“把话传出去”那么简单。你可以增强你对沟通的掌控,就像下文你将看到的那样,但即使是经过周密计划,且实施得体,管理沟通也可能做得一塌糊涂。

你说的、做的每件事——你的面部表情、你的步态、你的办公室装修风格、你的领带、你的闲聊——都在向外界传达信息。甚至沉默也会被看作一个信息。你无法不沟通。是接收者在“沟通”。你的信息是自己长了脚的!

迷思四:能言善辩者长于沟通

这些接受调查的经理认为,能言善辩者不一定是好的沟通者。原因何在?能言善辩者喜欢"表现"。他们不愿倾听,对别人的话是"左耳进右耳出"。他们更关注自己的表现,完全以自我为中心。他们试图以花哨的信息来加深听众对他们的印象,而非倾听与投入。

有效的沟通者善于倾听,他们会选择合适的媒介(渠道),他们的信息是为听众量身定做的(与听众所具备的知识和需要相匹配),用听众可以理解的语言清楚、准确地表达他们的想法。

这些受访者说他们并不要求完美。有效的沟通者是真诚可信的,即使他们相对不那么老练圆滑。良好的沟通不是征服,而是妥协。

迷思五:业务沟通不需要情感

经理人把大型跨国公司的文化形容为事实、数字和信息的结合。这种占主导地位的说法据称有其合理成分。沟通都侧重于可见的和可衡量的效果,并诉诸涉及思考、分析和得出结论的那些认知手段。受访者认为,自从多媒体展示被引入管理沟通,大公司的沟通可以描述为"过度使用冰冷的电脑幻灯展示,到了令人昏昏欲睡的地步"。

参与这项调查的93%的经理偏爱诉诸情感的沟通,例如讲故事或者博客。情感,据称能将对话或沟通提升为一位受访者所说的"更高层次的约会"。一家全球性人力资源公司的经理说,"唤起人们情感和视觉形象的故事能够打动他们。人们对别人或其他生命的感受总是要多于对抽象事物的感受。"

受访者在有力的信息传递、接收和情感之间发现了关联。他们认为如果能将情感和理智相结合,信息会有更好的效果。但在利用情感达到说服效果方面,这些经理还是无法打破合理性的桎梏。

2.令沟通明确的十个步骤

不要成为这些迷思的牺牲品,让每一次沟通都具备明确的目标,制定一个个人的长期战略沟通计划。不存在一个最好的方式,每一次沟通的内容都是独特的。下面的十个步骤会有所帮助。

(1)盘点

你沟通的水平如何?要搞清楚。请一些可信的专业人士评价你的沟通技巧。了解你传递出去的信息是否被人理解。在最严苛的听众面前练习重要的展示。

就下列问题自问自答:

①你自认为哪些关键的沟通长处成就了你目前的成功和高效?

②你有哪些弱点和局限?列举出你所知道的你不擅长以及最易出错的领域。

③你尚未开发的沟通才能是什么?

④你相信你有什么潜在的能力和兴趣尚未展现和实现?演讲?写博客?

(2)考虑你的听众

不是你而是你的听众在沟通。一旦接收到你的信息,他们会进行“再创造”,所以你要为他们多加考虑。对经理们来说,最常见的听众包括员工、业务对象(消费者和竞争者),以及与公司事务相关的各方。

据参与这项调查的经理们说,其员工最希望清楚了解经理所推荐的行动路径。他们希望那些行动步骤是“有意义的”。他们希望你说的话,不管以什么形式,都能被他们迅速而轻松地理解。

(3)明确你的目的

管理沟通的第一信条:一切都是为了说服。无论是写电子邮件,或者是与你小组的一位成员聊天,以及进行一次重要展示,你都可能是在说服听众采取行动。

当你首次练习这一步骤时,把你的目的写下来,或者大声说出来。这样做的目的是:有意识地表达能帮助你发现你真正想说的事情。了解你能说服别人的各种方式并有意识地进行实践。

(4)准备好你的信息

专家告诫,你需要做到能够随时随地发布你的信息。

你应当准备什么信息呢?参与这项调查的经理把大部分沟通时间和精力花在下列五组信息上:

①公司文化:在这里我们如何做事。

②财务成果:我们做得怎样,以及你能得到什么。

③组织结构和层级:谁负责什么。

④时间管理:我们应当怎样使用时间。

⑤你对工作的认识:我在做什么,我为什么要做,对你意味着什么。

一旦你确定了你需要发出哪些信息,你就要尽最大努力把每一条都做好。

(5)建立信誉

建立信誉涉及使用适当的环境、适当的风格,显示你的激情、你内心的诚意。如果你正在面临一场危机,例如车间地面起火了,一定要告诉大家。然而,当你想要动员大家并获得支持时,用商量的口吻或者提议共同参与的方法会有效得多。这些经理人认为,虽然共同参与是说服人们的最有效方法,但有时你只需要吩咐、指导、检查,或扮演一个顾问角色。

研究显示,要说服人们,你要投入智力与情感。不管你实际上说什么都是要对人们产生影响的。人们能够记住的信息都是新奇的、具体的、充分讨论过的。他们能记住的故事是精心编织的、难忘的、触动感情的。

(6)出人意料

你的材料也许能轻易得到,包括每周简报、季度报表、营销报告,或者战略文件。但是,千万不要把这些文件作为附件发送出去。当你在演讲时,也不要陷入直接宣读电子表格上的数据或者幻灯片的页面内容这样的陷阱。你需要把这些材料打造成引人注目的信息。要达到这种效果,你也许需要一个惊人的事实、一个打动人的统计数字、一个励志故事,或者一个强有力的象征或比喻。

参与这项调查的一位经理人，说他曾使用世界顶尖高尔夫球手伍兹的故事来说明为什么在持续盈利的情况下,公司也必须用创新产品来应对变化中的市场。他经常谈到伍兹在已经处于事业顶峰时,依然努力学习以提高自己的击球动作。作为一位永远的完美主义者,伍兹即使在因“转型”而表现低落时,也想着要更进一步改进他的挥杆动作。

有效的沟通者会用一些能引起共鸣的象征和比喻，使自己的观点得到非专业听众的接受。

(7)准备、瞄准、发送

沟通渠道指的是你遇到的建立沟通的所有机会。一个渠道可以是内部的或是外部的(例如媒体),但也包括个人聚会、电子邮件、备忘录、通知板、会议、行业展览、公司停车场里的交谈、展示会,等等。

你需要挑选那些能够增强信息效果的渠道，并确保你充分发挥了所选渠道的潜力。所有渠道都有其优点和缺点。受访的经理们说,面对面的方式具有最大的潜在影响力。

要确保你所选的各个渠道能相互补充。与依赖于单一媒介(比如电子邮件或一次会议)相比,多种渠道的结合会有更大效果。不论选择什么渠道,要确保你的信息能到达你的目标人群。还要记住,有些渠道比起其他渠道会让人觉得不太可信。就像一位首席沟通官说的,“如果你的渠道让人觉得不可信，你通过它所传达的信息也会让人觉得不可信”。

(8)保持简单

有效的沟通者都是简约大师。他们知道如何识别信息当中的核心元素。许多有效的沟通者使用故事,以简单、易记的形式传达他们的想法。故事可以起到启迪、激励、吸引和联结的作用,帮助听者让信息形象化,具有很强的象征力和“黏附力”(具体而易记)。故事让理念更加具体,常常诉诸视觉感官,不断触动情感。简单易记的形式当中常包含了多种理念。故事的最大价值就在于它的情感力量。

(9)讲出真相

愿意说出真相的人不多,愿意听到真相的人也不多。这其中有很多原因,但结果却是许多经理人发出的是“密码”讯息。CEO说,“我们是一个团队!”或者项目经理说,“我们准时完成并节约了开支”。这些信息令人迷惑,因为它们含混不清而且有谎言的嫌疑。

回避真相的经理们也许瞒得了一时,但真相终会大白。一旦你背上了不诚实的名声,以后你发出的每个信息都会受到质疑。没有真话,也就无信任可言。

讲出真相意味着要充分了解你的听众,能以最好的方式把真相告诉他们。还要记得对沟通中对各种真相加以区分:你的真相、听众真相、情景真相以及道德真相。

(10)做一个计划

把你的个人沟通计划看作是你的路线图。你知道自己想要去哪里,但是还需要到达那里的具体路线。这个计划就是你的沟通路线。它迫使你做长远考虑。

为什么要费力做这项工作?因为只有这样你才会认清你的管理目标。要去了解你在沟通方面的优点和缺点,以及面临的挑战。制定一个评价战略来收集反馈,采用更有效的沟通方法。对你将要做的沟通工作要有所取舍,就不会手忙脚乱。要认清你的沟通对象是谁,你想要告诉他们什么,而且你要如何与他们沟通。以更好的倾听来获取你所需的影响力。一句话,做好沟通。

二、案例导入

(一)苹果公司

1.乔布斯:三个我生活中的真实故事

在很多人眼中,斯蒂夫·乔布斯是他们永远的偶像。他创建了苹果电脑,创立了Pixar,创造了iPod、iPhone,影响了不止一代人的生活方式。2005上,乔布斯曾在斯坦福大学毕业典礼上发表讲话,用三个真实故事讲述他创业和生活的感悟。这里与大家分享这篇经典的演讲内容。

下面是演讲原文的节选:

今天我非常荣幸来参加你们的毕业典礼。我自己从来没有从大学毕业,所以今天应该是我距离毕业典礼最近的一次。今天我只想给你们讲三个我生活中的故事。仅此而已,没有什么长篇大论,就是三个故事。

第一个故事是关于把点连成线。

十七岁的时候,我进了大学。当时我很天真,选了一所学费几乎和斯坦福大学一样昂贵的学校,当工人的父母倾其所有的积蓄为我支付了大学学费。读了六个月后,我却看不出上学有任何意义。我既不知道自己这一生想干什么,也不确定大学能帮我弄明白自己想干什么。所以,我决定退学。当年做出这个决定的时候心里还有点儿打鼓,但现在往回看,那却是我有生以来做出的最好的决定之一。从退学那一刻起,我就可以不再上那些我毫无兴趣的必修课,而开始去旁听一些在我看来更有意思的课。

当时,我所在的学校的书法课大概是全国最好的。校园里所有的公告栏和每个抽屉标签上的字都写得非常漂亮。我退学后不用正常上课了,所以我决定选一门书法课,学学怎么写好字。

当时我并不指望书法在以后的生活中能有什么实用价值。但是，十年之后，我们在设计第一台Macintosh计算机时，以前学的书法一下子浮现在我眼前。于是，我们把这些东西全都设计进了计算机中。这是第一台有这么漂亮的文字版式的计算机。要不是我当初在大学里偶然选了这么一门课，Macintosh计算机绝不会有那么多种印刷字体或间距安排合理的字号。要不是退了学，我也不会碰巧选了那门书法课。当然，我在大学里不可能把当时的点向前延伸，连成一条线；但是现在回过头去看，那条线却无比清晰。

你们现在同样不可能从现在这个点上连出通向未来的那一条线。只有当你回头看时，才会发现这些过去的点其实已经画出了那条线。所以，要相信每一个点迟早都会连接到一起。

第二个故事是关于好恶与得失。

幸运的是，我在很小的时候就发现自己喜欢做什么。我在20岁时和沃兹在我父母的车库里办起了苹果公司。我们干得很卖力，十年后，苹果公司就从车库里开始被我们两个人发展成为一个市值20亿美元、拥有4000多名员工的大企业。而在此之前，我们刚推出了我们Macintosh计算机，当时我刚过而立之年。可后来，我被解雇了。你怎么会被自己办的公司解雇呢？是这样，随着苹果公司越做越大，我们聘请了一位我认为非常有才华的人与我一道管理公司。在开始的一年多里，一切都很顺利。可是，随后我俩对公司前景的看法开始出现分歧，最后我俩反目了。这时，董事会站在了他那一边，所以在30岁那年，我离开了公司，而且这件事闹得满城风雨。我成年后的整个生活重心都没有了，这使我心力交瘁。

一连几个月，我真的不知道应该怎么办。这次失败弄得沸沸扬扬的，我甚至想过逃离硅谷。但是，渐渐地，我开始有了一个想法——我仍然热爱我过去做的一切。在苹果公司发生的这些风波丝毫没有改变这一点。于是，我决定从头开始。

虽然当时我并没有意识到，但事实证明，被苹果公司炒鱿鱼是我一生中碰到的最好的事情。尽管前景未卜，但从头开始的轻松感取代了保持成功的沉重感。这使我进入了一生中最富有创造力的时期之一。

在此后的五年里，我开了一家名叫NeXT的公司和一家叫Pixar的公司，我还爱上一位了不起的女人，后来娶了她。Pixar公司推出了世界上第一部用电脑制作的动画片《玩具总动员》，它现在是全球最成功的动画制作室。世道轮回，苹果公司买下NeXT后，我又回到了苹果公司，我们在NeXT公司开发的技术成了苹果公司这次重新崛起的核心。我和劳伦娜也建立了美满的家庭。

我确信，如果不是被苹果公司解雇，这一切绝不可能发生。这是一剂苦药，可我认为苦药利于病。有时生活会当头给你一棒，但不要灰心。我坚信让我一往无前的唯一力量就是我热爱我所做的一切。所以，一定得知道自己喜欢什么，选择爱人时如此，选择工作时同样如此。工作将是生活中的一大部分，让自己真正满意的唯一办法,是做自己认为是有意义的工作;做有意义的工作的唯一办法,是热爱自己的工作。你们如果还没有发现自己喜欢什么,那就不断地去寻找,不要急于做出决定。就像一切要凭着感觉去做的事情一样,一旦找到了自己喜欢的事,感觉就会告诉你。

我的第三个故事是关于死亡。

17 岁那年,我读到过这样一段话,大意是:“如果你把每一天都当作生命的最后一天过,总有一天你的假设会成为现实。”我记住了这句话,从那时起,33 年过去了,我每天早晨都对着镜子扪心自问:“假如今天是我生命中的最后一天,我还会去做今天要做的事吗?”如果一连许多天我的回答都是“不”,我知道自己应该有所改变了。

大约一年前,我被诊断患了癌症。那天早上七点半,我做了一次扫描检查,结果清楚地表明我的胰腺上长了一个瘤子,可那时我连胰腺是什么还不知道呢!医生告诉我说,几乎可以确诊这是一种无法治愈的恶性肿瘤,我最多还能活 3 到 6 个月。

我整天都想着诊断结果。到了晚上,我做了一次组织切片检查,他们把一个内窥镜通过喉咙穿过我的胃进入肠子,用针头在胰腺的瘤子上取了一些细胞组织。当时我用了麻醉剂,陪在一旁的妻子后来告诉我,医生在显微镜里看了细胞之后叫了起来,原来这是一种少见的可以通过外科手术治愈的恶性肿瘤。我做了手术,现在好了。

这是我和死神离得最近的一次,我希望也是今后几十年里最近的一次。有了这次经历之后,现在我可以更加实在地和你们谈论死亡,那就是:谁都不愿意死。即使是那些想进天堂的人也不会愿意为了进天堂而去死。然而,死亡是我们共同的归宿,没人能摆脱。我们注定会死,因为死亡很可能是生命最好的一项发明。它推进生命的更新换代。现在,你们就是新的,但在不久的将来,你们也会逐渐成为旧的,也会被淘汰。

你们的时间都有限,所以不要按照别人的意愿去活,这是浪费时间。不要让别人观点的聒噪声淹没自己的心声。最主要的是,要有跟着自己感觉和直觉走的勇气。无论如何,感觉和直觉早就知道你到底想成为一个什么样的人,其他的都不重要。

资料来源:《乔布斯:三个我生活中的真实故事》。中国企业家网,2011年6月13日。

2.企业家如何发表一场精彩的演讲?

(1)精彩的演讲需要清晰切题地传达信息,并以几个好故事进行佐证

2005年,乔布斯在斯坦福大学毕业典礼上的演讲在YouTube上的浏览量是200万次。5年后,这篇演讲的文字稿仍在互联网上广泛流传。这篇演讲想要传达的信息非常有力——求知若渴、虚心若愚(stay hungry, stay foolish)——结构和表达方式同样如此。“今天我只想给你们讲我生活中的三个故事,”乔布斯说,“就是这样。不是什么大事。就是三个故事而已。”这样的开场白让听众(和读者)产生了共鸣。

未来的公众演讲家们，注意了。无需成为硅谷亿万富翁，也能发表精彩的演讲。精彩的演讲需要清晰切题地传达信息，并以几个好故事进行佐证。

(2)忘记花哨的幻灯片演示和成堆的数据吧

让你的演讲简单，开始、中间和结束时都保持清晰。专注于一个主题，删除其他不相关的一切。“演讲是一种效率不高的沟通，”Public Words公司总裁、《相信我：建立真实感和个人魅力的四个步骤》(Trust Me: Four Steps to Authenticity and Charisma)一书的作者尼克·摩根(Nick Morgan)表示。“对于听到的东西，人们通常只能记住一小部分，所以要专注于一个话题，并保持简单。”

(3)引用趣闻轶事

“人们在写演讲稿时总是绞尽脑汁，而其实他们所要做的不过是找到想要传达的信息和三个可以进行佐证的好故事罢了，”哥伦比亚大学教授、演讲展示及培训公司Ovid总裁简·普拉格(Jane Praeger)表示，“因为引用了你亲身经历的事情，你就可以真心实意地进行讲述，这种演讲往往更容易。演讲内容必须是有启发性的、栩栩如生的，能够传达情感、拥有某一特定观点。如果你拥有构成精彩演讲的这些元素，你就成功了一半。”

(4)与听众产生共鸣

问问自己，听众想要解决什么问题，然后以这个问题作开场白。“然后，只有在这时，开始谈你最熟知的领域，利用你的知识提供问题的解决方案，”摩根表示，“听众在一开始会问为什么。我为什么在这儿？我为什么要关心？如果你早早地回答了这些问题，他们就会接着问如何解决问题。你要做的是，首先回答‘为什么’，然后再回答‘如何做’。”

(5)抛开客套，开门见山

人们常常会犯这样的错误：以感谢介绍人或表达身在此处的荣幸感作为开场白。“其实，应该以一个设计好的故事直接开始，这个故事既暗示了演讲主题，又没有全盘托出；可以通过某项数据、某个问题或与听众的互动开始”，摩根如是表示。如果你清楚你所要演讲的内容——演讲应该专注于一个话题——你应该很容易就确定开场白。直接讲述故事，让你的听众知道你所要演讲的主要内容。

(6)使用令你看起来自然的肢体语言

如果你显示出紧张迹象，如双臂交叉，或双手交叠于腹部之前，听众将感觉到你的紧张情绪，将对你所要传达的信息抱有成见。“你不得不假装你相当享受这一过程，对听众抱有一种开放的态度，这样他们才能享受聆听演讲的过程，也同样对你抱有开放态度，”摩根表示，“演讲的成功与否在于是否有激情和情感。如果你投入其中，那么听众也就会投入其中。”

(7)站直身体

无论你在舞台上走来走去，还是站在讲台后面，努力保持良好的体态。“要感觉好像上面有一根线吊着你的头,"普拉格表示。

(8)口齿要清楚,无论你原来的说话风格如何

"真实非常重要,"普拉格说,"你不可能成为另外一个人。从另一个方面来说,你可以成为最好的自己。如果你专注于所要演讲的内容,温和并不会减弱演讲的力度。激情、投入和信念对演讲来说非常重要,无论你语调温和与否,都能达到这些效果。无论多少种演讲风格都会成功。"

(9)事先练习演讲

"在淋浴时练习演讲或者是在脑海中练习的效果要好于在镜子前练习的效果,后者比较容易令人分心,"普拉格说,"不过你还是需要出声练习,最好能有一小群观众。"另外,练习时不要使用"呃"、"所以"、"比如"之类的词语。

(10)与全场交流

在演讲开始前尝试与听众交流,这样的话,你在演讲时就能专注在几张友好的面孔上,特别是在你紧张的时候。想象你面前的听众身处一个坐标图中,"如果你在象限一和一名听众有友好的眼神交流,那么坐在这个人左边的所有人都会以为你在跟他们交流,"普拉格表示,"然后,在象限二中也如法炮制。你不妨将演讲看作是与整个房间中所有人的一系列谈话。"

最为重要的是,要努力享受演讲的过程。"演讲的秘诀就是喜爱你当时正在做的,"摩根表示,"如果你能够放松并感到快乐,听众也会感同身受。"

资料来源:Helen Coster。《福布斯》。2010年8月18日。

(二)吉利控股集团

1.魅力李书福

2011年2月19日上午,"2011吉利汽车供应商大会"首度在蓉举行。在这个吉利控股集团(以下简称"吉利")每年一度的重要会议上,吉利董事长李书福现场为供应商加油打气。在成都传媒集团主办、成都晚报社承办的"创梦城·追梦人 梦想在成都实现——好运达杯首届荣耀市民传媒大奖"评选活动中,作为首届成都"荣耀市民"入围奖获得者,李书福还在大会现场接收了成都晚报记者送去的精美画册。

本次会议,是吉利历史上首次将供应商大会移师西部城市举行。作为吉利领军者,李书福的发言被安排为最后一项议程。

李书福发言时,由于会议已开了3个多小时,他一开始就规定了自己的发言时间:10分钟。李书福以一个小故事开头,向供应商们阐述"沟通"的重要性:"昨天晚上我住在这里,秘书告诉我可以迟一点睡,因为今天上午9点钟才开会,不用起那么早。结果早上6点钟电话就响了,酒店说可以起床吃早饭了……这就是没有沟通的结果。"李书福说,从企业角度来讲,不论是研发、生产还是销售等各个环节,很多事情都需要反复地沟通,"否则作为一个整体参与市场竞争,就会产生很多混乱。"

在10分钟的最后1分钟里，李书福还特地为大家加油打气："只要我们的理念和思想是正确的，那一切问题都是纸老虎。"他鼓励大家在新一年里能有一个非常到位的执行计划，"刀锋更锐利，捅死所有纸老虎！"

2.入围大奖还不忘猛夸成都

2011年1月15日，在由成都传媒集团主办、成都晚报社承办的"创梦城·追梦人梦想在成都实现——好运达杯首届荣耀市民传媒大奖"评选活动中，李书福成了首届成都"荣耀市民"入围奖获得者。在会议现场，成都晚报记者特地将关于此项活动的精美画册送给了他。李书福笑容满面，连连表示感谢。

"成都是个好地方！"李书福表示，成都目前已成为吉利战略布局的重要组成部分，项目落户以来，各项工作进展顺利，合作成果已逐步显现。

资料来源：胡锦枫。《成都晚报》，2010年2月19日。

李书福——草根创业教父

2013年1月10日，李书福以"草根创业教父"的身份出席了"吉利GX7海岸之旅暨中国小微企业生存与发展调查活动"。在活动中，他积极为草根代言，以下是他的感悟和体会：

我希望吉利的产品和我不要产生强关联，但是这是一个美好愿望，客观上很难做到。提到吉利，人们就会想起我。所以我尽量做好自己，这很重要。草根不是坏事情，这是一种美德。这种背景是一个很光荣的事情。本来是草根，你要我变成大树这个要求太高了。作为草根，干成没干成，心理压力就不会很大。本身就是一棵大树，你干成了草根，那你就坏事了。

所以草根没有什么不好的。如果草根不断扎根发芽不断成长，在这个世界有一定的收获，这就是一种成功。

整个中国改革开放到今天，真正在经济领域有所作为的，大部分都是草根，是靠草根来推进整个中国的改革开放和现代化建设。草根的力量其实是很强大的，应该为此感到自豪和自信。

如果我现在重新开始创业，我觉得机会很多。因为有变化就有商机。现在这个时代进入了裂变的阶段。我想做的太多了。我们首先要研究变化。

假如我现在18岁，我今天肯定不能搞工业了。我应该会做第三产业，服务业信息业。我今天还在工业领域坚持，是因为我已经搞了30年了，有基础了。要是从零开始的话，商机不是很大了。现在不是讲投资和重组嘛，你可以把过去哪些老的企业重组一下，一加一等于八，二加二等于十六。而不是自己去买土地买设备从零开始。

如果说现在还存在巨大的机会，那就是中国经济的转型升级已经有了很多元素了。30年前很多基本的元素还没有形成，比如汽车厂没有现在这么多。都是处于启蒙阶段，所以大家都是凭借自己的小聪明各人去做个人的事情，出了很多钢铁厂、家具厂等。现在要想办法把这些元素进行组合,形成新的竞争力产生新的效益。

转型升级创新创业要根据现实情况进行,而不是重复过去的历史。比如现在很多地产商很成功,有些人也去搞,你不能重复过去的老路的。我可以告诉大家,现在大家都把土地当宝贝,以后土地是一个负担,是最不值钱的东西。现在大家创业千万不要把土地当宝贝。中国的土地在全世界都是最贵的,太贵了!这是不可持续的!现在创业千万不能把钱去买土地。

现在应该通过各种社交活动掌握比较多的信息,通过各种组合,使各方都能产生效益。还是一种组合,一定要组合。单薄的孤立的发展很难在今后的市场经济中产生竞争力。一定要把现在的信息技术和孤立的经济要素结合起来,通过整合产生效益。

比如卖虾的人把各种虾都放在一起,卖不出效益。你把它分分类,大的放在一起,小的放在一起,价格可能就能卖上去了。经济也是这样的。理发店不是连锁吗,火锅也是,不是有海底捞嘛。所以你把混乱的梳理成有序的、有规模的,形成一种品牌,就能形成一种竞争力。

最后,关于创业建议:首先一定要选择自己感兴趣的。第二,只要你选择了这条路,就要无怨无悔地坚持下去,不管是成功还是失败,都必须默默地承受下来。这样不断坚持持之以恒,我想一定会感动天感动地,最后感动你自己。

三、仿真实验

(一)实验目的

1.加强学生对沟通重要性的认识。

2.提高学生社会实践沟通能力。

3.促使学生了解和掌握不同的沟通方式。

4.提升学生各方面的沟通技巧。

(二)实验背景

1.理论背景

当今时代,随着社会和信息技术的发展,对沟通能力要求越来越高。因此,培养在校学生的社会沟通能力已成为人才培养的重要组成部分。本实验重点放在提高大学生对沟通在管理中的重要性认识、了解和掌握有效沟通的障碍和解决措施以及提升实践沟通技巧等三个方面。

2.模拟公司背景

根据模拟公司的经营现状，由指导老师虚拟出模拟公司可能出现的各种沟通问题。

(三)实验过程

1.指导老师虚拟出模拟公司存在的各种沟通问题。
2.由各模拟公司相关扮演角色针对上述各问题进行讨论和分析。
3.各模拟公司运用沟通理论,结合社会沟通实践体会提出有效沟通对策。
4.指导老师组织模拟公司进行发言汇报。
5.指导老师进行归纳和总结。

(四)实验小结

1.实验总结

以实验小组为单位,总结模拟公司员工有效沟通的手段与措施。

2.思考题

(1)简述把握“度”在沟通中的作用。(把握沟通技巧)
(2)企业应如何对待非正式沟通？

第十章　控制手段

一、理论重温

(一)控制的概念和特点

控制,就一般意义而言,就是引导一个动态系统达到预定状态,并监视各项活动以保证它们按计划进行并纠正各种重要偏差的过程。

控制的特点如表10-1所示。

表10-1　控制的特点

特点	表述
目的性	管理中的任何控制行为都是为实现组织特定目标而进行的,没有目标也就没有控制。
整体性	三个方面:一是全员控制;二是全过程控制;三是全系统控制。
动态性	管理控制不同于机械控制中的程序控制,管理控制的计划、标准和方法都必须随着内外部环境的变化而变化,具有动态性和灵活性。
人本性	管理控制首先是对人的控制,自然也是由人来执行的控制,因而具有人本性特征。

(二)控制的类型

控制根据不同的标准可分为不同的类型,如表10-2所示。

表10-2　控制的类型

分类标准	控制类型	表述	优点	缺点
1.按控制环节的不同分类	前馈控制	又叫事先控制或预防式控制，是一种防患于未然的控制，它是在工作开始前对工作中可能产生的偏差进行预测和估计并采取防患措施，将可能的偏差消除于产生之前。	①防患于未然；②对事不对人；③控制成本低。	前馈控制的最大难点在于前提条件较高，需要大量、准确和及时的信息以及较强的专业预测能力，否则前馈控制就有可能失效。
	现场控制	又叫同步控制或同期控制，是指在工作进行的同时进行控制。	①及时纠偏；②指导、培训员工。	①受管理者时间、精力、业务水平的制约；②应用范围局限；③容易在控制者与被控制者之间形成对立情绪。
	反馈控制	又叫事后控制或产出控制，是在工作结束或行为发生之后进行的控制。	①避免下次发生同样问题；②消除偏差对后续活动的影响；③提供奖惩的依据。	①偏差已经造成损失；②控制成本较高。
2.按控制手段的不同分类	直接控制	是指主要通过行政命令的手段对被控制对象直接进行的控制。	①针对性强，准确性高；②对被控制者约束力大；③控制中转环节少。	①对不确定性因素不能控制；②难以激发员工积极性。
	间接控制	是指不对运行过程进行直接干预，而是通过间接的手段来引导和影响运行过程而达到控制的目的。	①激发员工工作积极性；②促进下属的经验、能力以及判断力的提升。	往往是事后控制，其控制成本较高。
3.按控制结构的不同分类	集中控制	是指在组织中建立一个控制中心，由它来对所有的信息进行集中统一的加工处理，并发出指令进行控制的形式。	可以保证整体上的一致性，有助于维持统一的总体目标。	信息传输效率低、适应性差，有可能使控制过程变得复杂。
	分散控制	即组织中各部门均有相应的控制权。	①信息处理量小，易于实现；②应变能力强；③局部问题不影响全局。	①部门间相互协调性弱；②容易失控。
	分层控制	是把集中控制与分散控制结合起来的控制方式。	既有独立性又有灵活性。	调整难度大，横向沟通和协调工作量大。

续表10-2

分类标准	控制类型	表述	优点	缺点
4.按控制来源的不同分类	正式组织控制	是指管理者通过组织结构和规章制度来对被管理者进行的控制。	严肃、规范，具有强制性。	灵活性差，有可能降低士气。
	群体控制	群体控制是基于群体成员的价值观念和行为准则，由非正式组织发展和维持的。	凝聚力较强，士气较高，灵活性大。	不规范，有可能导致与正式组织目标的冲突。
	自我控制	自我控制即个人有意识地按某一行为规范进行活动。	控制成本低，效果好，士气高。	人员素质不高就有可能导致混乱失控。

(三)控制的过程

控制过程主要包括三大环节：确立标准、衡量绩效、纠正偏差。

二、案例导入

(一)苹果公司

1.没有乔布斯的苹果公司

iPod、iPad和iPhone背后的乔布斯证实了社会学家马克思·韦伯(Max Weber)笔下的“魅力型领导”。韦伯还提出当魅力型领导离开后，企业将失去它的活力。2011年1月17日乔布斯宣布由于健康原因再次离开苹果公司这个令人叹为观止的公司。乔布斯将日常控制权交给首席运营官迪莫斯·库克(Timothy Cook)。乔布斯并未透露何时重回苹果公司，其言谈中带着特别的情绪：“我非常爱苹果公司，希望我能够尽快回来。”乔布斯的离开也使人们重新思考苹果公司的前景。由于这个公司的愿景和灵感和它的领导密不可分，在投资者和消费者的眼中，苹果公司的创新能力和利润前途未卜。

投资者对于乔布斯的健康已经习以为常。2004年，医生诊断乔布斯患有一种罕见的胰腺癌。乔布斯2009年离开了苹果公司6个月接受治疗并做了肝脏移植手术。不过，乔布斯的健康问题并没有影响苹果公司的发展。苹果公司设备和iTunes等网络服务征服了音乐、手机、媒体和电子游戏领域。现在苹果公司在美国的个人电脑市场份额达到9.7%，远高于十年前3%的份额。苹果公司超越科技巨人微软，成为世界上最有价值的公司之一。2011年1月19日，苹果公司宣布了其最近的业绩：2010年最后季度创造了60亿美元的利润。

在如此乐观的形势下，即使没有乔布斯，苹果公司仍将在几年内继续茁壮成长。公司2011年的发展包括Verizon iPhone以及新版的iPhone和iPad。乔布斯透露早在2007年iPhone推出之前，苹果公司已经开始了iPad的研制。同时，苹果公司可能已经为4G移动网络下的iPhone和iPad做好了准备。一些分析师认为苹果公司或许已经开始研制内置苹果公司软件的高清电视，以取代市场上99美元的廉价苹果公司点击机顶盒。"他们提前两年，甚至三年以上已经知道自己需要推出什么产品，"巴克莱资本的分析师本·雷特斯(Ben Reitzes)说。

虽然苹果公司未来的产品或许已经成形，但是没有乔布斯的苹果公司可能不会像以前那么有趣。乔布斯在2004年接受《商业周刊》采访时说："我们总是在寻找能够进入的新市场。但是我们也会有所选择，集中在重要的市场上。"在管理团队上，乔布斯坚持雇佣领域中最好的经理人。乔布斯和另外十位高管在每周一战略会议上对公司重要问题进行决策。

当乔布斯离开之后，谁来带领苹果公司？不少分析师认为，如果乔布斯不会重返苹果公司的话，库克将接任苹果公司的首席执行官。50岁的库克是一个运营天才，擅长于在推出复杂产品的同时巧妙地减少成本。库克现在负责销售、消费者支持和物流，这也意味着半个公司已经由他掌管。在乔布斯之前离开苹果公司时，库克展现了其干练的领导风格，并在2010年获得了5900万美元的薪酬和股票。如此看来，库克无疑是苹果公司未来的首席执行官。不过，一位不愿透露姓名的经理人说，苹果公司的创造性逐渐削弱。虽然很多人能够管理公司，但只有乔布斯有远见卓识和风险承受能力。

即使没有乔布斯，苹果公司也能够为股东提供可观的收益。它在个人计算机和手机两个领域还有扩张的空间。就像IBM一样，没有乔布斯的苹果公司虽然不会充满传奇色彩，但仍能够获得稳定的收入。韦伯提出革命性的个体开启了一个神话，除非他们的精神在公司保留下来，这些公司的战略逐渐向保守的方向发展。这意味着，如果乔布斯的精神能继续激励这个公司，没有乔布斯的苹果公司也同样能创造奇迹。

资料来源：Brad Stone, Peter Burrows。《商业周刊》，2011年1月24日。

2.苹果公司：调整长期绩效

苹果公司设计的平衡计分法，使高级管理层的注意力集中到一个能使讨论范围不再局限于毛利、股权报酬率和市场份额的战略上。一个对苹果公司管理层的战略思想十分熟悉的小型指导委员会，从5个方面——选择应当集中的测评类型，并在每种类型中确定若干种测评办法。在财务方面，苹果公司强调股东价值；在顾客方面，苹果公司强调市场份额和顾客满意度；在内部程度方面，苹果公司强调核心能力；最后，在创新和提高方面，苹果公司强调雇员态度。苹果公司的管理层按以下

指标一一分析了这些测评类型:

(1)顾客满意度

从历史上看,苹果公司曾是以技术和产品为中心的公司,靠设计出更好的计算机进行竞争。顾客满意度指标刚开始引入时,目的是使雇员适应公司向“顾客推动型”的转变。但是,苹果公司意识到自己的顾客基础不是同质的,因而觉得有必要独立进行调查,以弄清全球范围内主要的细分市场。

(2)核心能力

公司经理人员希望雇员高度集中于少数几项关键能力上,如用户友好界面,强劲的软件构造,以及有效的销售系统。不过,高级经理们认识到,以这些能力为尺度测评绩效比较困难。因此,公司目前正在研究对这些难以衡量的能力如何获取量化指标。

(3)员工的投入和协调程度

苹果公司每两年在公司的每个组织中进行一次全面的员工调查; 随机抽取员工进行调查则更为频繁。调查的问题包括员工对公司战略的理解程度,以及是否要求员工能创造出与该战略一致的结果。调查结果反映了员工的实际水平及其总体趋势。

(4)市场份额

达到最大能力的市场份额,对高级管理层十分重要。这不仅是为了显而易见的销售额增长收益,而且是为了使苹果公司的平台能牢牢吸引和保住软件开发商。

(5)股东价值

股东价值也被视为一个业绩指标, 虽然这一指标是业绩的结果, 而不是驱动者。把这一指标包括在内,是为了消除以前对毛利和销售增长率的偏好,因为这两个指标忽视了为了未来取得增长今天必须进行的投资。股东价值指标量化了为促进业务增长而进行的投资可能产生的负面影响。苹果公司的多数业务是在职能分工的基础上组织的(销售、产品设计、全球范围的生产和经营),因此,只能计算公司整体的股东价值,而不能分层计算。不过,这一指标可以帮助各个单位的高级经理们分析他们的活动对公司整体价值的影响,并对新的业务活动进行评价。

虽然这5个绩效指标最近才开发出来,但它们已经对帮助苹果公司的高级经理集中精力于自己的战略起了很大作用,首先,苹果公司的平衡计分法主要是作为一种规划手段,而不是控制手段。换句话说,苹果公司用这些指标调整公司业绩的“长波”,而不是推动经营的变革。而且,除了股东价值之外,苹果公司的测评指标都可以横向和纵向两个方向深入到每一个职能部门。从纵向考虑,每一个测评指标都可细分为若干个组织部分,可以评价每一部分对整体的运作起了什么作用。从横向考虑,比如说,测评指标可以识别设计和制造对顾客满意度等起了什么作用。而且,苹果公司发现,平衡计分法有助于为提出和实现建立一种可计量输出值的语言。

苹果公司的5个绩效指标被用作基准，与行业中最优秀的组织进行比较。现在，它们还被用来制订经营计划，并被纳入了高级经理人员的报酬计划之中。

(二)苹宁云商

张近东，走自己的路

张近东心中有一幅宏大的蓝图，他要让这个上千亿的"大象"脱胎换骨，继续滑出轻盈的舞步。苏宁正在又一次进行彻底转型--从线下家电连锁企业变身为同时拥有线上、线下两个渠道，销售包括家电、日化、百货等全品类产品的"沃尔玛+亚马逊"，用他自己的解释，即"店商+电商+零售服务商"的云商新模式。但同时，他说："我们绝对不会照搬，也不会跟随，而是吸收他们的理念和思路，走出自己的一条路。前无古人，后无来者，我们就是要做出个标杆。"根据规划，到2020年，苏宁要实现电子商务销售3000亿，实体店销售3500亿，冲进世界100强。

在中国传统重量级企业里面，在面对互联网的冲击时，恐怕没有哪一家比苏宁的变革来得如此之快，如此彻底。

"苏宁不是一个传统零售公司，而是一家互联网零售商。"在一次对话中，张近东的声音有些沙哑，但语气坚决，"我们就是一家互联网企业。"张近东如今的头衔是苏宁云商董事长，作为中国零售行业的巨头，他清醒地意识到中国零售业正处在关键时刻，变革是唯一的出路。

最近一两年，张近东频频接触IT界大佬或投资业巨擘，比如，三星电子总裁李在镕、微软创始人比尔·盖茨和CEO鲍尔默、投资大鳄巴菲特等，甚至还多次前往西雅图的电商巨人亚马逊考察交流。"接下来，我会去美国为苏宁云商的硅谷研究院揭牌。"张近东看得很清楚，硅谷有全球科技企业最前沿的技术与人才，某种程度上，更代表着互联网企业最前沿的商业模式和发展趋势。

再造苏宁

在传统零售业的上一个十年，容易被大家记住的是那上下纵横、霸气外露的枭雄黄光裕。相比之下，外圆内方、有亲和力，也有一点点强硬，但这些似乎都不足以让张近东成为"个性"企业家。但是，正像一场马拉松竞技一样，风云突变之中考验的并不是爆发力，而是在耐力中考验远见，甚至是不犯错、少犯错的能力。"美苏"争霸十几年，掀起了一场场血雨腥风的价格之战。如今，张近东早就不把这个老对手"放在眼里"，苏宁的销售收入已经是国美的两倍，市值是国美的5倍以上，在这一波电商竞争中，国美更是被远远甩在后面，不可相提并论了。

已过天命之年的张近东变革的勇气确实可嘉，可要真正实现"云商"的设想，苏宁不得不大量补课，课程包括电商、云服务、金融学、IT等等。这一切也许难不倒张近东。他性格中有着别人难以理解的坚毅与执拗。有一次，张近东去打高尔夫球，教练发现他姿势有点不对，就要上来扳他的手。张立刻回绝：你千万不要扳我的手，你讲一句我就晓得了。他自己试着调整了一下,果真就改了过来。2012 年8 月25 日,苏宁总部旁边空地上举行一年一度的“苏宁之夏”大型文艺晚会,突然大雨如注,张近东坐在观众席第一排当中,他没戴上雨衣的帽子,一动不动地坐在那里淋着雨,从头到尾看完了长达5 个小时的演出,只是目光不时转向着舞台上的大幅标语——“创新转型　再造苏宁”。

相比张近东彻底自我革命,全面拥抱互联网,同为家电阵营的格力、海尔、康佳等老牌企业,由于种种原因,对于互联网仍然持观望谨慎态度,仅将电商作为一种销售渠道的补充。或许相对制造业而言,更为微利、对消费者变化更为敏感的零售业危机感更强烈些。

在20 多年的成长历史中,苏宁从来不缺乏变革的基因,相反,变革似乎成为苏宁发展跃升的常态。在不同阶段,苏宁经历了三次转型:第一次是1990 年苏宁以空调专营起家,后来从批发业务转型零售;第二次是在1999 年,苏宁开始转型进行全国连锁;第三次是苏宁开始转型智慧型科技型企业——互联网零售商。

对于此次转型,张近东只说了一句话:“如果我做,可能会犯错,可能会倒下。但如果我不做,肯定倒得更快。”的确,如果没有4 年前的下定决心触网——上马苏宁易购,苏宁也许会有如现在的老对手,心有余而力不足,沦为一家为生存而战的企业了。

张近东是一个善于做长远思考的人。他经常在苏宁内部说:"苏宁做任何一件事情都不是突发奇想、一念之间决定的。"苏宁云商战略的背后,是他对中国零售市场更大规模的渴求, 以及把苏宁变成像沃尔玛和亚马逊一样的世界级企业的终极目标。

雷厉风行

一旦决定,在张近东的推动下,苏宁上下行动雷厉风行。

2013 年2月17 日,春节假期后第一天上班。南京徐庄软件园,苏宁总部大楼迅速回归紧张和忙碌——来自全国各地的“封疆大吏”汇聚一堂,参加为期三天的集团年度春季工作部署会。这样的内部会议,每年节后都会开,但2013年明显透露出不一样的气息。

生于忧患,死于安乐。张近东在讲话中说,过去二十年中深刻地感受到,竞争是永恒的,不断变换的是对手和竞争手段。新的十年,不是同行的成了同行,不是对手的成了对手。竞争并不是坏事,跑得过狮子的羚羊得以繁衍,追得上羚羊的狮子得以生存。

通篇讲话只有1300 多字,没有高谈阔论,没有铺陈业绩,甚至一个营销数字都没提,却赢得全场共鸣。就是这次讲话揭开了苏宁云商大变革的序幕。接下来三天,苏宁从组织架构、年度计划、经营策略、人员安排等方面进行全面调整。

云商模式的提出,让张近东跨入了群雄逐鹿的新战场,为自己树立了无数重量级敌人:既有同样开展了电商业务的传统零售大佬,也有电商界巨鳄。其中的典型代表包括万达的王健林、阿里巴巴的马云，而京东的刘强东也成为苏宁关注的对象,虽然在规模上远不如苏宁,但它的电商模式却是苏宁转型过程中不得不面对的对手。

一直以来,苏宁都“瞧不上”刘强东,内部也有一种不将京东视为对手的骄傲。“我们是大人,京东还是小孩子,大人打小孩,不是一个量级的。”一位不具名的苏宁员工说。

但刘强东也是一个不可小觑的枭雄，在他的强势领导下，近些年业绩突飞猛进,几年时间内,俨然坐大,独霸一方。2013 年京东的交易流水额号称正直逼1000 亿元大关,这一数字是苏宁苦心经营十余年的成果。更可怕的是,即使到了1000 亿元的销售规模,它可以仍然不在乎盈利,继续疯狂生长。这颠覆了传统的商业逻辑,足以令苏宁不得不重新审视和应对。

张近东与刘强东,看起来如同彼此的反面,但两人的共同点是都有超级坚韧的神经。在京东,从外部引进的高管到打扫卫生的保洁,都知道刘强东的意志不可违背。在苏宁,如果张近东走进电梯,其他人基本上就不会再多说话了。只要在北京,哪怕回到家里已是半夜三点钟,刘强东都会在第二天早上8 点半前赶到公司,出席雷打不动的高管晨会。而张近东更是苏宁头号工作狂,多年一直保持周末无休的工作状态。

丛林之中，处于食物链顶层的猎食者都需要更宽阔的生存空间。从线下看线上,或者从线上看线下,它们都看到了互联网对于传统零售行业的巨大整合力,既然目标相同,游戏参与者注定会在某个时点相撞。2012 年的“8·15”之战,就是一次火星撞地球。

在某些人看来,与纯粹的电商相比,苏宁的门店和电子商务之间是矛盾的,分布在全国各地的1600 多家门店是一种拖累,造成线上线下左右手互博。也有人认为苏宁应该采取一分为二的战略,在保持苏宁线下连锁继续发展的同时,独立发展电子商务。这样既可以做大,又比较安全。

但张近东却选择了激进的方式整体彻底向云商转型。2013 年年初,苏宁电器更名苏宁云商,并对外发布新模式、新组织、新VI,标志着苏宁“去电器化”的科技转型战略迈开一大步,也宣告着苏宁“云商”新模式的正式面世。

张近东在内部讲话中统一思想,他指出,面对苏宁的互联网零售战略,既不能左倾地认为要舍弃店商、发展电商,更不能右倾地认为要保护店商、遏制电商,店商+电商+ 零售服务商= 苏宁云商,实现云商的根本出路在于店商的全面互联网化。

2013 年6 月8日,超乎很多人的想象,苏宁的云商战略迅疾进入第二阶段,宣布全国所有苏宁门店、乐购仕门店销售的商品将与苏宁易购实现同城同品同价,以打破实体零售在转型发展中与自身电商渠道的左右互搏。“双线同价的终极目标是实现苏宁互联网零售的转型。”张近东在之前的内部动员誓师大会上指出,双线同价是苏宁实现O2O 融合、转型互联网零售的根本性突破、中国零售业变革的里程碑事件。

顶级对决

在这种思路的指导下,苏宁并未变“轻”,而是越来越“重”。苏宁宣布,计划到2020 年将门店数量扩张到3500 家,不过门店组成结构会发生很大的变化。2011年6 月,苏宁收购了日本老字号家电百货连锁企业乐购仕51% 的股份,成为控股股东。2012 年9 月28 日,新一代实体零售门店——苏宁Expo 超级店迎来第一批客人。

不过,有财经人士评论,苏宁超级店Expo 与乐购仕只不过是苏宁线下多品类经营的试验田,易购才是转型的引擎,它可以最大限度地降低多品类经营的试错成本。在品类扩充上,易购按照“先易后难”规则,从图书、日用品、百货,然后到商旅、酒类、保险(放心保)等等,后期医药、食品都将列入拓展行列。

为了支持苏宁易购的发展,苏宁不惜大手笔融资。

2012 年9 月,苏宁通过定向增发47 亿和发行公司债80 亿一共融资127 亿元。弘毅投资以每股12.15 元的价格认购9876.54 万股,共投资12 亿元。张近东自掏腰包,拿出35 亿元参与定向增发。在股东大会上,80 亿元发债计划获股东99% 以上高票通过,更是让张近东吃下定心丸。

47 亿元定向增发的融资主要用途是搭建多层级物流架构。到2015 年,苏宁将投资约120 亿元,在全国建设60 个现代化的大型物流基地,12 个小件自动化拣选中心。

80 亿公司债主要用于苏宁采购模式、研发平台、物流运营体系的创新和优化。

由于审批造成的滞后,到2012 年7 月6 日正式实施定向增发时,苏宁股价下跌了30% 以上。按照当时的市值计算,35 亿元已经蒸发了一半以上。8 月8 日,为了应对股价下跌造成的质押品不足,张近东又将个人持有的4.42 亿股公司股票质押给了信托投资公司。

张近东说:“去年,我在美国见过巴菲特,他把钱夹子伸出来给我,他这种举动的意思是,零售业的发展是一个长跑马拉松,应该关注长远。”

虽然下了大注,但张近东不认为自己在“赌”,他认为一切皆在掌握之中,“苏宁线上、线下的发展都是基于系统考虑,我们是有能力地顺势发展,不需要赌,也没有必要。”拿起手边的白瓷杯,他喝了几口茶,放下茶杯,略微向后挪了下身子,靠在沙发后背上。“苏宁是一家优质的上市公司,如果我的企业没有风险,我个人的投入有什么风险?”

弘毅投资总裁赵令欢是“唯一”看懂张近东的人,在其他基金机构不断逃离苏宁股票,造成股价大幅下跌之际,他义无反顾地进入,与之结为长期的战略联盟。他表示，弘毅之所以投资苏宁是基于两点："首先，他们已经准备好了，我们进去之后有活干。再者，我们非常看重被投企业的当家人。张近东当年卖空调卖到了中国第一，后来做电器连锁又做到了第一，成功历历在目。"果然，2013年9月23日，苏宁云商经过连续几个涨停，报收12.01元，在过去的一周股票市值增长117.4亿元，填补了之前的亏空。

前无古人

进入2013年的刘强东也是"弹药再次充足"，2月，京东再次融资7亿美元。刘强东透露，未来公司所有的业务都要平台化，陆续开放WEB、物流、信息系统，同时布局金融平台业务，所有业务都将向社会开放。商业之争必然是平台之争。

像阿里系这样，提供一个开放式网络平台，收取佣金，运营成本低又有稳定收入，被证明是一个有效盈利的成功平台模式。苏宁、京东也开始效仿开放平台，但苏宁的开放平台运营规则截然不同。

阿里一直坚持做开放平台，一边摸索一边壮大，已经形成一套完整的开放平台生态系统；京东从自营B2C转向做开放平台，也正在打造一个与阿里不同的电商生态系统；苏宁线下线上自营转向双线开放，开放平台生态系统的底层基础建设已经铺垫完成。

2013年9月12日晚间，被定义为3.0模式的苏宁开放平台正式于北京揭开神秘面纱，平台被命名"苏宁云台"，其拥有四大核心特点：双线开放、统一承诺、精选优选和免费政策。

开放平台的落地，标志着苏宁全面转型互联网零售企业的步伐在继续深化。

"沃尔玛+亚马逊"线上线下互融的商业模式，没有人证明过，即使他们自身也没有。但张近东认为，沃尔玛没有实现是因为线下实体太大了，没办法短期转变，亚马逊没有实现是因为没有优势的线下资源。苏宁不大不小，既有零售基础又有互联网基因，所以能够将二者结合起来。"我们绝对不会照搬，也不会跟随，而是吸收他们的理念和思路，走出自己的一条路。前无古人，后无来者，我们就是要做出个标杆。"张近东说。

资料来源：《执行官》2013-10-17。

三、仿真实验

（一）实验目的

1.理解控制对管理效果的重要作用。

2.提升学生对不同控制手段所产生不同效果的理解程度。

3.培养学生加强对管理活动的控制意识。

4.提高学生的有效控制能力。

(二)实验背景

1.理论背景

从理论上讲,任何事物都是靠有效控制才能产生良好效果,没有控制就意味着没有效果。而有效的控制效果取决于有针对性的控制手段。本实验建立在学生充分掌握控制原理基础上，通过分析现实管理活动中存在的各种控制问题以及影响管理效果的因素,提升学生有效控制的能力。

2.模拟公司背景

根据模拟公司的发展阶段，由指导老师虚拟出模拟公司可能出现的各种控制问题。

(三)实验过程

1.指导老师虚拟出模拟公司存在的各种控制问题。

2.由各模拟公司相关扮演角色针对上述各问题进行讨论和分析。

3.各模拟公司运用控制理论,结合模拟公司现状,提出有效控制的对策。

4.指导老师组织模拟公司进行发言汇报。

5.指导老师进行归纳和总结。

(四)实验小结

1.实验总结

以实验小组为单位,构建模拟公司有效控制的管理体系。

2.思考题

(1)怎样理解计划与控制的本质联系?

(2)如何理解没有控制就没有管理?

第十一章　危机管理

一、理论重温

(一)危机管理的概念

危机管理是指应对危机的有关机制。具体是指企业为避免或者减轻危机所带来的严重损害和威胁,从而有组织、有计划地学习、制定和实施一系列管理措施和应对策略,包括危机的规避、危机的控制、危机的解决与危机解决后的复兴等不断学习和适应的动态过程。

在某种意义上,任何防止危机发生的措施、任何消除危机产生的风险的努力,都是危机管理。但我们更强调危机管理的组织性、学习性、适应性和连续性。

危机管理就是要在偶然性中发现必然性,在危机中发现有利因素,把握危机发生的规律性,掌握处理危机的方法与艺术,尽力避免危机所造成的危害和损失,并且能够缓解矛盾,变害为利,推动企业的健康发展。危机管理在绝大多数情况下都不是等危机出现了以后才开始的管理。

面对公关危机,有的企业积极应对,体现出大家风范,有的则遮遮掩掩、欲盖弥彰。其实,正如国内著名的危机管理研究者游昌乔先生所言,危机既是危险,又是机会,危机管理是“刀尖上的舞蹈”。引用著名企业危机管理与公关专家奥古斯丁先生的一句话:“每一次危机的本身既包含导致失败的根源, 也孕育着成功的种子。发现、培育以便收获这个潜在的成功机会就是危机公关的精髓。”

(二)危机管理的过程

危机的发展可以分为潜伏期、否认期、爆发期和灾难期四个阶段。危机管理着重在防患于未然,要求企业平时就建立危机管理系统,强化危机意识,尽可能将危机消灭在潜伏期,做到防微杜渐。

根据危机的发展过程,可将危机管理分为四个过程:危机监测、危机预警、危机决策和危机处理。

1.危机监测

危机管理的首要一环是对危机进行监测, 在企业顺利发展时期, 企业就应该有强烈的危机意识和危机应变的心理准备,建立一套危机管理机制,对危机进行监测。企业越是在风平浪静的时刻越应该重视危机监测,在平静的背后往往隐藏着杀机。

2.危机预警

许多危机在爆发之前都会出现某些征兆,危机管理关注的不仅是危机爆发后各种危害的处理,而且要建立危机警戒线。企业在危机到来之前,把一些可以避免的危机消灭在萌芽之中,对于另一些不可避免的危机通过预警系统能够及时得到解决。这样,企业才能从容不迫地应对危机带来的挑战,把企业的损失减少到最低的程度。

3.危机决策

企业在调查的基础上制定正确的危机决策。决策要根据危机产生的来龙去脉,对几种可行方案进行对比,分析优缺点后,选择出最佳方案。方案定位要准、推行要迅速。

4.危机处理

首先,确认危机。确认危机包括将危机归类、收集与危机相关信息、确认危机程度以及找出危机产生的原因,辨认危机影响的范围和影响的程度及后果。第二,控制危机。控制危机需要根据确认的某种危机后,遏止危机的扩散使其不影响其他事物,紧急控制如同救火并刻不容缓。第三,处理危机。在处理危机时,关键的是速度。企业能够及时、有效地将危机决策运用到实际中化解危机,可以避免危机给企业造成损失。

二、案例导入

(一)百事公司

1.印度"可乐杀虫剂超标"事件

2006年8月,印度卫生部长拉姆多斯称,由印度卫生部任命的一个专家委员会对印度14个邦销售的213种软饮料进行的抽样检测结果表明,印度境内销售的可乐等饮料中的杀虫剂含量"在可允许的范围内"。拉姆多斯此言一出,标志着印度国内持续将近一个月的"可乐杀虫剂超标"事件最终归于平静,可口可乐、百事可乐又一次在印度有惊无险地度过了危机。

8月初,两大可乐巨头在印度又一次面临印度科学和环境中心(CSE)这家非政府组织的挑战;CSE的一份调查报告称,在印度生产销售的可口可乐、百事可乐等软饮料中,林丹等3种杀虫剂的平均含量比印度官方标准高出20多倍。随后,印度国内1/4的邦宣布禁止销售可乐,而印度最高法院则来了个釜底抽薪:要求可口可乐和百事可乐在4周内公布其配方,否则印度政府有权禁止这两大饮料巨头在印度销售饮料。对可口可乐或百事可乐而言,配方是它们赚钱的根本。以可口可乐为例,其配料的关键秘方保存在亚特兰大一家银行的保险库里,只有2名高级职员掌握,而且两人不能乘坐同一架飞机出行,以防止发生事故导致秘方失传,全世界知道这一秘方的人不超过10个。所以,对可乐巨头而言,秘方是绝对不能公布的,无论以什么代价。

CSE报告一出,各种软饮料在印度有了新名字"农药可乐"(PESTICOLA),因为这个称呼与"百事可乐"(PEPSICOLA)十分相似。作为中国人,恐怕难以想象一份非政府组织的研究报告竟会引来如此之大的动静。事实上,CSE在2003年就曾经挑战过可口可乐和百事可乐这两大巨头:其报告证明两巨头在印度生产的饮料中农药含量比欧盟的产品标准高出30倍以上,可口可乐和百事可乐破天荒地被迫召开联合新闻发布会坚决予以还击,那一次,两巨头赢了。

毫无疑问,这一次两巨头在与印度政府与民意的较量中最终再次获胜,但其获胜的原因并不是公司本身而是因为来自美国政府的政治压力:先是美国商务部副部长拉文公开批评印度的可乐事件,认为这是印度经济的倒退,不利于印度进一步吸引国外投资,这标志着美国政府的正式切入;随后,美国更高层面的官员敦促印度总理辛格牵头解决这场可乐危机。正是在强大的政治压力面前,印度政府选择了妥协。

在印度可乐事件渐入尾声之际,整个事件的脉络也逐渐清晰起来。首先,为什么可乐事件来势会如此凶猛?这一方面是因为印度国内民族主义情绪一直较浓,民众对美国产品有天然的抵触与抗拒,而两巨头在印度的社会形象都不好,曾经在印度惹出诸多事端;另一方面,这与印度国内的政治局势不无关系,现任执政党推行亲美政策,而反对党则对此非议颇多,禁止销售可乐的7个邦也主要由反对党控制,软饮料主要消费市场德里、孟买、加尔各答等大城市均未禁售。其次,短期内可口可乐、百事可乐的销售受到了一定影响,但长期看其销售所受影响并不大;印度高等法院也会收回其命令不再要求两巨头公布配方,因为两巨头在印度销售额700亿卢比,设有20多家工厂,是印度最大的外资项目,为当地创造了税收和就业,从经济角度看,印度也得罪不起两巨头。

2003年可乐们战胜CSE有两条原因:饮料使用印度当地地下水源生产,如果饮料中杀虫剂含量过高,应该归罪于水源本身;印度政府一直没有制订软饮料质量标准。2006年凭借的其实还是这两条,当然还包括政治方面的因素。大多数普通印度民众,恐怕不会因此而真正改变什么。

资料来源:《百事可乐有惊无险地度过危机》。《广州日报》,2006年8月29日。

2.四川百事“七喜”二氧化碳指标明显“偏低”事件

2003年6月初,国家质量监督检测检疫总局通报称,由四川百事可乐饮料有限公司生产的一箱“七喜”柠檬味汽水二氧化碳指标显示为“偏低”。6月9日前后,很多媒体以《国家质检总局抽查饮品质量:三种饮料今夏别喝》、《百事一款“七喜”汽水上黑榜》等标题作了广泛报道,引起了消费者和经销商的强烈反应,销量迅速下滑。甚至有媒体深挖素材,抛出题为《百事“质检事件”曝黑幕 卖浓缩液赚超额利润》的重磅炸弹。面对突如其来的危机,百事可乐公司临阵不慌,有理有节地应对变故。他们采取的措施如下:

第一招:召开紧急会议,对处理危机进行部署。俗语说,好事不出门,坏事行千里。坏消息的传播速度总是远远快于好消息。百事公司深知其中厉害。因此在事件发生后,百事公司高度重视,立即召开了紧急会议,对危机处理的各项事务作了有条不紊的安排,从而争取到了时间和主动权,避免了混乱。

第二招:公司最高层亲自面对媒体,向媒体表明公司的重视程度。事件发生后,百事(中国)投资有限公司董事长亲自面对媒体,表示百事公司将“杜绝类似事情发生”。正是由于百事公司的真诚,取得了媒体和公众的理解和谅解。

第三招:与国家质检部门沟通,申请进行复检,以还其清白之身。百事公司明白,任由自己表白千句万句,但对于国家权威机构的通报,任何辩白都是苍白的。因此事件发生后,四川百事可乐饮料有限公司通过正常途径,向国家质检总局进行申诉,并委托四川省质检局对四川市场上不同时期不同阶段的产品作全面的检查。结果证明,质检部门十二日的复检结果对平息危机起到了至关重要的作用,事实胜于雄辩嘛。

第四招:启动检测系统,防患于未然。解决危机的一个关键方面,就是防止火上浇油,从而导致事态扩大。虽然百事公司对自己的产品质量有信心,但仍然立即启动了检测系统,以确保市面上的百事公司产品100%符合国家的标准,体现了对消费者负责的精神,赢得了消费者的好感。百事公司一直以来都依靠一个不受各地罐瓶厂控制的独立的检测系统来控制自己产品的质量。这个系统随机采样,抽取不同时间段的产品,对原材料采购、生产、仓储、运输、市场各个环节进行全面检查。

第五招:向公众解释通报结果,减少公众的恐慌。事件发生后,百事公司通过媒体向公众说明,二氧化碳的作用主要是调节口感,二氧化碳的含量高低不会对饮用者身体健康产生不良影响, 国家质检总局现在检测的指标只有一个二氧化碳的指标不合格,还有十多项的指标检测,包括大肠杆菌、细菌的数量、有毒物质、食品添加剂等指标,都是优于国家标准的。这些有理有据的解释,使公众正确认识了通报的内容,从而稳住了消费者的情绪,不至于使消费者产生恐慌心理。

第六招:动员媒体进行正面宣传。在这次危机中,百事公司表现出超乎寻常的媒体掌控能力。由于百事公司与众多媒体保持着良好的关系,因此大部分媒体在对此事件的报道中都表现得很克制，没有“墙倒众人推”。而且百事公司在接受媒体采访时，也非常积极地配合媒体，并未像某些企业常在危机公关时的“无可奉告”之类官样文章。这点从事件发生后很多媒体的报道中可窥知一二。事件发生后，众多媒体都以《国家质检总局抽查：三种饮料质量不过关》、《国家质检总局:碳酸和果汁饮料合格率94.7%》等很中性的标题作了客观报道，而没有在标题上对百事指名道姓，丝毫没有在这次事件上大做文章，以争夺眼球。要知道，在信息爆炸的时代，一篇文章能否被受众关注，80%在于标题！相反，当6月12日复检结果出来后，各媒体均以《七喜放心喝　产品质量监督检验所复检指标全合格》、《七喜饮料放心饮用》、《七喜饮料：复检合格》等醒目标题刊发了新闻，其态度和用意不言自明。

客观地说，这次事件给百事公司造成不利的影响是肯定存在的，但由于百事公司的危机管理得当，使影响控制在了一定的范围之内，使损失降低在了最低限度。从6月9日出现负面新闻报道，到6月12日复检合格的报道铺天盖地，短短三天时间，百事公司即化险为夷，打了一场漂亮的危机管理仗。实际上，百事也并未来什么花架子，而是自始至终保持开放的态度，与媒体和公众进行坦诚的沟通，而且自始至终从公司最高层到公司执行层，都把消费者的利益放在首位。而这些，恰恰正是危机管理的真谛所在。危机管理就如救火一样，必须迅速及时，必须措施得力，否则就会愈燃愈烈，将所有的希望和梦想化于灰烬之中。

资料来源：赛迪网。

3.百事公司“注射针头”事件

(1)噩梦降临

对百事公司来说，噩梦始于1993年6月10日。当时华盛顿州Fircrest地区的一对夫妇指控说他们在购买的一罐罐装无糖百事可乐中发现了一支注射器！第二天，邻近Tacoma地区的一位妇女也报告说她在一罐无糖百事可乐中发现了一支皮下注射器的针头！很快，这两起百事可乐事件经由美联社开始在全国范围内广泛报道，引起极大震撼。

百事公司迅速成立了一个危机管理小组，由总裁兼CEO Craig Weatherup直接领导。但公司在评估两起事件之间的关联度、全面检查西雅图工厂的同时，在公众面前却坚持自己的无辜立场。百事公司处理问题的这种态度和处理手法遭到众多危机专家的指责。一位管理传播领域的教授甚至警告说：“他们太低估谣言之间相互作用的潜在破坏力了！”

6月13日，食品药品管理局(FDA)局长David A. Kessler警告华盛顿、俄勒冈、阿拉斯加、夏威夷以及关岛地区的消费者要“仔细检查无糖百事可乐罐是否有破坏痕迹，并将饮料倒入杯子后再饮用”。

随着各方批评的加剧以及同类案件的增加，百事公司依然坚持自己的立场。尽管有评论家不断催促该公司召回所有产品，百事公司仍然坚持他们的灌装技术绝对安全可靠。百事公司向消费者保证,“我们有99%的把握,确信任何人都不可能打开饮料罐,然后再完好无损地重新封装好”。此外,因为“那两起事件并没有对当事人和大众的健康造成任何损害”,公司促请它的灌装厂商和总经理不要将饮料从商店货架上撤掉。

6月14日,百事公司对灌装厂商和总经理发布了一份“消费者咨询内部说明书”,介绍了对之前几起指控事件的初步调查结果:

1.之前发现的注射器是糖尿病注射胰岛素专用。我们的生产车间从来没有这些东西。

2.所有百事可乐罐都采用了新包装,从来没有重复利用或重新加灌。生产过程中有两道外观检查程序:第一道是在加注饮料之前;第二道是瓶罐在加注生产线过程中。然后这些瓶罐才会被封盖。

百事公司的有力推断基于以下两点:首先,以灌装生产线的速度和安全程度看基本上不可能有任何外来物体进入未开启过的饮料罐的情况;第二,之前消费者发现的物体不是在工厂内被放进罐里的。

6月14日,从路易斯安那到纽约,从密苏苏里到俄亥俄州,从费城到南加利福尼亚,全国很多地方都出现了同类百事可乐饮料污染情况的报道。雪上加霜的是,百事公司还陷入了一场从未经历过的媒体风暴:

一个陷于惊恐的公司正在为自己的名誉而战。——纽约邮报

FDA告诫无糖百事饮料消费者。——美联社

无糖百事饮料消费者被警告小心垃圾——今日美国

无糖百事没有任何召回计划——纽约时报

一时间,百事饮料污染事件占据了所有全国性媒体,并连续三天成为晚间新闻和网络早间节目的主角。全国各地的地方新闻则将他们的镜头对准当地的百事灌装厂。公司总裁和6人公关小组一天20小时要回答处理近百个质询请求。公司陷入一片注射器污染的噩梦之中。

6月15日晚,百事公司取得第一个突破。一位中宾夕法尼亚的男子因为谎报自己在百事饮料中发现了一支注射器而被捕。

借第一次拘捕行动的出现,百事公司开始反击。

(2)媒介策略

百事公司的媒介策略集中于一点:电视。百事公司认为传统平面媒体的作用有限,于是公司传播主管决定举办一个巨大的新闻发布会:通过卫星画面向全国电子媒体提供信息以表明百事公司在这一污染事件中的立场。

第一支视频新闻稿(VNR)介绍的画面是公司正在运作的高速灌装生产线,由一位工厂经理做画外音解说,突出介绍生产过程高速、安全、流畅的特点,发生产品污染的可能性微乎其微。该新闻稿的目的就是要说明灌装过程是安全的。这支VNR

在全美178个地区的399家电视台播放,收看人数高达1.87亿(高于同年超级杯比赛的收看人数)。

第二支VNR拍摄的是公司总裁Weatherup以及另外一组生产镜头,以介绍谎报百事可乐饮料污染的第一次拘捕行动为要点:(1)不同城市间对无糖百事可乐罐中发现注射器的指控相互没有任何关联;(2)污染行为有在饮料罐被打开后发生的可能;(3)软饮罐是食品类产品中最安全的包装形式之一;(4)没有召回产品的必要。这支VNR在136个地区的238家电视台播放,观看人数为7000万。

第三支VNR以总裁Weatherup口述的形式,播放了一家便利店的监视摄像头拍下来的一名妇女正往一瓶打开了的无糖百事可乐罐中塞注射器的画面。Weatherup在VNR中对消费者的支持表示感谢,又宣布了几宗新的谎报拘捕行动,并再次明确表明百事公司没有召回产品的决定。这幅便利店的监视画面在159个地区的325家电视台播出,有9500万人观看,真正扭转了百事公司的"惊恐"形象。

除了卫星播放VNR,百事公司媒介反击战还包括安排公司总裁和一位产品安全专家在所有能够排入日程的"脱口秀"节目中亮相,其中包括ABC的《Nightline》、CNN的《Larry King Live》,等等。

(3)政府关系

与此同时,百事公司还与FDA及Kessler局长密切合作。与其他消费品厂商对这家行使"看门狗"职责的监管机构持对立态度不同,百事公司对FDA的调查全面合作。

实际上,正是FDA犯罪调查办公室(OCI)对中宾夕法尼亚男子的谎报事件进行了通报,令案件取得突破。FDA除了对西北太平洋地区的消费者发出警告之外,Kessler局长也表示,这起污染事件存在恶意破坏的可能。后来,Kessler局长还与总裁Weatherup一道亮相《Nightline》节目,并前所未有地宣布"市场已经恢复平静……产品没有召回的必要"。

6月17日,Kessler局长在华盛顿特区举行发布会,明确将这起事件定性为"骗局",是"具有误导作用的个人行为、媒体为吸引注意力的夸大报道、并引发大量恶意模仿行为"的结果。

6月21日,百事公司总裁Weatherup致信总统Clinton,感谢Kessler局长的"出色工作"以及FDA"在揭穿这场污染产品骗局中的出色表现"。

(4)雇员关系

在雇员关系上,包括对公司内部职员和灌装厂商,百事公司都采取了一种开放的信息披露政策,即在第一时间向大家全面披露事件最新进展。

公司的消费者顾问每天至少一次、危机时期则是每天二至三次赶赴公司400家灌装现场,向厂商和总经理介绍事件的最新进展、媒体报道、政府举措,以及公司的响应情况。

此外,顾问们还向工厂经理就如何根据《产品污染处理指南》与自己的雇员和消费者沟通等问题提供建议。危机发生期间,公司总裁Weatherup也定期以个人名义致信灌装厂商和总经理,确保他们掌握事件最新动态。当获得便利店的监视录像带后,Weatherup连夜将该录像带和Kessler局长的新闻发布会的视频录像寄给所有百事灌装厂商,并建议他们“将这些信息和消费者共享”。

6月18日,也就是百事可乐的声誉和产品遭受严重挑战的一个星期后,百事公司借助一则全国性的广告宣布自己的胜利:百事公司高兴地宣布……一切正常。

不过最让百事公司高兴的是, 在FDA/OCI逮捕了55位与这起事件相关的犯罪嫌疑人之后,百事公司不仅毫发无伤地走过了媒体风暴,维护了自己的声誉,百事公司的销售额更令人惊喜。根据总裁Weatherup的报告,虽然在危机最高峰时百事公司销售额下降了3%, 损失约3000万美元, 但7月、8月百事可乐的销售额提高了7%,创造了五年来最佳销售记录。

(二)苹果公司

1.与诺基亚专利权诉讼纠纷始末

2011年3月12日,一份法庭文件显示,诺基亚和苹果之间的一个重要专利的纠纷将于2012年中在美国进行听证会, 这意味着两家公司之间的纠纷将持续较长时间。

诺基亚在2010年10月起诉iPhone制造商苹果公司, 认为该公司在未向其支付费用的情况下使用其专利技术。分析人士表示,诺基亚寻求的补偿费用将达到10亿欧元(13.6亿美元)。

苹果公司于2010年12月11日在特拉华州提起反诉, 声称诺基亚侵犯苹果公司13项的专利。苹果公司随后将该数字更改为9项。

随着手机公司对快速增长的智能手机市场的争夺越来越激烈, 司法诉讼也随之增多。2010年3月初,苹果公司起诉台湾手机厂商宏达电(HTC),声称该公司侵犯其20项有关iPhone的硬件和软件专利。

美国国际贸易委员会同意就双方提出的起诉对两间公司分别进行调查。

2011年6月13日,诺基亚表示,诺基亚与苹果公司之间的所有专利权诉讼已全部达成和解。这一消息或将对该公司第二季度业绩前景构成提振。

诺基亚和苹果公司已签署一项许可权协议, 同意就双方之间的全部专利权诉讼案进行和解,其中包括双方从美国国际贸易委员会撤销此前提交的诉讼请求。

相关财务细节尚未披露,但苹果公司将向诺基亚一次性支付一笔款项,并将根据协议条款支付持续权利金。

诺基亚首席执行官Stephen Elop在一份公告中称,对苹果公司成为诺基亚专利许可用户感到非常高兴, 上述和解协议的达成将有助于诺基亚在移动通信市场中进一步探寻专利授权机会。

2.苹果公司危机管理方式

(1)独特的危机管理方式

缓慢而细致是苹果公司一贯的产品设计方式，它在进行危机管理时同样遵循了这种方法。他们从不着急，所以总能在第一时间推出完美的产品。

但在应对危机时，缓慢却未必是最好的方法。

美国IT网站MacWorld编辑主任詹森·斯内尔(Jason Snell)曾发表了一篇独特而有趣的文章，分析了苹果的危机管理方式。他指出，苹果的危机管理模式十分清晰：首先，它会花费很长的时间给出谨慎而详细的回应。这一点在iPhone地理位置数据收集事件和“天线门”中都得到了很好的体现。

这种方法似乎与部分危机管理专家的理念背道而驰。这些专家认为，企业应当以最快的速度对危机做出响应。

美国公关公司Levick Strategic Communications高级副总裁迈克尔·罗宾森(Michael Robinson)在接受媒体采访时说：“我们生活在一个以秒为单位的世界中。企业的成长和毁灭同样是瞬息万变的。如果这次花一个星期，下次就有可能花一个月。”

苹果公司并不是唯一一家缓慢应对危机的大型企业。索尼也花了整整一个星期才承认并公开了大规模的安全漏洞。黑客有可能借此从PlayStation Network的用户账户中盗取大量的用户个人信息，包括信用卡数据。

2011年4月20日披露的一份研究报告显示，苹果iOS内部的一份未受保护的文件存储着用户的地理位置数据，时间最早可以追溯到10个月前。该文件存储着附近手机基站和Wi-Fi热点的信息，以数字文件的形式留下了用户在现实世界中的行踪。

苹果公司等了整整一周时间才以问答的形式针对此事进行了回应，解释了该公司所犯的一些错误。在被问及为何花了这么长时间时，苹果CEO乔布斯解释道：“为了搞清这些问题，我们花了好几天时间。之后又将其落实到字面上，并且让这个非常高科技的问题变得简单易懂，这又花了几天时间。所以，最终用了不到一个星期。”

在“天线门”事件中，部分用户称，当以某种特定手势握住iPhone 4时，会发生信号减弱的情况。在解释苹果为何反应迟缓时，乔布斯也给出了类似的解释，他在一次新闻发布会上说：“我们22天前听说了信号问题，于是开始埋头苦干。这三个星期来，我们并没有逃避此事。”

在这两起事件中，苹果公司缓慢而细致的危机处理方式似乎有效地解决了问题，尽管比预想的要慢。

斯内尔认为，在“天线门”事件中，苹果这种违反常规的危机管理方式似乎并没有对其构成伤害,这一点从后来的销量飙升中可以得到印证。

“我并不认为苹果公司有理由认为这种危机管理方式有何不当。”斯内尔写道。

但有必要指出的是,在另外一场重大危机中,苹果公司这种缓慢的应对方式没有获得太好的结果。

(2)MobileMe故障处理不当

回顾一下MobileMe刚刚发布时的情景。这是一款年费为100美元的在线电子邮件、日程表和通讯录服务。

2008年发布时,MobileMe充满了漏洞和故障。随后的事情更糟,有1%(约2万人)的苹果MobileMe用户长达数周无法使用电子邮件。有用户报告称,故障甚至导致其短期内丢失了数千封电子邮件。

尽管这一事件只影响到很小一部分MobileMe用户,但电子邮件故障却是很严重的问题,尤其是对一款付费服务而言。你可能会因此丢失重要的录取通知,或是亲朋好友发来的邮件。

MobileMe故障被业内人士戏称为“MobileMess”,在此期间,苹果公司并没有对媒体的采访请求发表回应。即使是对用户,该公司也只是发布了一条模糊的声明,尽管承认了问题,但并未对问题的解决时间给出明确的估计。

苹果公司在这一事件中仍然采取了缓慢而谨慎的危机管理风格,但结果却完全不同。

在电子邮件无法使用的数周时间内,苹果公司没有定期更新消息,以便让用户了解情况的最新进展。他们唯一更新的一条状态是:“我们理解这是一个严重的问题,并对服务的中断表示歉意。我们正在努力恢复您的服务。”

但当问题解决时,却为时已晚。MobileMe的品牌已经被彻底破坏。科技专栏作家都已达成共识:MobileMe“不符合苹果的标准”。就连乔布斯也认同这种看法。《纽约时报》专栏作家大卫·伯格(David Pogue)于2008年针对此事撰文称:“苹果竟然没有承认这一事件,这令人很惊讶。这就好比飞机被困在跑道上数小时,没有食物,也不能用厕所,而机长却没有通过广播告知具体情况、事态的进展以及大概的处理时间。相反,他只是每隔三小时重复一遍:‘我们对给您造成的不便深表歉意。’”

MobileMe与地理位置数据事件之间有何区别?在MobileMe事件中,受到故障和电子邮件中断影响的用户都希望得到回答,但他们却并没有获得苹果公司应有的关注。因此,对很多人而言,MobileMe已经不再值得信赖。

而在地理位置数据泄露事件中,要求苹果公司提高透明度的主要是媒体和国会议员,并非数以千计的苹果公司用户。因此,苹果公司依旧可以继续出售数以百万计的iPhone。

(3)用户需要快速响应

尽管苹果公司对地理位置数据泄露事件的回应有些晚,但的确起到了效果,不过这却未必是最佳的处理方式。用户,不仅是记者,都有权尽快了解产品的问题。

如果苹果公司的解释完全属实,那么在他们查看文件时,就应该知道,存储了将近一年的用户地理位置数据是一个错误。他们本应尽快承认错误,以此来化解危机,然后再承诺稍后给出详细解释和解决方案。

苹果公司甚至还应该专门针对此事准备回应方案。在被问及相关问题时,苹果公司应该让记者去查看该公司总法律顾问一年前向美国马萨诸塞州民主党国会议员爱德华·马基(Edward Markey)披露的一封有关iPhone 4地理定位模式的信函。有关这一事件的多数问题都可以在这封信中找到答案。

最后,地理位置数据问题之所以被公之于众,是因为苹果公司的安全团队没有对披露这一事件的两名数据科技学家的问题做出解答。这两名科学家在报告中说:"我们曾经联系过苹果公司的产品安全团队,但他们并未做出回应。"

缓慢而审慎的危机响应方式或许适合苹果,但是在地理定位数据事件中,只要一个简单的回应就可以避免整件事情的发生。

好在此事并未立刻引发太大担忧,但当苹果公司今后遭遇更为严重的问题时,或许就没这么幸运了。在遭遇下一个"MobileMess"前,他们需要重新评估当前的危机管理方式。

资料来源:《苹果危机处理慢条斯理》。新浪科技,2011年5月2日。

3.三星电子再度在美国起诉苹果侵权

2011年6月30日,三星电子在美国特拉华州联邦法院起诉苹果公司,指控苹果iPhone和iPad侵犯专利权。

三星委托律师称,苹果iPhone、iPod和iPad产品抄袭了三星技术。三星同时向美国国际贸易委员会(FTC)投诉,要求立即禁止苹果公司进口包含涉嫌侵权技术的设备。

对此,苹果公司发言人特鲁迪·穆勒(Trudy Muller)未作评论。如果联邦政府同意调查,三星在特拉华州的诉讼可能将拖延很长时间。FTC完成审查通常需要15至18个月时间。

移动设备市场竞争激烈,这场三星电子与苹果公司的纠纷尤为引人关注。在智能手机领域双方是直接竞争对手,但同时又是合作密切的商业伙伴。苹果公司是三星电子生产的芯片、面板以及其他电子元件的最大采购商之一。

三星、苹果互相起诉始末:

2011年4月,苹果在加利福尼亚州奥克兰联邦法院起诉三星,指控三星的Galaxy手机和平板电脑"完全"抄袭iPhone和iPad。

4月22日,三星宣布,公司在首尔、东京、旧金山和曼海姆向苹果公司提起诉讼,指控苹果公司侵犯其数据传输优化和节电技术、降低数据传输出错可能的3G技术,以及让个人电脑透过手机的无线数据连接实现上网的技术。

6月24日,苹果公司在韩国起诉三星,指控三星的Galaxy手机和平板电脑抄袭iPhone和iPad。

6月30日,三星电子在美国起诉,指控苹果公司的iPhone和iPad侵犯自己的专利权。

资料来源:《三星电子再度在美国起诉苹果侵权》。搜狐IT,2011年6月30日。

(三)吉利控股集团

负债扩张——金融危机下吉利的奇招险招

在经济危机的阴云笼罩下,所有的汽车厂商都低调行事,即使是个别逆势飘红的厂商也噤若寒蝉,更多的厂商则选择内部挖潜,在尽量不增加人手、不增加投资、调整现有生产线产能的基础上提高产能,而吉利却反其道而行出了奇招。

在2008年3月的恳谈会上,李书福为业界描述了吉利未来十年的战略规划,包括在已经完成台州临海、台州路桥、宁波北仑和上海华普四大生产基地基础上,再投资总计328亿元完成兰州基地、湘潭基地、济南基地、慈溪基地的基建与产品投产。在吉利集团已经制定的十年中长期规划中,要在2010年左右开工,开发出满足各国法规和消费习惯的40多款车及满足国内外需求的汽、柴油发动机和手、自动变速箱。于是一个宏大计划的草图初具雏形,未来5年内,推出五大核心技术平台,15个产品平台,40款新车,形成200万辆的产销能力。

在四大基地的建设中,吉利分别通过银行贷款30多亿元,以及从香港资本市场调用资金20多亿元来逐步完成,但显然这些资金远远不足以弥补其对快速扩张的资金需求,因此,在盘下慈溪和济南基地后,吉利将不得不依靠当地政府的支持以及适当放缓基地建设来暂时缓解资金压力。另一方面,还有一项对吉利而言比基地建设更重要的收购将很快展开。2009年3月27日,李书福在澳洲新南威尔士州正式签约,将全球第二大汽车变速箱厂——自动变速箱生产商国际动力系统(Drive-train Systems International,简称"DSI")收入囊中,使其成为吉利旗下全资子品牌。DSI是一家集研发、制造、销售为一体的自动变速器专业公司,是全球仅有的两家独立于汽车整车企业之外的自动变速器公司之一,具有年产18万台自动变速器的生产能力。该公司曾为福特、克莱斯勒、韩国双龙以及印度Mahindra和俄罗斯TagAZ等公司的动力传动系统供应商,其拥有的4速、6速前后驱动及全驱动大扭矩自动变速器将为吉利未来生产40多款车型提供强大技术支撑。

面对全球性金融危机,百业不振,而吉利却不被危机吓倒,迎难而上,用大扩张诠释了什么叫兵法中的"反其道而行"。2009年,吉利负债百亿大肆扩张,在已经完成台州临海、台州路桥、宁波北仑和上海华普四大生产基地基础上,再投资总计328亿完成兰州基地、湘潭基地、济南基地、慈溪基地的基建与产品投产,手笔之大，令人咂舌。

金融危机下，众多企业噤若寒蝉，纷纷收缩阵线，哪儿还敢大肆扩张？反过来一想，吉利逆势而动不失为一招奇招。吉利通过负债方式进行扩张，不仅能迅速占领地盘，还能利用相关优惠政策降低融资成本。吉利还趁此机会收购了全球仅有的两家独立于汽车整车企业之外的自动变速器公司之一——DSI，受益匪浅。就像F1方程式赛场，在笔直的大道上，你很难有机会超过领先你的对手，困难重重、危险四伏的弯道才是超过领先者的好机会，金融危机如果换个角度看，也是企业占领市场、占据未来发展先机的转折点。

李书福危局事件

事件原由

2011年11月12日，《证券市场周刊》发表了《李书福危局：海外高利贷勒紧吉利脖子》的文章，文中指出：吉利集团及李书福陷入了危局之中，吉利在收购沃尔沃时高息揽资，导致其负债迅速扩大，目前资产负债率高达73.4%。同时，《证券市场周刊》列举了吉利汽车近3年的负债数据：根据吉利集团披露的近3年合并负债资产表，吉利集团2008年、2009年、2010年的负债总额分别是47.8亿元、160.5亿元、710.7亿元，攀升幅度巨大。在2010年的710.7亿元负债中，流动负债为479.7亿元，非流动负债为230.9亿元，流动负债高达近70%。文中称，至少从2011年上半年开始，吉利集团已重新开始秘密接洽海内外私募机构，如凯雷、TPG等国际大型PE机构，筹资的重要原因是要还高盛的高息债券。

吉利回应

11月14日，浙江吉利控股集团有限公司和李书福董事长授权浙江星韬律师事务所楼韬律师就《证券市场周刊》及相关记者发表《李书福危局：海外高利贷勒紧吉利脖子》的文章大量捏造、虚构事实，恶意中伤、诋毁浙江吉利控股集团和李书福董事长的形象和声誉，相关媒体也进行了大量的转载，已经造成严重后果的事件发表了严正声明。

11月15日晚，吉利汽车集团发布公开信，对媒体所关心的问题进行了说明。公开信中称，经过战略转型，吉利目前的发展势头非常良好和健康，吉利各项海内外发展战略都在按计划正常进行，取得了很好的成果。

事件结局

11月17日，高盛集团发布澄清声明，声明中称，该集团及其附属公司未为浙江吉利控股集团安排债券相关融资，高盛在吉利集团收购沃尔沃汽车公司交易中亦未提供任何顾问服务。

11月22日，证券市场周刊杂志社在其官方网站刊登“就《李书福危局》一文的致歉声明”。声明称，“《李书福危局》一文内容严重失实，违反了新闻纪律，对于其给吉利控股集团有限公司及其董事长李书福造成的严重伤害，诚恳表示歉意”。

(四)苏宁云商

1.苏宁与国美:千亿的光环与危机

中国连锁经营协会2011年3月公布的“中国连锁百强”报告显示,2010年,苏宁云商(包括非上市部分)营收达1562亿元,国美电器(包括非上市部分)以1549亿元紧随其后。而2010年《财富》500强中的第400名营收才217.58亿美元。

(1)狂飙突进的千亿梦

张近东、黄光裕对这一目标渴望已久。2005年3月,黄光裕在上海放话,2008年国美电器将进入世界500强。同年6月,张近东同样喊出,2010年,公司将进入世界500强。

2009年1月,张近东在上海曾对《第一财经日报》强调,2010年进500强的目标没变,步伐还可能加快。2010年年中榜单中没有它们的名字。国美有些食言,苏宁处于关口。不过,晚进似乎无伤它们成长的力道。

3C连锁双雄朝千亿规模的冲击可用“狂飙突进”一词形容。中国连锁经营协会数据显示,两人喊话的2005年,国美电器全年营收仅49.84亿元,那时它主要盘踞北京;苏宁云商当年营收仅39.72亿元,是南京的连锁“地头蛇”。等于说,5年过去,苏宁云商营收成长38.32倍,国美成长30倍。

许多人以为这纯粹是一场个人英雄主义的胜利。但根据《第一财经日报》多年的追踪报道,张、黄二人,包括永乐创始人陈晓,可谓赶上一段好时光,算时势使然。在国美、苏宁的发展史上,都有一段草莽期,大致集中在20世纪80年代末至90年代中期。

直到20世纪90年代中期,中国家电制造业尤其是彩电、空调行业的壮大,导致传统体制下的渠道模式遭遇困境,张、黄开始从游击战士蜕变为专业的渠道正规军。

之后几年,国美、苏宁开始了连锁化征程,营收从千万元级别踏入亿元门槛。2002年,苏宁云商营收大约20亿元。上海苏宁云商副总经理朱家桂回忆说,那时自己觉得已经很大,而现在上海中山公园旗舰店,年营收已超过12亿元。

国美、苏宁的连锁化进程,也是中国零售业壮大的典型途径。它带有标准、可复制的特征,其中隐含的类金融生存模式,更是充分发挥出强烈的规模化效应。从2002年开始,仿佛就在一夜间,无数的家电连锁卖场遍布了中国的城市与乡镇。而国美、苏宁则最为疯狂,它们创造了平均过一天开一个新店的纪录。其中2003年,成长幅度甚至超过100%。

(2)千亿下的危机防范

不过,奇特的是,这两年来,尽管苏宁与国美也强调规模,并在前不久公布了有史以来最高的年度开店目标,再度回到平均每天开一新店的局面,但它们的话语间似乎不再像过去那样热乎谈论规模，对于进入500强的目标，在传媒面前更是极少提起。

苏宁与国美谈论更多的是服务、单店产出与利润表现，此外还有运营管理提升、模式调整、后台物流建设以及人才梯队的培养。2007年以来，两大巨头在这几个指标上发生过多场直白的口角风波。

张近东本人对规模化带来边际效益变动有所警觉。2008年9月，他说，家电连锁企业要做大无非两条路：一是跑马圈地；二是终端销售笑脸相迎。

“现在地都快圈完了，销售人员也都是笑脸，这种方式已经远远不够了。”他说，苏宁开始“内向”，将更多注意力投到后台与单店效益上。过去4年，苏宁重金购买物业，大建物流基地，巨资上马信息系统，快速融合海外竞争对手商业模式，开始从过去水平式的扩张走向纵深运营。此外，它还涉入电子商务市场。

国美的扩张中带有外延性特征，一系列并购让它获得规模化的同时，也带来整合与运营风险。如果抛开收购的永乐、大中与三联等区域霸主，国美实质性的运营似乎已被更多依靠内生性成长的苏宁超越。

不过，国美对规模化也有了警惕。2008年以来，它的整体布局与苏宁几乎无异，甚至有过之而无不及。陈晓主政期间，国美电器大幅缩减了门店数量，一是应对资金链危机，二是提升单店产出，提升竞争力。他当时说，规模已不是国美最在意的，以往的激进扩张方式已不适用目前竞争比较充分的家电零售市场，国美必须更注重对现有盈利店面的精耕细作，提高单店盈利率。

被视为与陈晓路线相反的大股东黄光裕，事实上在国美内讧、张大中上任之后，并没有大幅扭转陈晓过去的策略。国美2011年六大经营发展策略为：迅速加大网络覆盖；深耕二级市场；继续增强商品经营能力；大力提升同店增长；快速发展电子商务；加强技术设施服务。这与5年前黄光裕主要依靠规模扩张与低价趋势获得成长已有很大差异。

在这种趋势下，过去被视为寄生式类金融模式的苏宁与国美，管理与运营模式开始出现许多创新举动，过去几年，它们在组织架构、大区管理、总部职能网格化方面也已非过去所能比。

资料来源：王如晨.苏宁与国美：千亿的光环与危机。第一财经日报，2011-05-03.

2.国美苏宁迈入千亿俱乐部　危机暗藏需加大内功修炼

中国连锁经营协会2011年3月公布的中国连锁百强报告显示，2010年，苏宁云商营收达到1562亿，国美电器以1549亿紧随其后。

在千亿的光环之下，对这两家民营企业而言，应当警惕哪些危机，大块头怎么样才能有大智慧呢？

傅教志认为下一步发展更主要的是加强内功建设，注意这样几个问题：

第一,不断改善和供应商的关系,做好和供应商利益的平衡。因为供应商的支持很重要,如果供应商不支持,其会在其他业态上做一些投入,比如这几年像空调企业和烟机企业建了几万家专卖店,就是因为这样的产品在苏宁、国美的体系的进场费与收费标准太高,这样制造商会采取其他的渠道方式,那会影响国美、苏宁本身的收益。

第二,在扩张的时候要加强中小城市店面的管理水平。中小城市店面在扩张的时候,国美、苏宁面临着一个很强劲的竞争对手:地方的家电零售商。他们的管理水平这些年来也非常高,在一些中小城市国美、苏宁的扩张遇到了很大的阻力。因为连锁企业是全国一致,地方零售商却有一定的灵活性,它的营销策略符合本地化的市场需求,所以在竞争当中这些地方零售商也很强。

第三,国美、苏宁面临的危机或者说面临的竞争态势是电子商务的发展,电子商务不仅是个新渠道,也是个新市场。年轻的消费者不在线下买东西,到网上买东西,这个挑战对国美、苏宁还是很大的,尽管它们自己也发展电子商务,但是比起专业的电子商务公司,目前优势还不突出。

资料来源:《国美苏宁迈入千亿俱乐部　危机暗藏需加大内功修炼》。中国广播网。2011年5月。

3.家电连锁竞争转向:拼价格到拼体验

2011年4月,国际家电零售巨头百思买(BestBuy)凭借其“体验式销售”的模式,在苏州和杭州开出新店,这标志着其在中国蛰伏多年之后,开启了新一轮的扩张。另一国际家电零售巨头山田电机(Yamada Denki)也加快了在中国布局的准备工作。

与此同时,国内的国美和苏宁正在转变其经营方式,推出了“精品店、体验店”等。这些都说明,“体验式销售”正在成为中国家电连锁销售行业的新趋势。

(1)家电连锁零售业在多方竞争的压力转型

中国的家电零售行业,一直以“拼规模、拼价格”为竞争焦点,这种模式正在走入终结。以国美、苏宁为代表的企业,采用“准地产、类金融”的模式实现了快速扩张,与国际通行的“经销商模式”完全不同。

零售商只需要负责租赁店面,并提供相应的物流和后台服务,而店内装修、销售人员派出等完全交由制造商,从而大幅提高了资金使用效率。在此模式下,据测算一家5000平方米的店面其第一年的投入仅需500万人民币,而在通过买入货品再销售的常规模式下,则零售商至少需要投入3000万人民币以上。

中国巨大的市场规模,让家电连锁销售商得以“野蛮生长”,但随着市场逐渐饱和,连锁销售商进入了“寡头竞争”的稳定局面,各方都转变到了“内生增长”的方式上来。在一二线城市中,国美、苏宁已经获得压倒性优势;在部分城市,两家的市场占有率之和甚至达到90%。在三四线城市中,一些地方性连锁企业获得了一定的市场地位，如重庆的商社电器，江浙地区的五星电器等。

在金融危机等多种因素影响下，家电零售行业开始整体转型。在消费者方面，巨大的收入差距使得消费者群体高度分化，同质化的快速扩张并不能满足全部消费者。一些厂商如西门子(Siemens)、索尼(Sony)等通过自建展示店、旗舰店等，展示自身的高端产品。在寻找低价的基础上，消费者在购买过程中也将“消费体验”看作最终决策的重要因素。随着中国不断进入“耐用消费品时代”，逛街购物成为人们主要的休闲娱乐方式，增加“消费者体验”可以进一步刺激销售。在连锁销售行业中，各家已经完成了大规模的“圈地运动”，价格战已经达到了极致，店铺数量增加，但是单位面积营业额却在快速下降。

某些零售商甚至推出了“保价策略”：消费者在购买之后的20天内，如果遇到价格下降，消费者将获得相应的资金返还。卖电器已经如同卖期货。随着来自京东商城、淘宝网等网购商城的竞争，网店拥有的强大价格优势为家电连锁零售商带来了巨大的威胁。

(2)家电连锁行业的竞争转向

为了提高单店利润，连锁商在“产品”和“服务”两个方面重点提升消费体验。增加产品的种类，在类别之内增加产品数量，涵盖高、中、低端，并按照消费者的使用方式而不是产品类别加以摆放。不同产品类别有着不同的利润率，大件家电、手机等其利润率极低，通过增加相关附件和服务，可以大幅度提升销售的利润率。国美、苏宁等还转变了以往只卖电器的做法，对卫浴、厨房设备等，采用解决方案式的成套展示；对于手机、各类电器等等，消费者可以在卖场试用。

在服务上，零售商除了施行店面统一的装修模式和产品安排之外，还加强了为消费者提供的更专业化的服务模式，如开架陈列、真机体验等等。销售商首先改变了店面的设计，在灯光的亮度、喇叭声音的分贝等方面做出精确规划，让消费者感觉最大的舒适度。市场调研发现，影响消费者购买决策最大的因素是“值得信赖的店员”，因此国美、苏宁等新开的体验店、生活馆等，都清退了厂家派出的促销员。改变了原有的“倾向性”推销，采用专家模式为消费者提供购买咨询、产品体验等服务。在五星电器，如果消费者进入门店后告诉销售员要买三件以上家电，门店就会有一个家电顾问全程陪同；五星电器168家门店中，销售额已有50%来自家电顾问。

除了提升消费体验，国美、苏宁等各方也采用了不同的竞争策略，布局整个中国市场。国美首先侧重多元化经营，并重点提升单店效率，将3C产品作为战略转型的核心点。2010年4月30日，定位为“时尚运动休闲的体育用品卖场”的国美锐动北京万泉河店开业，标志着其多元化的开始。2009年，国美关闭低效门店189家；2010年计划新增门店仅80家，重点改造150家门店为新模式门店。

苏宁则保持原有的扩张战略，深入三四线城市，引入全新的营业模式。2010年，苏宁开始进入河南漯河、广东东莞等县级以及乡镇的家电市场；并开出了多家苏宁精品店(Suning Elite)。苏宁在并购LAOX后,大量引入和学习了国外的模式;2010年,6月18日,Musicvox(音乐箱)在苏宁电器上海远东大厦店开业,主营乐器。此后还将引入动漫游戏、玩具模型、3C家电周边配套产品、日本家居精品等新型店面模式。

外资零售商百思买以及旗下的五星电器则采用主打高端、进一步扩张的战略。五星电器首家体验店定位为"全球奢侈电子产品的集散地和潮流生活家电的体验馆",并选址消费能力比较高的杭州城西。2010年7月,知名音响品牌Bose在百思买的上海浦东正大广场店开业,并在新店中精心打造了一间精致的贵宾专属影院。

(3)结论和建议

在经历了"价格与规模"的竞争之后,中国的家电连锁销售行业终于进入了讲求服务和消费体验的内生式增长。在几年前,国美鹏润电器、百思买等都曾尝试将"体验式销售"引入中国,但都不太成功。2006年开始,百思买将上海的徐家汇店作为"体验式销售"模式的试点,这家位置优越的门店却达不到盈利预期,而且还得不到上游供应商的支持。2009年,多家零售商已经开始摸索自己的"中国化体验式销售",并取得了一定的成功;例如,苏宁精品门店就是模仿百思买模式的实验。

"体验式销售"的风潮一旦席卷中国的家电销售领域,将对上游的供应商产生较大的影响。对于最终销售,零售商的谈判能力将进一步增强。在获得规模与压倒性的市场份额之后,零售商自有的促销员将替代厂家派出的促销员,会进一步加速零售商"强者恒强"的局面。体验式销售给制造商创造了"产品差异化"的机会。

以往零售商"上规模、拼价格"实际上也刺激了制造商产品单一化,体验式销售出现之后,制造商需要根据不同用户的特征来差异化自己的产品。例如,西门子等就推出了奢侈品的厨房家电,应对中国特殊的高端市场。体验式销售有可能让制造商减少了与消费者接触的机会,为了应对竞争,制造商可以开发自己的体验店、展示店。世界杯期间,作为索尼直销店铺的Sony Style推出了3D世界杯精彩集锦,让消费者体验这一崭新的技术并提升自身的技术和品牌形象。

资料来源:刘已洋.家电连锁竞争转向:拼价格到拼体验。2010年8月25日。

三、仿真实验

(一)实验目的

1.理解危机管理的重要性。

2.提高学生对危机的识别能力。

3.加强学生对危机的应对能力。

4.提升学生对危机的控制能力。

(二)实验背景

1.理论背景

当今时代,企业间的竞争日趋激烈。企业生存竞争、发展竞争、人才竞争和资源竞争都已成为常态。在这种态势下,企业所面临的上述激烈竞争所产生的各种危机也愈加普遍，因而管理者有效应对各种危机的能力就成为各企业对管理者的必然要求。本实验建立在学生掌握危机管理基本理论的基础上,通过虚拟各种企业可能面临的现实危机状态,引导学生思考危机产生的根源、影响因素以及应对措施,以提升学生的危机管理能力。

2.模拟公司背景

根据模拟公司的发展阶段，由指导老师虚拟出模拟公司可能面临的各种管理危机。

(三)实验过程

1.指导老师虚拟出模拟公司可能面临的管理危机问题。

2.由各模拟公司相关扮演角色针对上述危机进行讨论和分析。

3.各模拟公司运用危机管理理论,提出应对危机的策略以及构建危机管理体系。

4.指导老师组织模拟公司进行发言汇报。

5.指导老师进行归纳和总结。

(四)实验小结

1.实验总结

以实验小组为单位,构建模拟公司危机管理的管理体系。

2.思考题

(1)如何理解危机管理在企业常规管理中的作用?

(2)如何认识危机与契机的关系?

参考文献

1.周三多,陈传明.管理学[M].3 版.北京:高等教育出版社,2010.

2.弗雷德·詹姆斯.组织行为学[M].北京:人民邮电出版社,2009.

3.姚裕群,许晓青,李晓刚.团队建设与管理[M].2 版.北京:首都经贸大学出版社,2009.

4.包国宪,吴建祖,雷亮.管理学——理论与方法[M].2 版.兰州:兰州大学出版社,2009.

5.杨文士,焦叔斌.管理学[M].3 版.北京:中国人民大学出版社,2009.

6.斯蒂芬·P.罗宾斯.管理学[M].9 版.北京:中国人民大学出版社,2008.

7.王庆海.管理学概论[M].北京:清华大学出版社,2008.

8.曾仕强.人性管理[M].北京:东方出版社,2006.

9.亚伯拉罕·马斯洛.动机与人格[M].北京:中国人民大学出版社,2007.

10.孙班军,陈晔.管理学[M].北京:科学出版社,2005.

11.百事公司网站:http:// www.pepsico.com.cn

12.苹果公司网站:http:// www.apple.com.cn

13.吉利控股集团网站:http:// www.geely.com

14.苏宁云商网站:http:// www.cnsuning.com